陈光中

大师风范
法治情怀

DASHI FENGFAN FAZHI QINGHUAI

卞建林◎主编

中国政法大学出版社

2024·北京

陈门弟子敬献贺寿照片

陈光中教授九十华诞全家合影

编写说明

2020 年 4 月，陈光中教授九十大寿如期而至，这是陈门弟子，乃至整个刑事诉讼法学界的盛事。然而，原计划召开的陈光中教授法学思想研讨会因疫情缘故未能举办，诚为憾事。令人欣喜的是，我们收到了来自方方面面的众多贺词、贺信和贺文，这其中包括领导贺词和贺文 10 篇、单位贺信 17 篇、友人贺词和贺文 30 篇、学生贺词和贺文 40 篇、亲属贺词 2 篇。这些贺词、贺信和贺文不仅是对陈光中教授九十大寿的祝贺，更表达了对一位法学大家高尚师者风范的敬仰之情。

陈光中教授是我国著名法学家、法学教育家，中华人民共和国刑事诉讼法学的开拓者和重要的奠基者，中国政法大学终身教授。他于 1930 出生于浙江省永嘉县白泉村。1942 年春，以第一名的成绩毕业于白泉小学。1945 年春初中毕业时，又以第一名的成绩考入永嘉县立中学。1946 年春，转学到省立温州中学。1948 年夏，陈光中教授以奖学金名额（占考取名额的 20%）考取清华大学、中央大学法律系，并就近入读中央大学。中华人民共和国成立后的 1950 年夏，他通过考试转学到北京大学法律系，1952 年夏毕业，留在北京大学法律系担任助教。随后全国高等学校院系调整，他随同北京大学法律系全体师生来到新成立的北京政法学院，参加学院创建工作，于 1956 年被评为讲师。在 1957 年整风反右运动和 1966 年开始的"文化大革命"运动中，他受到冲击。1978 年改革开放以后，陈光中教授被广西大学评为副教授，同年调回北京，任职于直属教育部的人民教育出版社，编写中学中国历史教材。1982 年秋，陈光中教授被调到中国社会科学院法学研究所任刑法室主任。1983 年中国政法大学在北京政法学院的基础上成立，是年秋，他又被调回中国政法大学任研究生院副院长，随后被评为教授。1986 年，经国务院学位委员会批准，中国政法大学成立全国第一个诉讼法学博士点，陈光中教授成为全国第一位诉讼法学博士生导师。他在 1988 年任中国政法大学常务副校长，1993 年任校长，1994 年卸职。2001 年中国政法大学基于陈光中教授的学术成就和海内外的影响力，决定授予他"终身教授"的称号，此后，他一直担任教授、博士研究生导师至今。

在八十华诞庆贺会上，陈光中教授曾吟诗"风雨阳光八十秋，未敢辜负少年头。伏生九旬传经学，法治前行终身求"。八旬之后，他仍孜孜不倦，笔耕不辍，一直活跃在诉讼法学前沿，取得了丰硕成果，十年来仅论文就发表了多达 123 篇。如今，作为九十华诞的纪念新作《司法改革与刑事诉讼法修改》[《陈光中法学文选》（第四卷）] 已经面世，该书清晰地展现了其十年来的理论脉络与研究轨迹，闪耀着法学大家的思想光芒。

先生九十大寿既是全体弟子之福，也是刑事诉讼法学界的一件喜事、盛事。为此，我们决定将收到的贺词、贺信和贺文汇编成集，以表达对先生的祝贺和敬仰之情。祝愿先生身体安康，福寿绵长，为国家的法治建设、法学繁荣作出更大贡献。

目　录

第一部分　陈光中教授生平、学术成就及执教成就简介

第二部分　九十大寿祝贺文集

领导贺词和贺文

单位贺信

友人贺词

学生贺词

友人贺文

学生贺文

亲属贺词

第一部分

陈光中教授生平、学术成就及执教成就简介

陈光中教授生平与学术成就

学贯古今、融通中西的一代法学巨擘
——陈光中教授生平和学术成就

陈光中教授是我国著名法学家、著名法学教育家，从事法学教学和科研半个多世纪之久，著述丰厚，具有卓越的学术建树。他是中华人民共和国刑事诉讼法学的重要奠基人，也是中华人民共和国社会主义法学的开拓者之一，为我国刑事司法制度的改革、中国特色社会主义法治事业的建设和法律高级人才的培养做出了重大贡献，是一位德高望重、深受尊敬的老一辈法学家。

一、生平简介

1930 年 4 月 23 日，陈光中教授出生于浙江省永嘉县白泉村。1942 年春，以第一名的成绩毕业于白泉小学。1945 年春初中毕业时，又以第一名的成绩考入永嘉县立中学。1946 年春，转学到省立温州中学。

1948 年夏，陈光中教授以奖学金名额（占考取名额的 20%）考取清华大学、中央大学法律系，并就近入读中央大学。中华人民共和国成立后的 1950 年夏，他通过考试转学到北京大学法律系，1952 年夏毕业，留北京大学法律系任助教。随后全国高等学校院系调整，他随同北大法律系全体师生来到新成立的北京政法学院，参加学院创建工作。

从 1954 年开始，陈光中教授担任刑事诉讼法学的教学工作，1956 年被评为讲师。在 1957 年整风反右运动和 1966 年开始的"文化大革命"运动中，他受到冲击。1968 年 5 月，他到安徽濉溪县"五七干校"劳动，后随着北京政法学院被撤销，调往广西大学主讲近代史和中国哲学史。

1978 年改革开放以后，陈光中教授被广西大学评为副教授，同年调回北京，任职于直属教育部的人民教育出版社，编写中学中国历史教材。

1982 年秋，陈光中教授被调到中国社会科学院法学研究所任刑法室主任。1983 年，中国政法大学在北京政法学院的基础上成立，是年秋，他又被调回中国政法大学任研究生院副院长，随后被评为教授。在 1986 年经国务院学位委员会批准，中国政法大学成立全国第一个诉讼法学博士点，他成为全国第一位诉讼法学博士生导师。1988 年任中国政法大学常务副校长，1992 年任校长，1994 年卸职，继续担任教授、博士生导师至今。2001 年中国政法大学基于陈光中教授的学术成就和海内外的影响力，决定授予他"终身教授"的称号。

陈光中教授担任了多种重要社会兼职。从 1984 年中国法学会诉讼法学研究会成立，他连续四届被推选为会长，任职长达 23 年。他还担任中国法学会副会长，国务院学科评议组成员，最高人民法院、最高人民检察院专家咨询成员，教育部社会科学委员会委员、法学部召集人之一，国家司法文明协同创新中心学术委员会主任，中国刑事诉讼法学研究会名誉会长。2015 年他被《中国大百科全书》总编辑委员会聘任为《中国大百科全书·

法学》主编。

陈光中教授先后获得重要奖项共 15 项，包括司法部"全国法学教材与科研成果奖"著作类一等奖、二等奖，英国文化委员会颁发的"文化交流奖"，中国法学会授予的"全国杰出资深法学家"称号，中国刑事诉讼法学研究会授予的"中国刑事诉讼法学终身成就奖"等。

二、学术成就

（一）法学研究成就

陈光中教授从 20 世纪 50 年代初期开始从事刑事诉讼学和证据法学研究，是国内公认的刑事诉讼法领域第一人。他学贯古今，融通中西，治学严谨，笔耕不辍。迄今为止，已出版著作（包括合著）12 本。主编著作 32 本，主编教材 18 本，发表文章（包括合著）300 余篇（据不完全统计）。

20 世纪 50 年代，陈光中教授在北京政法学院初露头角，就在《政法研究》（后改名为《法学研究》，当时政法界唯一的国家级刊物）上发表了两篇论文，参与编写司法部组织的第一本中国刑事诉讼法学教学大纲和中国刑事诉讼法学教材（教材未出版）。他在 1955 年公开发表的第一篇学术论文就是介绍苏联的辩护制度，明确提出我国要建立辩护制度，并以无罪推定原则作为建立辩护制度的根据。

陈光中教授的学术主张充满人文主义的张力。在 20 世纪 90 年代初，他就提出了惩治犯罪和人权保障相结合的刑事诉讼目的观。他的学术观点始终围绕着司法公正与人权保障的主线，包括提高证人出庭率、辩护全覆盖、完善死刑复核程序、加强冤案的严防和力纠等。

近年来，陈光中教授对刑事诉讼法学中的基本理念作了进一步探索，经过深思熟虑，提出动态平衡诉讼观的理论。具体到刑事诉讼法学，主要包括刑事实体法和刑事程序法相平衡、惩罚犯罪与保障人权相平衡、客观真实与法律真实相结合、控辩对抗和控辩和合相统一、诉讼公正与诉讼效率之间的合理平衡五方面内容。动态平衡诉讼观是他一以贯之的学术思想，是刑事诉讼理论的新发展，对学术研究和司法实践具有指导性意义。

在研究司法制度时，陈光中教授推崇中国古代司法制度中的一些优秀的遗产。

2017 年，陈光中教授推出新版《中国古代司法制度》一书。该书得到了社会各界的高度评价，已获批准正式列入中华学术外译项目，将会翻译为英、法两种文字在国外出版。2020 年，陈光中教授出版《中国现代司法制度》，他计划在有生之年主持撰写出版《中国近代司法制度》，形成完整的中国司法制度史系列作品。

陈光中教授对刑事诉讼法的研究还有前瞻性的国际视野。早在 1988 年，他主编了《外国刑事诉讼程序比较研究》一书，这是中华人民共和国法学界第一部系统研究外国刑事诉讼程序的专著。自 20 世纪 90 年代中期开始，他组织翻译了法国、德国、意大利、美国、英国、俄罗斯、日本、加拿大、韩国等世界有代表性国家的刑事诉讼法典。2004 年，他又主编了《21 世纪域外刑事诉讼立法最新发展》一书，比较全面地介绍了近期世界各主要国家和地区刑事诉讼立法的最新变革动向。

在联合国司法准则问题的研究上，陈光中教授在国内也居于先行者地位。1998 年，他与加拿大刑法改革和刑事政策国际中心合作推出《联合国刑事司法准则与中国刑事法制》一书，这是国内最早专门探讨联合国刑事司法准则在中国的实施问题的专著。2002 年，陈光中教授主持起草了《关于我国加入联合国〈公民权利和政治权利国际公约〉的建议书》，希望通过该建议书促进我国早日批准和实施该公约。

（二）推进立法、司法改革

陈光中教授坚持"学以致用"的原则，将"高瞻远瞩"和"求真务实"相结合，积极推动我国立法和司法改革的进步，取得了卓越成就。

1993年10月，陈光中教授受全国人大常委会法工委的委托，牵头组织了刑事诉讼法修改研究小组，拟出了《中华人民共和国刑事诉讼法〈修改建议稿〉》（在本书中统一简称为《修改建议稿》），报送全国人大常委会法工委供参考。《修改建议稿》主张吸收当事人主义因素、改革审判方式，确立疑罪从无原则，律师介入从审判阶段提前至侦查阶段等。该《修改建议稿》的大部分内容被1996年通过的《中华人民共和国刑事诉讼法修正案（草案）》所采纳，这是他最大的立法贡献。《修改建议稿》出版后获得"北京市第四届哲学社会科学优秀成果奖"特等奖，教育部"普通高等教育第二届人文社会科学研究成果"法学一等奖。

1999年和2003年全国人大常委会主持召开的两次宪法修改座谈会上，陈光中教授都发言主张把"尊重和保障人权"载入宪法。2012年刑事诉讼法修改，他主张将保障人权写入刑事诉讼法。在20世纪80年代，他较早提出建立国家赔偿制度，推动《中华人民共和国国家赔偿法》的制定和修改。近年来，他关注监察体制改革和《中华人民共和国监察法》制定，给出了有益建议。

陈光中教授还被誉为"司法改革的先驱者"。他主张审判独立是司法的内在规律决定的，只有真正实行审判独立，才能确保司法公正。他提倡完善证据立法，主张结合中国实际，参考外国的证据规则，通过立法确立以下规则：不得强迫自证其罪；非法证据排除规则；证人拒绝作证特权；相对直接言词规则；补强证据规则；等等。

陈光中教授还关注一些具体的司法案件，推动个案的公正和冤错案件的平反昭雪，聂树斌案件、张志超案件等重大案件的洗冤过程，都留下了他铿锵有力的声音。

（三）教书育人

陈光中教授杏坛育人，坚持"先博后精、学以致用、贵在创新、文以载道"的培养理念。迄今为止，他共培养出博士后10人，博士研究生113人，硕士研究生16人。他的学生，有的已成为知名教授、杰出青年学者，有的已成为政法部门重要领导和骨干力量。陈光中教授还带头捐款设立"陈光中诉讼法学奖学基金"，鼓励法学学子投身繁荣诉讼法学事业；又在其家乡设立"永嘉县陈光中教育基金会"，奖励小学优秀学生和教师，助推家乡基层教育事业发展。90岁的陈光中教授壮心不已，他将继续为国家的民主法治建设事业献"词笔论青兕"之力！

陈光中教授执教成就

陈光中教授 1930 年出生，1952 年毕业于北京大学法律系，毕业后留校担任助教，经高校院系调整转入北京政法学院（后改为中国政法大学）历任助教、讲师、副教授、教授。1981 年加入中国共产党，行政上兼任过研究生院副院长、副校长、校长。迄今为止，执教已达七十余年，主要从事刑事诉讼法学及法制史专业的教学科研工作。他德高望重，科研成果丰硕，教学成就卓著，乃中华人民共和国刑事诉讼法学的重要奠基人和法学大家。他的成就主要体现在以下六个方面：

第一，他担任博士研究生导师多年，培养了 113 位博士研究生，10 位博士后以及 16 位硕士研究生。他是国务院学位委员会批准的全国第一位诉讼法学博士研究生导师，是国务院学位委员会法学评议组成员。2001 年被中国政法大学聘任为终身教授。他的学生们基本上在教学科研部门和政法实务部门工作，许多人成为业务骨干，有的成为著名学者，有的成为高级领导干部。他培养博士研究生的指导思想是"求索真理，勉力创新，文以载道，学以致用"。他注重因材施教，根据学生的特点确定研究方向与研究方法；指导学生写作要注重文章的思想性与实效性，要呈现学生自己的创新思想观念，同时服务于司法改革和司法实践的进步。

第二，他著书立说。他独著、合著和主编著作 45 本，主编教材 18 本，发表学术论文三百余篇，特别是他晚年每年都发表数篇论文，被誉为"老年高产学者"。他在著作中阐述自己的学术思想，成一家之言。他一生学术思想的精华可以概括为"刑事诉讼动态平衡观"，其主要思想包括"打击犯罪与保障人权相结合""实体正义与程序正义并重""客观真实与法律真实相平衡"等刑事诉讼基本理念，这些理念得到了中央有关司法改革文件的确认。

第三，他参与立法。他多次参与立法活动，其中最为突出的是 1996 年《中华人民共和国刑事诉讼法》的修正，1993 年全国人大常委会法工委刑法室特约陈光中教授主持草拟《中华人民共和国刑事诉讼法〈修改建议稿〉》，陈教授与中国政法大学全体学科同仁共同努力，拟制了《修改建议稿》并附有理由解释，该《修改建议稿》中约三分之二的内容被 1996 年《中华人民共和国刑事诉讼法》所吸收采纳。根据该《修改建议稿》编写的专著后来被评为"北京市第四届哲学社会科学优秀成果奖"特等奖、教育部"普通高等教育第二届人文社会科学研究成果"法学一等奖。他多次参与《大百科全书》的修订，先后担任法学卷副主编、编辑委员及主编。

第四，他先后担任中国政法大学行政领导职务并兼任中国法学会诉讼法学研究会会长。在改革教学、破格晋升青年教师职称、引进人才、开展对外学术交流、提高学术声誉和建设昌平新校区等方面均有所建树，并因作风平实被誉为"平民校长"；他创建了中国政法大学刑事法律研究中心，推动了国内刑事法学、诉讼法学的研究交流工作。他从 1984

年起担任了 22 年诉讼法学研究会会长，每年都组织并亲自参加年会，发表论文，参与学术交流。研究会在他和其他副会长的共同领导下，团结互助，为促进诉讼法学的繁荣发展起到了重要的作用。他创设了研究会的年会模式，每年设置年会主题，出版年会论文集；创立了"中青年刑事诉讼法学优秀科研成果奖"。

第五，他在教学科研中，重视开展对外和对台学术交流。他主编了中华人民共和国第一本研究外国刑事诉讼的著作《外国刑事诉讼程序比较研究》，组织翻译出版了美国、德国、法国、日本等 8 个国家的刑事诉讼法典或诉讼规则、证据规则，并最早研究有关国际人权公约在我国刑事诉讼中的适用问题。他组织了规模不同的中外学术交流研讨会，在研讨会上各国专家与中国专家共聚一堂，提供论文，畅所欲言，对于促进外国专家对中国刑事诉讼法及刑事诉讼法学的了解，有相当大的帮助，也使得我国学者更多了解外国立法，借鉴外国经验，促进刑事诉讼法学与刑事诉讼制度的发展。他还亲自带队到法、德、美、英、日等国家考察，开展学术交流十多次。他在法国巴黎第十一大学担任兼职教授；在英国伦敦、剑桥、曼彻斯特等多地系统考察了英国刑事诉讼法的运行状况，获得英国文化委员会文化交流奖。在新时代陈光中教授加强了对外学术交流。他的两本著作《中国古代司法制度》《中国现代司法制度》被国家社科基金选定为外译项目，译成英、法、俄、西等文字；他主编的教材《刑事诉讼法》（第七版）由中国政法大学立项资助，已译成英文在美国出版。对于我国刑事司法的对外交流发挥重要作用。他率领大陆法学家首次赴台访问，开启了两岸法学交流的先河。

第六，他特别关注司法界的冤假错案，积极推动冤案平反。在聂树斌案中，他提出聂树斌案五大疑点，组织对聂树斌案的司法鉴定座谈会，将司法鉴定专家的看法整理成书面意见报送到最高人民法院，对此案的最终平反起到了推动作用。在张志超案中，他指出案件证据存在矛盾，认定事实不合情理，与常识和逻辑相悖，他的观点得到了媒体的广泛报道，对于该案再审改判无罪产生了积极的影响。对陈满案，他也表示了应当平反的意见。他主张，在冤狱平反中，应当容许、支持社会上类似洗冤的组织，让它们发挥更大的作用，同时也应该发挥新闻媒体、社会人士的作用，学者在其中也应尽到自己的责任。

陈光中教授著作与论文

著作类

教材类

论文类

1. 《苏联的辩护制度》，载《法学研究》1955 年第 2 期。

2. 《关于刑事诉讼中证据分类与间接证据的几个问题》（合），载《法学研究》1956 年第 2 期。

3. 《刑事诉讼中间接证据与主要事实的因果关系问题》（译），载《北京政法学院教学简报》1956 年第 2 期。

4. 《苏维埃刑事诉讼中的推定》（译），载《北京政法学院教学简报》1957 年第 2 期。

5. 《刑事诉讼中证据理论的几个问题》，载《北京政法学院教学简报》1957 年第 22 期。

6. 《我国古代刑事立法简述》，载《法学研究》1963 年第 4 期。

7. 《略论封建法制》，载《新华文摘》1979 年第 6 期。

8. 《我国封建法律文献一瞥》，载《文献》1979 年第 1 期。

9. 《我国古代刑法的演变》，载《历史教学》1979 年第 9 期。

10. 《试论我国封建法制的专制主义特征》（合），载《社会科学战线》1980 年第 1 期。

11. 《应当批判地继承无罪推定原则》，载《法学研究》1980 年第 4 期。

11. 《评自由心证》，载《北京政法学院学报》1982 年第 1 期。

12. 《初中〈中国历史〉课本第一册的答问（二）》（合），载《历史教学》1982 年第 9 期。

13. 《论刑事诉讼中的证明对象》（合），载《中国政法大学学报》1983 年第 3 期。

14. 《中国古代的上诉、复审和复核制度》，载《法学评论》1983 年第 3、4 期合刊。

15. 《刑事诉讼法》《中华人民共和国刑事诉讼法》《无罪推定》《神明裁判》《法定证据制度》《自由心证》《证明对象》《证据的分类》，载中国大百科全书总编辑委员会、中国大百科全书出版社编辑部编：《中国大百科全书（法学）》，中国大百科全书出版社 1984 年版。

16. 《刑事诉讼中的民主与专政》，载《中国法学》1985 年第 1 期。

17. 《日本的刑事诉讼法和少年法——赴日本考察报告》，载《法学信息》（内部材料）1985 年第 2 期。

18. 《浅谈刑事诉讼法》，载《法律与生活》1985 年第 6 期。

19. 《日本的刑事诉讼法——赴日考察报告》（合），载《法学研究》1985 年第 6 期。

20. 《适应改革需要大胆探索创新——诉讼法学研究工作的回顾与展望》（合），载《政法论坛》1986 年第 4 期。

21. 《刑事损害赔偿制度刍议》（合），载《中国法学》1987 年第 1 期。

22. 《中国刑事诉讼法的特点》，载《立命馆法律评论》1987 年第 2 期。

23. 《外国刑事诉讼程序的近期发展趋势》，载《比较法研究》1987 年第 4 期。

24. 《谈谈冤狱赔偿制度》，载《群言》1987 年第 8 期。

25. 《如何处理疑案》，载《民主与法制》社研究部编：《刑事证据纵横谈》，上海社会科学院出版社 1987 年版。

26. 《如何处理海峡两岸的法律问题》，载《瞭望》1988 年版。

27. 《中国刑事诉讼法学四十年》（上），载《政法论坛》1989 年第 4 期。

28. 《中国刑事诉讼法学四十年》（下），载《政法论坛》1989 年第 5 期。

29. 《关于中国的判例制度》，载《立命馆法律评论》1989 年第 4 期。

30. 《刑事诉讼中证明责任问题新探》（合），载《法学研究》1991 年第 2 期。

31. 《关于修改刑事诉讼法问题的思考》（合），载《政法论坛》1991 年第 5 期。

32. 《中国刑事诉讼法中的起诉制度》，载［日］西原春夫编：《中国刑事法的形成与特色》（第 2 卷），日本成文堂 1991 年版。

33. 《中国大陆的法学教育》，载程家瑞编：《中国法制比较研究论文集》，中国台湾东吴大学 1993 年版。

34. 《大陆行政诉讼制度之特点》，载程家瑞编：《中国法制比较研究论文集》，中国台湾东吴大学 1993 年版。

35. 《关于刑事诉讼中强制措施的几个问题》，载《中央政法管理干部学院学报》1992 年第 2 期。

36. 《我国刑事诉讼目的与审判结构之探讨》（合），载《政法论坛》1994 年第 1 期。

37. 《关于反贪污贿赂立法若干问题的比较研究》（合），载《立命馆法律评论》1993 年第 8 期。

38. 《市场经济与刑事诉讼法学的展望》（合），载《中国法学》1993 年第 5 期。

39. 《刑事诉讼法学研究展望》（上），载《当代律师》1993 年第 5 期。

40. 《刑事诉讼法学研究展望》（下），载《当代律师》1993 年第 6 期。

41. 《刑事审判结构之研究》，载《法学家》1993 年第 4 期。

42. 《世界刑事诉讼法发展趋势与中国刑事诉讼制度改革展望（要点）》，载《93 刑事诉讼法学国际研讨会论文集》1994 年 1 月。

43. 《关于修改刑事诉讼法结构体系的设想》，载《政法论坛》1994 年第 4 期。

44. 《修改与完善刑事诉讼法（笔谈会）如何修改刑事诉讼法的几点看法》，载《中国法学》1994 年第 5 期。

45. 《法、德、意三国刑事司法制度》（合），载《外国法译评》1995 年第 1 期。

46. 《孙中山先生之民权主义法制思想》，载《政法论坛》1995 年第 2 期。

47. 《论刑事诉讼法修改的指导思想》，载《法制与社会发展》1995 年第 4 期。

48. 《刑事诉讼法修改刍议》（上）（合），载《中国法学》1995 年第 4 期。

49. 《刑事诉讼法修改刍议》（下）（合），载《中国法学》1995 年第 5 期。

50. 《市场经济与诉讼法》（合），载肖扬主编：《社会主义市场经济法制建设讲座》，中国方正出版社 1995 年版。

51. 《刑事诉讼法学研究现状与发展趋势》（合），载《法学家》1996 年第 2 期。

52. 《加强司法人权保障的新篇章》，载《政法论坛》1996 年第 4 期。

53. 《坚持惩治犯罪与保障人权相结合立足国情与借鉴外国相结合——参与刑事诉讼法修改的几点体会》，载《政法论坛》1996 年第 6 期。

54. 《保障刑事司法人权是我国修改后的刑事诉讼法的突出特色》，载《中国法律》1996 年第 1 期。

55. 《刑事诉讼法修改的成功是贯彻依法治国方针的重要成果》，载《法学》1996 年第 11 期。

56. 《确保修正后的刑事诉讼法的正确实施》，载《法制日报》1996 年 12 月 30 日，第 3 版。

57. 《刑事诉讼法学研究现状与发展趋势》（合），载《法学家》1996 年第 2 期。

58. 《十四大以来法制建设成就笔谈》，载《中国法学》1997 年第 10 期。

59. 《论诉讼法与实体法的关系——兼论诉讼法的价值》，载《诉讼法论丛》1998 年第 1 期。

60. 《刑事诉讼法学研究现状与发展趋势》（合），载《法学家》1996 年第 2 期。

61. 《坚持实事求是　推进法学研究和法制建设——纪念中共十一届三中全会召开 20 周年笔谈　刑事法制建设的回顾与展望》，载《中国社会科学》1998 年第 5 期。

62. 《刑事诉讼法学二十年》，载《中国法学》1998 年第 4 期。

63. 《联合国〈公民权利和政治权利国际公约〉与我国刑事诉讼》，载《中国法学》1998 年第 6 期。

64. 《联合国〈公民权利与政治权利国际公约〉与中国刑事诉讼》，载《法制与社会发展》1999 年 5 期。

65. 《刑事诉讼法实施问题座谈会纪要》，载《政法论坛》1999 年第 5 期。

66. 《刑事司法国际准则与中国刑事司法改革》（合），载《诉讼法论丛》1999 年第 0 期。

67. 《内地刑事诉讼制度的新发展》，载陈兴良主编：《刑事法评论》（第 5 卷），中国政法大学出版社 2000 年版。

68. 《刑事诉讼法实施三年的回顾与展望（代序言）》，载陈光中主编：《刑事诉讼法实施问题研究》，中国法制出版社 2000 年版。

69. 《进一步改革和完善中国刑事诉讼制度的几点思考》（合），载《人民司法》2000 年第 4 期。

70. 《诉讼中的客观真实与法律真实》，载《诉讼法学、司法制度》2001 年第 9 期。

71. 《关于刑事证据立法的若干问题》，载《南京大学法律评论》2000 年第 1 期。

72. 《中国死刑执行方法的改革》（合），载《中国法律》2000 年第 6 期。

73. 《刑事证据制度与认识论——兼与误区论、法律真实论、相对真实论商榷》（合），载《中国法学》2001 年第 1 期。

74. 《量刑公正与刑事诉讼制度改革》，载中国政法大学刑事法律研究中心、英国大使馆文化教育处主编：《中英量刑问题比较研究》，中国政法大学出版社 2001 年版。

75. 《刑事诉讼中的效率价值》，载《澳门检察》2002 年第 3 期。

76. 《构建层次性的刑事证明标准》，载《检察日报》2002 年 3 月 26 日，第 3 版。

77.《严打与司法公正的几个问题》，载《中国刑事法杂志》2002年第2期。

78.《鉴定机构的中立性与制度改革》，载《中国司法鉴定》2002年第1期。

79.《论刑事诉讼的"中立"理念——兼谈刑事诉讼制度的改革》（合），载《中国法学》2002年第2期。

80.《对英国〈2000年调查权管理法〉的分析研究报告》，载《诉讼法论丛》2002年第0期。

81.《追求刑事诉讼价值的平衡》（合），载《法制日报》2002年12月5日，第11版。

82.《提升诉讼程序价值，保障公民合法权利》，载《检察日报》2002年12月8日，第1版。

83.《俄罗斯刑事诉讼法简介》，载《俄罗斯联邦刑事诉讼法典》，黄道秀译，中国政法大学出版社2003年版。

84.《治学杂感二则》，载宫本欣主编：《法学家茶座》（第3辑），山东人民出版社2003年版。

85.《辩诉交易在中国（序）》，载陈光中主编：《辩诉交易在中国》，中国检察出版社2003年版。

86.《追求刑事诉讼价值的平衡——英俄近年刑事司法改革述评》（合），载《中国刑事法杂志》2003年第1期。

87.《刑事优先：不是绝对优先》，载《检察日报》2003年6月4日，第3版。

88.《是否"先刑后民"要酌情而定》（合），载《检察日报》2003年8月6日，第3版。

89.《中国刑事强制措施制度的改革与完善》（合），载《政法论坛》2003年第5期。

90.《一次坚持罪刑法定原则的审判》，载《涉外税务》2003年第7期。

91.《中国刑事法律援助制度的新发展》，载《人民日报》2003年8月13日，第6版。

92.《推进司法制度改革，保障实现社会正义——在司法部与中国法学会联合召开的学习十六大报告座谈会上的发言》，载《诉讼法论丛》2003年第0期。

93.《关于刑事诉讼法再修改的几点思考》（上），载《检察日报》2003年11月6日，第3版。

94.《应加快铁路司法体制改革》（合），载《法制日报》2003年11月27日，第10版。

95.《铁路司法机关：应当保留必须改革》（合），载《检察日报》2003年12月19日，第3版。

96.《关于铁路司法体制改革的几点看法》（合），载《人民检察》2003年第12期。

97.《〈刑事诉讼法〉再修改若干问题之思考》，载《中国司法》2004年第1期。

98.《刑事诉讼法再修改之基本理念——兼及若干基本原则之修改》，载《高等学校文科学术文摘》2004年第3期。

99.《改革、完善刑事证据法若干问题之思考（代序言）》，载陈光中主编：《中华人民共和国刑事证据法专家拟制稿（条文、释义与论证）》，中国法制出版社2004年版。

100. 《我国死刑审判程序改革刍议》（合），载《中国司法》2004 年第 10 期。

101. 《努力实现审判公正（代序言）》，载陈光中主编：《审判公正问题研究》，中国政法大学出版社 2004 年版。

102. 《关于审判公正的调研和改革建议》（合），载《诉讼法论丛》2004 年第 0 期。

103. 《论刑事诉讼中非法证据排除规则》，载《澳门检察》2004 年第 5 期。

104. 《论我国刑事审判监督程序之改革》（合），载《中国法学》2005 年第 2 期。

105. 《完善司法鉴定制度的一项重大改革举措》，载《中国司法鉴定》2005 年第 2 期。

106. 《刑事诉讼中检察权的合理配置》，载《国家检察官学院学报》2005 年第 3 期。

107. 《〈关于司法鉴定管理问题的决定〉之完善》，载《人民司法》2005 年第 6 期。

108. 《程序公正的定位》，载《北京日报》2005 年 9 月 19 日，第 8 版。

109. 《强制采样与人权保障之冲突与平衡》（合），载《现代法学》2005 年第 5 期。

110. 《刑事司法鉴定制度的进一步改革与完善》（合），载《法学家》2005 年第 4 期。

111. 《刑事诉讼法再修改之基本思路》（合），载陈光中、陈卫东主编：《诉讼法理论与实践》，中国方正出版社 2005 年版。

112. 《保障人权是刑诉法修改中的一根"红线"》，载《北京日报》2005 年 12 月 5 日，第 8 版。

113. 《最高法院统一行使死刑复核权专家笔谈》（合），载《中国司法》2005 年第 12 期。

114. 《〈联合国反腐败公约〉与刑事诉讼法再修改》（合），载《政法论坛》2006 年 1 期。

115. 《刑事诉讼法基本理念若干问题之我见》，载崔敏主编：《刑事诉讼与证据运用》（第 2 卷），中国人民公安大学出版社 2006 年版。

116. 《只有创新才能提高哲学、社会科学研究质量》，载《光明日报》2006 年 1 月 16 日，第 3 版。

117. 《中国刑事诉讼法典第一编第一章"任务和基本原则"的修改建议稿和理由》（合），载《诉讼法论丛》2006 年第 0 期。

118. 《"十五"期间刑事诉讼法学研究的回顾与"十一五"的展望》（合），载《诉讼法论丛》2006 年第 0 期。

119. 《〈刑事诉讼法修改专家建议稿〉重点问题概述》，载陈光中、汪建成、张卫平主编：《诉讼法理论与实践：司法理念与三大诉讼法修改（2006 年卷）》，北京大学出版社 2006 年版。

120. 《附条件不起诉：检察裁量权的新发展》（合），载《人民检察》2006 年第 7 期。

121. 《刑事和解的理论基础与司法适用》，载《人民检察》2006 年第 10 期。

122. 《刑事和解初探》（合），载《中国法学》2006 年第 5 期。

123. 《陈光中：死刑复核要适度诉讼化》，载《新民周刊》2006 年第 49 期。

124. 《〈刑事诉讼法〉再修改与未成年人诉讼权利的保障》（合），载《中国司法》2007 第 1 期。

125. 《应考虑人民监督员制度立法》，载《法制日报》2007 年 3 月 13 日，第 3 版。

126.《对刑事诉讼法再修改的38条建议》，载崔敏主编：《刑事诉讼与证据运用》（第3卷），中国人民公安大学出版社2007年版。

127.《"命案必破"二人谈》（合），载崔敏主编：《刑事诉讼与证据运用》（第3卷），中国人民公安大学出版社2007年版。

128.《人民监督员制度：体现了中国检察制度特色》，载《检察日报》2007年9月18日，第1版。

129.《构建和谐社会背景下中国死刑政策的调整》，载《金陵法律评论》2007年第12期。

130.《实证研究与刑事诉讼法再修改》，载雷小政主编：《原法》（第2卷），中国检察出版社2007年版。

131.《人民民主是社会主义的生命》，载《检察日报》2007年10月20日，第5版。

132.《中国刑事证人出庭作证制度的改革》（合），载《中国法律》2007年第5期。

133.《铁路专门检察体制研究》（合），载《人民检察》2007年第21期。

134.《刑事证据之立法模式》（合），载《人民法院报》2007年11月20日，第5版。

135.《陈光中：法学研究切忌坐而论道》，载《光明日报》2008年2月4日，第5版。

136.《刑事诉讼法修改的思维方法问题》，载卞建林、王肃元主编：《刑事诉讼法修改：问题与前瞻》，北京大学出版社2008年版。

137.《论国家刑事赔偿的归责原则与赔偿范围》（合），载卞建林、王肃元主编：《刑事诉讼法修改：问题与前瞻》，北京大学出版社2008年版。

138.《司法、司法机关的中国式解读》（合），载《中国法学》2008年第2期。

139.《国家刑事赔偿制度改革若干问题之探讨》（合），载《中国社会科学》2008年第2期。

140.《刑事诉讼法再修改的两个问题》，载崔敏主编：《刑事诉讼与证据运用》（第4卷），中国人民公安大学出版社2008年版。

141.《法治漫途中的进步与期待——评2007年新〈中华人民共和国律师法〉》（合），载崔敏主编：《刑事诉讼与证据运用》（第4卷），中国人民公安大学出版社2008年版。

142.《进一步推进刑事诉讼法制建设》，载《中国法学》2008年第5期。

143.《刑事诉讼法再修改若干问题之展望》，载《法学》2008年第6期。

144.《司法体制改革若干问题之我见》，载《刑事司法论坛》2008年第0期。

145.《1996年修改刑事诉讼法》，载《光明日报》2008年11月17日，第2版。

146.《改革开放30年的刑事诉讼法学》（合），载《现代法学》2009年第1期。

147.《诉讼真实与证明标准改革》（合），载《政法论坛》2009年第2期。

148.《建设公正高效权威的社会主义司法制度之我见》，载《人民检察》2009年第4期。

149.《论我国劳动教养制度改革》（合），载《人民司法》2009年第15期。

150.《刑事司法改革中的若干问题》，载《犯罪与改造研究》2009年第9期。

151.《刑事诉讼立法的回顾与展望》，载《法学家》2009年第5期。

152.《公布死刑人数利弊考》，载《南方周末》2009 年 12 月 17 日，第 3 版。

153.《建国初期司法改革运动述评》（合），载《法学家》2009 年第 6 期。

154.《中国刑事诉讼法治建设 60 年》，载崔敏主编：《刑事诉讼与证据运用》（第 6 卷），中国人民公安大学出版社 2010 年版。

155.《刑事诉讼法再修改与涉及公安机关的若干问题》，载崔敏主编：《刑事诉讼与证据运用》（第 6 卷），中国人民公安大学出版社 2010 年版。

156.《关于我国刑事二审程序运行情况的调研报告》（合），载《刑事司法论坛》2010 年第 0 期。

157.《再谈刑事和解》，载《法学研究》2010 年第 1 期。

158.《侦查阶段律师辩护问题研究——兼论修订后的〈律师法〉实施问题》（合），载《中国法学》2010 年第 1 期。

159.《海峡两岸刑事管辖冲突及解决路径》（合），载《法学杂志》2010 年第 3 期。

160.《刑事和解再探》，载《中国刑事法杂志》2010 年第 2 期。

161.《中国语境下的刑事证明责任理论》（合），载《法制与社会发展》2010 年第 2 期。

162.《我国刑事证据制度的新发展》，载《中国法律》2010 年第 4 期。

163.《摒弃封建专制糟粕，弘扬优秀文化遗产》，载《中国政法大学学报》2010 年第 5 期。

164.《刑事证据制度改革若干理论与实践问题之探讨——以两院三部〈两个证据规定〉之公布为视角》，载《中国法学》2010 年第 6 期。

165.《我国侦查阶段律师辩护制度之完善》，载《中国司法》2010 年第 7 期。

166.《"结论唯一"之解读》，载《证据科学》2010 年第 5 期。

167.《改革完善刑事证据制度的重大成就》，载《人民公安报》2010 年 6 月 1 日，第 4 版。

168.《死刑案件证据必须达到"惟一性"标准》，载《中国改革》2010 年第 7 期。

169.《刑事和解是否适用于死刑案件之我见》，载《人民法院报》2010 年 8 月 4 日，第 6 版。

170.《如何树立司法权威的几点思考》（合），载崔敏主编：《刑事诉讼与证据运用》（第 7 卷），中国人民公安大学出版社 2011 年版。

171.《李庄漏罪与辩护人妨害作证罪之立法修改》，载《刑事司法论坛》2011 年第 0 期。

172.《关于司法权威问题之探讨》（合），载《政法论坛》2011 年第 1 期。

173.《司法公正与法治建设——第三届中国法治论坛观点精选》，载《中国政法大学学报》2011 年第 3 期。

174.《我国公诉制度改革若干问题探讨》（合），载《法学研究》2011 年第 4 期。

175.《把握立法契机　推进我国检察事业新发展》，载《人民检察》2011 年第 3 期。

176.《刑事诉讼法再修改视野下的二审程序改革》（合），载《中国法学》2011 年第 5 期。

177.《我国刑事审判制度改革若干问题之探讨——以〈刑事诉讼法〉再修改为视角》

（合），载《法学杂志》2011年第9期。

178.《论刑事诉讼中的证据裁判原则——兼谈〈刑事诉讼法〉修改中的若干问题》（合），载《法学》2011年第9期。

179.《刑事诉讼中公安机关定位问题之探讨——对〈刑事诉讼法修正案（草案）〉中"司法机关"规定之商榷》，载《法学》2011年第11期。

180.《传统和谐法律文化与当事人和解》，载《人民检察》2011年第23期。

181.《加强刑事司法人权保障》，载《中国社会科学报》2011年1月4日，第5版。

182.《推进刑事诉讼的民主法治建设》，载《法制日报》2011年8月3日，第12版。

183.《刑诉法修改中的几个重点问题》，载《人民法院报》2011年8月24日，第6版。

184.《我国刑事司法鉴定制度的新发展与新展望》（合），载《中国司法鉴定》2012年第2期。

185.《刑事诉讼法修改的最大亮点："尊重和保障人权"》，载《中国法律》2012年第2期。

186.《刑事诉讼法法制建设的重大进步》（合），载《清华法学》2012年第3期。

187.《铁路司法体制改革的成就与展望》，载《中国法律》2012年第5期。

188.《关于修改后〈刑事诉讼法〉司法解释若干问题的思考》（合），载《法学》2012年第11期。

189.《创立评奖制度》，载《民主与法制》2012年第29期。

190.《立法发扬民主　吸收各方意见》，载《法制日报》2012年1月17日，第3版。

191.《一门正在探索中的学科——〈司法学原理〉序》，载《检察日报》2012年2月10日，第6版。

192.《尊重和保障人权：不仅仅是一项基本原则》（合），载《检察日报》2012年3月19日，第3版。

193.《创建刑事强制医疗程序　促进社会安定有序》（合），载《检察日报》2012年4月11日，第3版。

194.《新刑诉法中辩护制度规定之实施问题》（合），载《人民法院报》2012年7月18日，第6版。

195.《强化诉讼监督制约　推进诉讼民主法治》，载《检察日报》2012年8月10日，第3版。

196.《专家学者的良好学术平台》，载《人民法院报》2012年10月27日，第2版。

197.《如何解决新刑事诉讼法贯彻实施中的若干疑难问题》，载卞建林主编：《诉讼法学研究》（第18卷），中国检察出版社2013年版。

198.《刑事诉讼法学研究的回顾与展望》（合），载卞建林主编：《诉讼法学研究》（第18卷），中国检察出版社2013年版。

199.《论不被强迫自证其罪原则》（合），载《澳门研究》2013年第1期。

200.《比较法视野下的中国特色司法独立原则》，载《比较法研究》2013年第2期。

201.《关于深化司法改革若干问题的思考》（合），载《中国法学》2013年第4期。

202.《我国劳动教养制度改革之探讨》（合），载《中国法律》2013年第5期。

203. 《论无罪推定原则及其在中国的适用》（合），载《法学杂志》2013 年第 10 期。

204. 《排除非法证据，充分保障人权》，载《人民法院报》2013 年 1 月 7 日，第 3 版。

205. 《上帝不犯错，可法官不是上帝》，载《法制日报》2013 年 5 月 8 日，第 7 版。

206. 《转变观念完善制度　严守底线防范冤案》，载《检察日报》2013 年 8 月 29 日，第 3 版。

207. 《经得起法律和历史检验的正义审判》，载《法制日报》2013 年 9 月 27 日，第 7 版。

208. 《严防冤案若干问题思考》（合），载《法学家》2014 年第 1 期。

209. 《应当如何完善人权刑事司法保障》，载《法制与社会发展》2014 年第 1 期。

210. 《我国刑事辩护制度的改革》，载《中国司法》2014 年第 1 期。

211. 《如何理顺刑事司法中的法检公关系》，载《环球法律评论》2014 年第 1 期。

212. 《关于国家治理现代化问题的若干思考和建议》，载《法大智库建议》2014 年第 1 期。

213. 《公正司法，促进社会公平正义》，载《中国政法大学学报》2014 年第 2 期。

214. 《国家治理现代化标准问题之我见》，载《法制与社会发展》2014 年第 5 期。

215. 《证据裁判原则若干问题之探讨》，载《中共浙江省委党校学报》2014 年第 6 期。

216. 《非法证据排除规则实施若干问题研究：以实证调查为视角"（合），载《法学杂志》2014 年第 9 期。

217. 《关于国家治理现代化问题的若干建议》，载《教育部简报》2014 年第 10 期。

218. 《严格实行非法证据排除规则的建议》，载《要报》2014 年第 16 期。

219. 《司法机关如何依法独立行使审判权、检察权》，载《人民日报内部参阅》2014 年 1 月 17 日，第 2 版。

220. 《刑事诉讼法研究的一个重要问题》，载《人民日报》2014 年 8 月 3 日，第 5 版。

221. 《标本兼治，综合应对》，载《人民公安报》2014 年 8 月 18 日，第 8 版。

222. 《民主立法应有刚性要求》，载《法规要情要报》2014 年 11 月 15 日，第 3 版。

223. 《推进以审判为中心的诉讼制度改革》（合），载《中国法律》2015 年第 1 期。

224. 《论我国司法体制的现代化改革》（合），载《中国法学》2015 年第 1 期。

225. 《审判中心与相关诉讼制度改革初探》（合），载《政法论坛》2015 年第 2 期。

226. 《在司法过程中保障人权的五大举措》，载《中国党政干部论坛》2015 年第 4 期。

227. 《完善的辩护制度是国家民主法治发达的重要标志》，载《中国法律评论》2015 年第 2 期。

228. 《略谈司法公信力问题》，载《法制与社会发展》2015 年第 5 期。

229. 《推进"以审判为中心"改革的几个问题》，载《人民法院报》2015 年 1 月 21 日，第 5 版。

230. 《中国政法大学终身教授陈光中：刑事速裁程序试点改革符合中国实际需要》，

载《人民法院报》2015 年 9 月 9 日，第 6 版。

231.《完善司法责任制》，载《人民日报》2015 年 10 月 19 日，第 7 版。

232.《聂树斌案五大疑点已撕裂原证据证明体系，理应重新公正审判》，载卞建林主编：《中国诉讼法判解》（第 9 卷），中国人民公安大学出版社 2016 年版。

233.《修正案方式：〈刑事诉讼法〉新修改的现实途径》，载《中国司法》2016 年第 1 期。

234.《法治经济与司法公正》，载《人民法治》2016 年第 1 期。

235.《以审判为中心与检察工作》（合），载《国家检察官学院学报》2016 年第 1 期。

236.《司法责任制若干问题之探讨》（合），载《中国政法大学学报》2016 年第 2 期。

237.《责任需要追究亦应遵守时效》（合），载《人民法治》2016 年第 6 期。

238.《认罪认罚从宽制度若干重要问题探讨》（合），载《法学》2016 年第 8 期。

239.《深化司法改革与刑事诉讼法修改的若干重点问题探讨》（合），载《比较法研究》2016 年第 6 期。

240.《推进法律职业教育培训　建设社会主义法治工作队伍》，载《中国公证》2016 年第 7 期。

241.《认罪认罚从宽制度实施问题研究》（合），载《法律适用》2016 年第 11 期。

242.《中国法治建设面临三个问题》，载《中华智库》2016 年第 3 期。

243.《严格司法应"准"字当头》，载《中国司法》2016 年第 7 期。

244.《完善认罪认罚从宽制度若干看法和建议》，载《司法文明协同创新中心成果要报（第三十四期）》2016 年 8 月 16 日，第 5 版。（并于 11 月被教育部采纳）

245.《中国古代诉讼证明问题探讨》（合），载《现代法学》2016 年第 5 期。

246.《严格依法再审，坚决贯彻疑罪从无》，载《人民法院报》2016 年 12 月 5 日，第 2 版。

247.《关于我国监察体制改革的几点看法》，载《环球法律评论》2017 年第 2 期。

248.《信息时代刑事司法的发展与思考》（合），载初殿清主编：《北航法学》（2016 年第 2 卷），中国政法大学出版社 2016 年版。

249.《完善证人出庭制度的若干问题探析——基于实证试点和调研的研究》，载《政法论坛》2017 年第 4 期。

250.《论庭审模式与查明案件事实真相》（合），载《法学杂志》2017 年第 6 期。

251.《社区矫正发展及其立法的几个问题》，载《法制日报》2017 年 4 月 19 日，第 12 版。

252.《我国监察体制改革若干问题思考》（合），载《中国法学》2017 年第 4 期。

253.《对〈严格排除非法证据规定〉的几点个人理解》，载《中国刑事法杂志》2017 年第 4 期。

254.《证人出庭制度改革与完善之建议》（合），载《司法文明协同创新中心成果要报》2017 年 9 月 24 日，第 3 版。

255.《关于〈监察法（草案）〉的八点修改意见》（合），载《比较法研究》2017 年第 6 期。

256.《一项推进公正司法的成功探索——评〈人民法院司法标准化理论与实践〉一

书》，载《人民法院报》2017 年 10 月 11 日，第 2 版。

257. 《中国政法大学终身教授陈光中等专家认为——〈监察法（草案）〉存合宪性争议有待完善》，载《人民日报〈内参〉中办、国办信息》第 391 期。

258. 《我经历的 1952 年高校院系调整和北京政法学院的成立》，载何家弘主编：《法学家茶座》（第 44 辑），山东人民出版社 2014 年版。

259. 《完善〈监察法（草案）〉之建议》，载《司法文明协同创新中心成果要报》2017 年 11 月 21 日，第 2 版。

260. 《以程序正义保护合法产权》，载《人民法院报》2017 年 12 月 30 日，第 4 版。

261. 《中国古代司法制度之特点及其社会背景》，载《中国政法大学学报》2018 年第 1 期。

262. 《推进刑事辩护法律援助全覆盖问题之探讨》（合），载《法学杂志》2018 年第 3 期。

263. "Der Zusammenhang zwischen der Gerechtigkeit der Urtellsfindung und dem Erscheinen des Zeugen vor Gericht", *Goltdammer's Archiv für Strafrecht*, Vol. 165, No. 4, 2018.

264. 《古代诉讼证明标准：从原则到具体》，载《检察日报》2018 年 5 月 29 日，第 3 版。

265. 《古代疑罪处理原则异同反映立法宗旨变迁》，载《检察日报》2018 年 6 月 5 日，第 3 版。

266. 《刑事诉讼法修正草案：完善刑事诉讼制度的新成就和新期待》（合），载《中国刑事法杂志》2018 年第 3 期。

267. 《动态平衡诉讼观之我见》，载《中国检察官》2018 年第 13 期。

268. 《中国刑事诉讼法立法四十年》（合），载《法学》2018 年第 7 期。

269. 《监察制度改革的重大成就与完善期待》（合），载《行政法学研究》2018 年第 4 期。

270. 《古代民事诉讼的裁判依据》，载《检察日报》2018 年 8 月 28 日，第 3 版。

271. 《中国古代监察法律的历史演变——以清代"台规"为重点的考察》（合），载《甘肃社会科学》2018 年第 5 期。

272. 《当前刑事诉讼制度改革面临的几个问题》，载《证据科学》2018 年第 5 期。

273. 《司法不公成因的科学探究》，载《中国法律评论》2019 年第 4 期。

274. 《论我国法律援助辩护之完善》（合），载《浙江工商大学学报》2020 年第 1 期。

275. 《我国死刑复核程序之完善刍议》（合），载《法学杂志》2020 年第 2 期。

276. 《刑事辩护法律援助制度再探讨——以〈中华人民共和国法律援助法（草案）〉为背景》（合），载《中国政法大学学报》2021 年第 4 期。

277. 《从"少捕慎诉慎押"刑事司法政策看刑事检察理念的转变——专访中国政法大学终身教授陈光中》，载《人民检察》2021 年第 21~22 期。

陈光中教授弟子名录

（2022 年 12 月）

一、博士研究生

序号	姓名	性别	入学年份	专业方向	工作单位及职称/职务
1	卞建林	男	1987 年	刑事诉讼法	中国政法大学诉讼法学研究院名誉院长，教授、博士生导师，中国刑事诉讼法学研究会名誉会长
2	谢正权	男	1987 年（未毕业）	刑事诉讼法	美国执业律师
3	李心鉴	男	1988 年	刑事诉讼法	北京市航舵律师事务所主任
4	肖胜喜（已故）	男	1988 年	刑事诉讼法	北京市人民检察第一分院原副检察长，中国政法大学教授
5	宋英辉	男	1989 年	刑事诉讼法	北京师范大学刑事法律科学研究院教授、博士生导师
6	王洪祥	男	1989 年	刑事诉讼法	中央政法委副秘书长
7	初开荣	女	1990 年	刑事诉讼法	在美国工作
8	马怀德	男	1990 年	行政诉讼法	中国政法大学校长，教授、博士生导师，中国法学会副会长、行政法学研究会会长
9	李忠诚	男	1991 年	刑事诉讼法	最高人民检察院原反贪污贿赂总局二局副局长（正厅级）、现任中国农业农村法治研究会副会长
10	陈桂明（已故）	男	1991 年	民事诉讼法	《中国法学》原总编，中国法学会民事诉讼法学研究会原会长，教授、博士生导师
11	陈开欣	男	1991 年（未毕业）	刑事诉讼法	在澳大利亚工作
12	陈瑞华	男	1992 年	刑事诉讼法	北京大学法学院教授、博士生导师，中国刑事诉讼法学研究会副会长

序号	姓名	性别	入学年份	专业方向	工作单位及职称/职务
13	汤维建	男	1992年	民事诉讼法	中国人民大学法学院教授、博士生导师，全国政协委员，民革中央常委，中国法学会民事诉讼法学研究会副会长
14	李文健	男	1993年	刑事诉讼法	海关总署风险管理司司长
15	熊秋红	女	1993年	刑事诉讼法	中国政法大学诉讼法学研究院院长，教授、博士生导师，中国刑事诉讼法学研究会副会长兼秘书长
16	高家伟	男	1994年	行政诉讼法	中国政法大学教授、博士生导师
17	刘善春	男	1994年	行政诉讼法	中国政法大学教授、博士生导师
18	宋炉安	男	1994年	行政诉讼法	郑州铁路运输中级人民法院党组书记、院长
19	蔡金芳	女	1995年	刑事诉讼法	最高人民法院刑事审判第一庭副庭长
20	王树平	女	1996年	刑事诉讼法	在英国工作
21	薛刚凌	女	1996年	行政诉讼法（与应松年教授共同指导）	华南师范大学政府改革与法治建设研究院院长，教授、博士生导师，中国法学会行政法学研究会副会长
22	王万华	女	1996年	行政诉讼法	中国政法大学教授、博士生导师
23	郑 旭	男	1996年	刑事诉讼法	中国政法大学副教授
24	张建伟	男	1997年	刑事诉讼法	清华大学法学院教授、博士生导师，中国刑事诉讼法学研究会副会长
25	吕立秋	女	1997年	行政诉讼法（与应松年教授共同指导）	北京观韬中茂律师事务所高级合伙人，中华全国律师协会行政法专业委员会主任
26	张 毅	男	1998年	刑事诉讼法	海南省人民检察院检察长
27	卫跃宁	男	1998年	刑事诉讼法	中国政法大学教授、博士生导师，刑事司法学院刑事诉讼法研究所所长
28	金炳权（韩国）	男	1998年	刑事诉讼法	原任韩国驻华大使馆官员
29	陈海光	男	1999年	刑事诉讼法	新疆维吾尔自治区高级人民法院党组成员、副院长，高级人民法院生产建设兵团分院党组书记、院长
30	杨宇冠	男	1999年	刑事诉讼法	中国政法大学教授、博士生导师

序号	姓名	性别	入学年份	专业方向	工作单位及职称/职务
31	易延友	男	1999年	刑事诉讼法	清华大学法学院教授、博士生导师
32	赵燕	女	1999年	刑事诉讼法	中国政法大学原副教授
33	顾永忠	男	2000年	刑事诉讼法	中国政法大学教授、博士生导师，中华全国律师协会刑事业务委员会主任
34	郭志媛	女	2000年	刑事诉讼法	中国政法大学教授、博士生导师
35	谭淼	男	2000年	刑事诉讼法（与卞建林教授共同指导）	北京盈科律师事务所律师
36	汪海燕	男	2000年	刑事诉讼法	中国政法大学教务处处长，教授、博士生导师
37	魏晓娜	女	2000年	刑事诉讼法	中国人民大学法学院教授、博士生导师
38	吴华	女	2000年	行政诉讼法（与朱维究教授共同指导）	律师
39	解志勇	男	2000年	行政诉讼法（与马怀德教授共同指导）	中国政法大学比较法学研究院院长，教授、博士生导师
40	刘玫	女	2002年	刑事诉讼法	中国政法大学教授、博士生导师
41	程滔	女	2002年	刑事诉讼法	中国政法大学教授
42	李玉华	女	2002年	刑事诉讼法	中国人民公安大学法学院院长，教授、博士生导师，中国刑事诉讼法学研究会副会长
43	郑未媚	女	2002年	刑事诉讼法	国家法官学院刑事审判教研部副主任，教授
44	陈学权	男	2003年	刑事诉讼法	对外经贸大学法学院教授、博士生导师
45	胡铭	男	2003年	刑事诉讼法	浙江大学法学院常务副院长，教授、博士生导师，中国刑事诉讼法学研究会副会长
46	张栋	男	2003年	刑事诉讼法	华东政法大学教授、博士生导师
47	彭海青	女	2003年	刑事诉讼法	北京理工大学法学院教授、博士生导师
48	马鹏飞	男	2003年	刑事诉讼法	北京出入境边防检查总站副调研员
49	周萃芳	女	2003年	刑事诉讼法	自由撰稿人、专栏作家

序号	姓名	性别	入学年份	专业方向	工作单位及职称/职务
50	马贵翔	男	2003 年	刑事诉讼法	复旦大学法学院教授、博士生导师
51	岳礼玲	女	2003 年	刑事诉讼法	中国政法大学教授
52	张曙	男	2004 年	刑事诉讼法	浙江工业大学法学院教授
53	葛琳	女	2004 年	刑事诉讼法	最高人民检察院第五检察厅一级调研员
54	李汉昌	男	2004 年	民事诉讼法	中南财经政法大学原副校长，教授、博士生导师
55	彭伶	女	2004 年	刑事诉讼法	中国法学会对外联络部副主任
56	贺荣	女	2004 年	行政诉讼法	最高人民法院党组副书记、常务副院长，一级大法官
57	杨先恒（中国香港）	男	2004 年	刑事诉讼法	香港特别行政区律师
58	邱庭彪（中国澳门）	男	2005 年	刑事诉讼法	澳门特别行政区行政会委员，立法会议员，大律师，澳门大学法学院助理院长
59	秦策	男	2005 年	刑事诉讼法	上海财经大学法学院教授、博士生导师
60	赵琳琳（已故）	女	2005 年	刑事诉讼法	澳门科技大学法学院教授
61	初殿清	女	2006 年	刑事诉讼法	北京航空航天大学法学院副院长，副教授
62	崔洁	女	2006 年	刑事诉讼法	国家保密局干部
63	张红梅	女	2006 年	刑事诉讼法	中国检察出版社副社长
64	张国轩	男	2006 年	刑事诉讼法	江西省人民检察院副检察长
65	李宜光（中国台湾）	男	2006 年	刑事诉讼法	中国台湾地区谦信法律事务所律师
66	李炯泽（韩国）	男	2006 年	刑事诉讼法	韩国釜山地方检察厅检察官
67	巩富文	男	2007 年	刑事诉讼法	陕西省高级人民法院副院长，全国政协委员，农工民主党中央委员
68	吴春平	女	2007 年	刑事诉讼法	中央政法委宣教局处长
69	曾新华	男	2007 年	刑事诉讼法	对外经贸大学法学院副教授
70	王日春	男	2008 年	刑事诉讼法	教育部教材局副局长

序号	姓名	性别	入学年份	专业方向	工作单位及职称/职务
71	阿尼沙	女	2008 年	刑事诉讼法	西安市中级人民法院刑二庭审判长，陕西省第十三届人大代表、陈先生培养的首位维吾尔族女博士
72	倪寿明	男	2008 年	刑事诉讼法	人民法院新闻传媒总社党委书记、社长
73	李荣冰	男	2008 年	刑事诉讼法	北京市人民检察院第四分院第一检察部副主任
74	杨　鹏	男	2008 年	刑事诉讼法	山东社会科学院法治政府研究中心主任
75	黄海波	男	2009 年	刑事诉讼法	广东省深圳市人民检察院法律政策研究室主任
76	田力男	男	2009 年	刑事诉讼法	中国人民公安大学法学院副教授、博士生导师
77	郑成昌（中国澳门）	男	2009 年	刑事诉讼法	澳门特别行政区律师
78	郑丽萍	女	2009 年	刑事诉讼法	北京航空航天大学法学院教授、博士生导师
79	姜爱东	男	2009 年	刑事诉讼法	司法部社区矫正管理局局长
80	肖沛权	男	2010 年	刑事诉讼法	中国政法大学教授、博士生导师
81	郑　曦	男	2010 年	刑事诉讼法	北京外国语大学教授、博士生导师
82	王迎龙	男	2011 年	刑事诉讼法	中国政法大学副教授
83	刘　哲	男	2011 年	刑事诉讼法	最高人民法院
84	刘林呐	女	2011 年	刑事诉讼法	国家检察官学院检察官国际交流中心应用研究部主任，教授
85	马泽波	男	2011 年	刑事诉讼法	四川省资阳市中级人民法院院长
86	于增尊	男	2012 年	刑事诉讼法	天津师范大学法学院副教授
87	谢丽珍	女	2012 年	刑事诉讼法	温州大学法学院院长助理，副教授
88	胡莲芳	女	2012 年	刑事诉讼法	三峡大学法学与公共管理学院讲师
89	孔　璋	男	2012 年	刑事诉讼法	浙江省人民检察院副检察长
90	徐　灿	男	2013 年	刑事诉讼法	公安部禁毒局一级主任科员
91	薛向楠	女	2013 年	刑事诉讼法	国家检察官学院副教授
92	李卫红	女	2013 年	刑事诉讼法	中国社会科学院大学教授、博士生导师
93	步洋洋	男	2014 年	刑事诉讼法	西北政法大学刑事法学院副教授

序号	姓名	性别	入学年份	专业方向	工作单位及职称/职务
94	李婷	女	2014 年	刑事诉讼法	贵州大学法学院讲师
95	朱卿	男	2014 年	诉讼法史	中国政法大学讲师
96	张杰	女	2014 年	刑事诉讼法	江苏师范大学法学院刑事教研室主任
97	徐建新	男	2014 年	刑事诉讼法	浙江省高级人民法院副院长
98	单子洪	男	2015 年	刑事诉讼法	首都师范大学法学院讲师
99	马康	男	2015 年	刑事诉讼法	中国纪检监察学院助理研究员
100	唐彬彬	女	2015 年	刑事诉讼法	中国人民公安大学法学院副教授
101	李章仙	女	2015 年	刑事诉讼法	中国政法大学博士后在读
102	李清伟	男	2015 年	刑事诉讼法	宁夏回族自治区石嘴山市人民检察院检察长
103	杨芹	女	2016 年	诉讼法史	中国政法大学博士后在读
104	丁毅	男	2016 年	刑事诉讼法	山西省高级人民法院党组成员、执行局局长
105	张益南	男	2016 年	刑事诉讼法	中央纪委国家监委主任科员
106	兰哲	女	2016 年	刑事诉讼法	北京市委党校法学教研部讲师
107	王秋玲	女	2016 年	刑事诉讼法	北京市委政法委副处长
108	邵俊	男	2017 年	刑事诉讼法	最高人民检察院检察理论研究所助理研究员
109	姜丹	女	2017 年	刑事诉讼法	国家法官学院教师
110	谢超	男	2017 年	刑事诉讼法	中央纪委国家监委派驻纪检监察组副组长
111	宋鹏举	男	2017 年	刑事诉讼法	吉林大学法学院博士生在读
112	牛颖东	男	2018 年	刑事诉讼法	中国政法大学博士生在读
113	褚晓囡	女	2018 年	刑事诉讼法	中国政法大学博士生在读
114	范巧兰	女	2018 年	刑事诉讼法	内蒙古自治区呼伦贝尔市中级人民法院党组书记，院长
115	魏伊慧	女	2019 年	刑事诉讼法	中国政法大学博士生在读
116	唐露露	女	2019 年	刑事诉讼法	中国政法大学博士生在读
117	周安和（中国台湾）	男	2019 年	刑事诉讼法	福建江夏学院教师
118	马浩洋	男	2020 年	刑事诉讼法	中国政法大学博士生在读

序号	姓名	性别	入学年份	专业方向	工作单位及职称/职务
119	王晋彦	男	2020 年	刑事诉讼法	中国政法大学博士生在读
120	胡雨晴	女	2020 年	监察法	中国政法大学博士生在读
121	李 作	男	2021 年	刑事诉讼法	中国政法大学博士生在读
122	丰怡凯	男	2021 年	刑事诉讼法	中国政法大学博士生在读
123	陈琼雯	女	2021 年	刑事诉讼法	中国政法大学博士生在读
124	胡梅奎	男	2021 年	刑事诉讼法	浙江省人民检察院政治部主任
125	魏家淦	男	2022 年	刑事诉讼法	中国政法大学博士生在读
126	孟晓帆	女	2022 年	刑事诉讼法	中国政法大学博士生在读

二、博士后

序号	姓名	性别	入站时间	专业方向	工作单位及职称/职务
1	姚 莉	女	2004 年	刑事诉讼法	中南财经政法大学党委常委、副校长，《法商研究》主编，教授、博士生导师，中国刑事诉讼法学研究会副会长
2	李本森	男	2005 年	刑事诉讼法	中国政法大学诉讼法学研究院副院长，教授、博士生导师
3	廖万里	男	2006 年	刑事诉讼法	中共中央办公厅副处长
4	武小凤	女	2007 年	刑事诉讼法	洛阳师范学院法学与社会学院副教授
5	胡献旁	男	2009 年	刑事诉讼法	北京市汉衡律师事务所主任
6	彭新林	男	2010 年	刑事诉讼法	北京师范大学刑事法律科学研究院院长助理，教授、博士生导师
7	张佳华	女	2011 年	刑事诉讼法	中国政法大学法律硕士学院副教授
8	陆侃怡	女	2013 年	诉讼法史	北京工商大学法学院讲师
9	盛 蔚	女	2014 年	司法制度	北京市高级人民法院办公室副主任
10	朱 卿	男	2017 年	诉讼法史	中国政法大学讲师
11	李章仙	女	2018 年	刑事诉讼法	中国政法大学博士后在读
12	杨 芹	女	2020 年	诉讼法史	中国政法大学博士后在读
13	路 旸	男	2021 年	刑事诉讼法	中国政法大学师资博士后在读
14	张鸿绪	男	2021 年	刑事诉讼法	北京建筑大学

三、硕士研究生

序号	姓名	性别	入学年份	专业方向	工作单位及职称/职务
1	郑 禄	男	1979年	刑事诉讼法	中国政法大学原副校长，教授
2	周国君	男	1979年	刑事诉讼法	《中国法学》原总编
3	周 红（已故）	女	1980年	刑事诉讼法	
4	洪道德	男	1982年	刑事诉讼法	中国政法大学教授
5	杨宇冠	男	1983年	刑事诉讼法	中国政法大学教授、博士生导师
6	李佑标	男	1984年	刑事诉讼法	河北省人大法制委员会委员
7	方元龙（已故）	男	1984年	刑事诉讼法	浙江省委政策研究室处长
8	吕伟红	女	1985年	刑事诉讼法	海关总署副署长
9	张仲芳（已故）	男	1985年	刑事诉讼法	最高人民检察院原公诉厅厅长，检委会委员
10	胡 驰	男	1986年	刑事诉讼法	方正出版社总编辑
11	陈开欣	男	1987年	刑事诉讼法	在澳大利亚工作
12	巩富文	男	1987年	刑事诉讼法	陕西省高级人民法院副院长，全国政协委员，农工民主党中央委员
13	牛颖东	男	2013年	刑事诉讼法	中国政法大学博士生在读
14	丁惟馨	女	2014年	刑事诉讼法	外交部机关及驻外机构服务中心
15	虞惠静	女	2016年	刑事诉讼法	北京元品律师事务所律师
16	梁 渊	男	2017年	刑事诉讼法	北京天元律师事务所律师

四、访问学者

序号	姓名	性别	入学年份	专业方向	工作单位及职称/职务
1	巩富文	男	2003年	刑事诉讼法	陕西省高级人民法院副院长，全国政协委员，农工民主党中央委员
2	吴高庆	男	2003年	刑事诉讼法	浙江工商大学法学院教授
3	王满生	男	2019年	刑事诉讼法	江西师范大学政法学院教授

第二部分

九十大寿祝贺文集

领导贺词和贺文

贺　荣*

致恩师陈光中先生

尊敬的陈光中先生：

时值先生九十寿辰，我谨以学生的名义表示诚挚祝福和崇高敬意！

先生是我国著名的法学家和法学教育家，是新中国刑事诉讼法学的重要奠基人，在诉讼法学特别是刑事诉讼法学领域成就卓越，是老一辈法学家的杰出代表，是值得尊敬的新中国一代法学名师。先生严谨治学，名满天下，为推动新中国刑事诉讼法学科建设作出了突出贡献；先生教书育人，言传身教，为我国社会主义法治建设培养了一大批优秀法治人才；先生著述不辍，意重然诺，丰富和发展了我国刑事诉讼法学理论，影响了一代又一代法律人，对刑事立法与司法实践产生了重要影响，推动了法治文明进步。

人们常说"老年疏世事"，但一个甲子以来特别是党的十八大以来，先生始终心系法治建设，为新时代全面依法治国，建设中国特色社会主义法治体系，建设社会主义法治国家殚精极虑，先生对法治信仰和公平正义的坚定追求，让我们仰之弥高，探之弥坚；先生的博学精深和桃李教海，让我们学之行之，终身受用。

师恩似海，不尽长流。衷心祝愿先生健康长寿，学术常青！祝福先生和师母，吉祥胜意，幸福绵长！

贺荣

2020 年 5 月

---

* 陈光中教授指导的博士研究生，最高人民法院党组副书记、常务副院长，一级大法官。

张文显[*]

祝贺陈光中教授九十华诞

思想先锋
学术典范
人生楷模
时代荣光

---

* 中国法学会学术委员会主任。

王洪祥*

九十华年，立德立言，殚精竭虑终不悔，沐风栉雨志且坚，图公平正义上下求索，为依法治国进献良策，法治盛世展宏图，鲐背之年再出发，登百岁寿域，应无恙！

六十余载，教书育人，传道授业培英才，德艺双馨树楷模，倡学术民主百花齐放，秉科学精神唯实创新，道德风范世景仰，满园春色枝繁茂，看继往开来，当可期！

祝先生福寿安康！

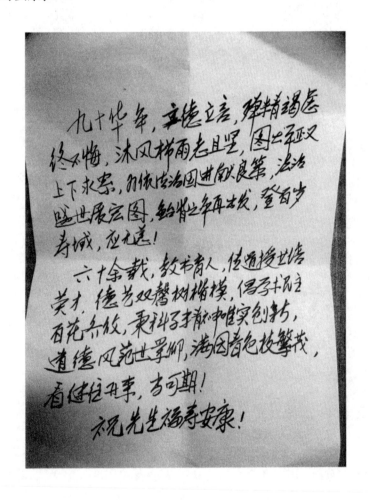

---

* 陈光中教授指导的 1989 级博士研究生，中央政法委副秘书长。

马怀德*

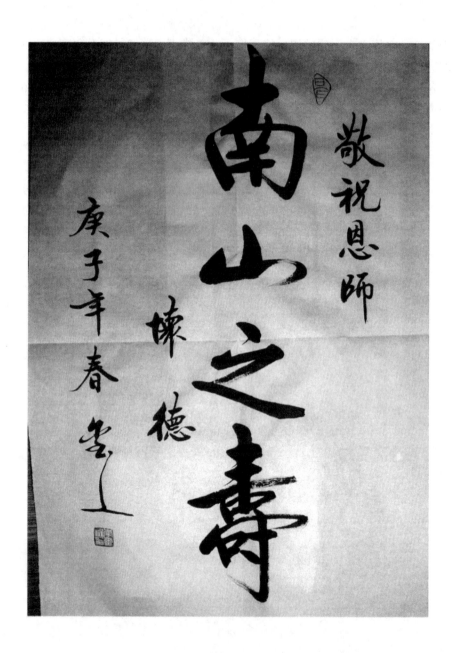

---

　　* 陈光中教授指导的 1990 级博士研究生，中国政法大学校长，教授、博士研究生导师，中国法学会行政法学研究会会长。

孙　谦[*]

高憬宏*

贺　信

尊敬的陈光中先生：

欣闻筹备组原定于 6 月 26 日举办"陈光中先生法学思想研讨会暨九十华诞庆典"，本想届时到会庆贺，无奈因疫情原因，研讨会暨庆典不能如期举办，十分遗憾。特致贺信，谨向先生九十华诞表示衷心地祝贺，并对先生致以崇高的敬意！

先生是我国著名的法学家、法学教育家，是新中国刑事诉讼法学的重要奠基人，也是新中国社会主义法学的先驱者、开拓者，为我国刑事司法制度改革、社会主义法治建设和法律高级人才培养作出了巨大贡献。先生的学术思想和理论成果，有力推动了人民法院刑事审判事业改革进程。先生经常参与最高人民法院司法解释起草、重大疑难案件办理以及司法体制改革工作的咨询论证，对人民法院工作提出过一系列真知灼见。我多次

---

* 最高人民法院副院长、第三巡回法庭分党组书记、庭长。

向先生请教，并在多种场合有幸聆听先生的讲座，承蒙先生诸多教诲。在我担任最高人民法院刑三庭庭长、天津高院院长期间，先生还为"两个证据规定"的制定以及"司法标准化"工作提供了重要指导、支持与帮助，不胜感激！

智者尽其谋，仁者播其惠。秉学人之高格，务法律之真实。先生的松柏高格与大师风范曾经感动着、激励着、指引着一批又一批法律人，并将继续为新时代我国社会主义法治建设贡献智慧和力量。

值此端午之际，又逢先生九十大寿，憬宏敬祝先生福如东海、寿比南山、学术之树常青！

谨致

敬礼！

高憬宏

2020 年 6 月 24 日

熊选国 *

　　陈先生是我国当代著名的法学家、教育家、刑事诉讼法学的奠基人之一。先生眼界高远，治学严谨，大师风范，德高望重，为培养法学人才，发展诉讼法学，特别是完善刑事诉讼法律，改革和健全我国刑事司法制度，开展国内外诉讼法学交流作出了杰出贡献。值先生鲐背之年，衷心祝愿先生学术之树常绿，生命之树常青，福寿绵长、期颐可待。

---

　　* 司法部副部长。

朱孝清[*]

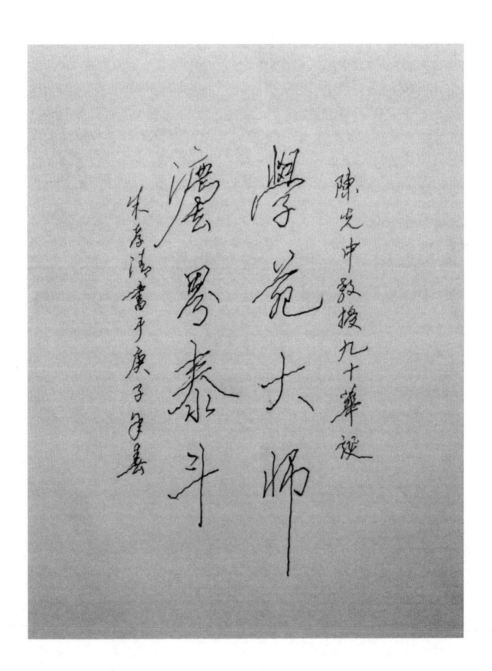

* 最高人民检察院原副检察长。

周成奎[*]

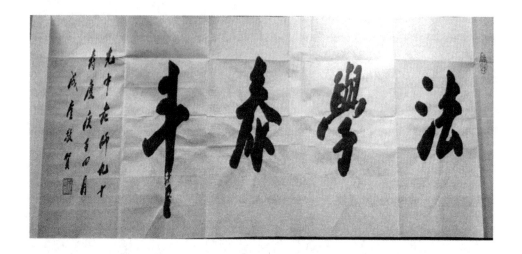

＊　中国法学会原专职副会长。

胡云腾*

大师风范，法治情怀
——恭贺陈光中教授九十华诞

炎炎盛夏，北京的抗疫斗争如火如荼，我国著名法学家、中国政法大学终身教授陈光中先生90华诞如期而至。陈先生虽然年届90，然身康体健，耳聪目明，思敏语畅。且坐能著书立说，站能传道授课，上能建言献策，下能培养俊杰。真乃青山不老、学术长青。我虽然未研习过刑事诉讼法学，亦非陈先生的弟子，也没有正儿八经地听过他讲课，然由于工作和学习需要，多年来参加中国政法大学刑事诉讼学科组织的学术活动甚多，邀请陈先生到最高人民法院讨论法律疑难问题甚多，在很多场合听到陈先生的高见和教诲甚多，自以为算得上陈先生的一个忘年交，并一向敬重陈先生的大师学问和法治情怀。在我们起草司法解释和办理具体案件的过程中，已经记不清有多少次邀请陈先生来院论证或者向他请教。陈先生对我们的叨扰总是有问必答、有电必接、有信必复。从中体现了他对法治建设的重视，对法院工作的支持和对法官的关心，让我们深受感动，心存感激。在庆祝陈先生生日的研讨会因疫情之故无法召开之时，陈先生的弟子汪海燕教授让我写几句话以示祝贺，我很高兴接受这个邀请。陈光中先生70年来对于中国法治建设、法学研究、法学教育和司法改革等方面做出的杰出贡献，但有很多人比我更清楚，我无资格和能力加以评论，这里仅就我所经历的与陈先生密切相关的两件往事做一点回忆，以表达我对陈先生的崇敬和祝福，并彰显陈先生对法治建设的贡献和对司法公正的关切。

第一件事是在2014年的夏秋之际，我在参与起草一个文件，工作中遇到了一个法学理论问题，当然也是一个法治实践问题。即在评判一个案件的事实认定是否符合客观实际时，是用"客观真相"还是用"法律真实"来表述，对此颇有争议。查阅学术界和实务界的观点，专家学者的说法不一，政法各部门的意见也不一致。进一步了解，把案件的事实真相分为"客观真实"和"法律真实"的观点似乎已成定论，办案要坚持法律真实的论点似乎占了主导地位。一些学术型的法官、检察官和律师们对此深以为然，认为执法办案就是通过证据发现和认定案件事实，即法律真实，而不可能脱离证据来认定或判断客观事实，故有一分证据说一分话，有两分证据说两分话，除此之外没有什么客观真实。所以很多人把坚持法律真实作为圭臬，而把追寻客观真相也就是坚持客观真实弃如敝屣。这种观点从逻辑上讲是有道理的，故在当时很有市场。

为了准确表述并统一认识，我便以起草司法解释遇到疑难问题的名义，打电话请教陈先生等刑事诉讼法学大咖们。询问如果要求司法人员保证公正司法，对事实的认定究竟是

---

* 最高人民法院审判委员会原副部级专职委员。

要求做到法律真实还是客观真实？大咖们的意见果然也有分歧，但陈先生的意见则非常明确："我主张符合客观真相！"陈先生电话里的语速虽然很慢，重要的地方有多次重复，但他反复强调，法律真实也好，客观真实也好，最终都必须符合客观真相，不符合客观真相就可能出冤假错案，就可能危害司法公正。陈先生的意见对我们是有力的理论指导，最后形成的文件里明确写上了"健全事实认定符合客观真相、办案结果符合实体公正、办案过程符合程序公正的法律制度"。后来，陈先生在一个贯彻十八届四中全会司法改革精神的场合，特别强调说这段话是新时代关于公正司法的新标准、新要求，要按照这个新标准、新要求开展研究和贯彻落实等，对之给予了充分肯定和高度评价。事实上，他并不了解形成这段话背后的一些故事，以及他坚持的学术观点对于形成这段话的贡献。

现在我们已经越来越能看出坚持客观真相说得正确。司法人员认定的案件事实只有与客观发生的事实相符合，司法公正才能立得住。因为公正往往藏在事实真相之中或者长在事实真相之上。如果我们只满足于证据证明的所谓法律真实，而对案件发生的客观真相不予深究，就可能导致司法认定的事实与客观发生的事实相背离，那些因误解受骗、证据灭失或举证不能的当事人就可能得不到公正。判断法律真实主要靠证据，而追寻客观真相还需要靠良知。故有些国家的宪法或诉讼法规定，法官要根据良知进行裁判。我国诉讼法规定司法人员办案"以事实为根据、以法律为准绳"，没有明确良知处于什么位置，但这并不意味着办案除了事实和法律之外不再需要良知等"主观法律"。我以为可以把"以法律为准绳"的法律理解为"双重法律"，即作为文字法条的"客观法律"和作为内心良知的"主观法律"，二者都是公正裁判的准绳。实践中一些司法人员和律师办案常常引发公众对于人性、良知的质疑或拷问，虚假诉讼案件一度十分猖獗，这与有的法律人有意无意地把良知或真相抛在一边至有关系。

第二件事情是关于聂树斌案的再审问题。大约是2014年秋冬之际的某一天，领导把我叫去，问我对于贯彻落实十八届四中全会提出的"健全冤假错案严格防范和及时纠正机制"有什么意见和建议？我便说，聂树斌案现在是笼罩在公众头上最大的一片乌云，社会各界普遍关注，都想知道这个案子究竟是怎么一回事，连我也想知道究竟是怎么一回事。现在申诉复查迟迟没有下文。而每到全国"两会"召开之时，质疑和炒作这个案子的舆情就非常汹涌，最高人民法院和河北高院就像"过关"一样招人指责。与其这样，不如下决心启动再审，是真是假做一个了断。领导听了以后对我说，这个案子比较敏感、争议很大，你讲的只是一个方面。如果你有时间就去了解一下学术界的看法，特别要听听高铭暄教授、陈光中教授和刑法学研究会、刑事诉讼法学研究会两位会长的意见，然后再说。这样我便给刑法学研究会会长赵秉志教授打电话，请他组个饭局请高铭暄老师、陈光中老师和卞建林会长吃饭，赵秉志教授当即答应，并很快就告诉我，已经与几位老师约好，本周五晚上在北京师范大学的京师大厦餐厅共进晚餐。

在餐叙过程中，我们先谈了十八届四中全会规定的刑事司法改革问题，谈的过程中自然就讲到了聂树斌案。有点意外的是，几位教授对于这个案子出言都非常谨慎。陈先生说，关于聂树斌案子当中存在的问题，被告方的申诉如何处理，我已经说过多次了，我的观点非常明确，今天就不再说了。以后我会给你一个书面意见，让学生转给你。从陈先生的说话中似乎还能听出有点不大高兴的意思。我当时就有点纳闷。过后问赵秉志教授是怎么回事，他说："我们谁也不知道你这家伙的意思，现在社会上的传言很多，有人说这个案子由于各方面的意见分歧很大，听说你们院不会再审了。所以我们以为你是来让我们表态的，所以两位老先生当然就不想多说了。"最后我只得解释今天是顺便听听各位老师的意见，没有任何倾向性。聂案虽然早就进入申诉复查程序，但最终是再审还是不再审，最高人民法院审判委员会还没有讨论过，所以无论是决定再审还是不再审的传言，都纯系谣言，不足为信。

记不得过了多长时间，陈光中先生派学生送来了两份材料，一份是他与天津市公安局宋忆光主任法医师就聂树斌案的法医问题进行咨询交流的记录，另一份是他写给最高人民法院有关院领导建议再审聂树斌案的信。我认真看了陈先生给我的两份材料，了解到很多信息，留下了深刻印象，感到他讲的很多问题比当时网上流传的东西要可靠也可信得多。他本来就德高望重精通刑事诉讼法学，却很谦虚地一一向宋法医咨询聂树斌案的法医学鉴定和证据认定问题，让人看到了他坚持求真务实的大师风范。针对聂树斌案原审证据存在的"三大缺失"之一即聂树斌被抓获后前5天的供述缺失问题，陈先生分析认为这极不正常，存在刑讯逼供可能！他的这一分析判断我们后来也是赞同的，再审时采纳的也是这一观点。又如聂树斌案的现场勘验和尸体检验存在的"五个没有检验"问题，即被害人的身份没有检验，被害人的伤情没有检验，被害人的死亡时间没有检验，被害人的死因没有检验，被害人是否受到性侵没有检验，陈先生与宋法医几乎都讨论到了并一一进行了分析，其分析意见与我们后来的再审意见也基本一致。陈先生和宋法医还讨论了聂树斌作案工具花衬衣存在的疑点，辨认程序存在的瑕疵，卷宗材料签字中存在的问题，以及王书金与聂树斌哪个嫌疑更大等，都抓住了问题的要害，对我们很有启发。在给最高人民法院领导的信中，陈先生更是明确提出了聂树斌案原审存在的五大疑点并提出了两个重要的建议，读后都是掷地有声。不久以后，我把包括陈先生在内的学界意见向领导做了简单汇报以后，就去第二巡回法庭埋头办案了。后来，聂树斌案从指定山东高院作申诉复查到最高人民法院决定再审，我想这中间就有陈光中先生的呼吁和建言之功。

2016年6月，最高人民法院把聂树斌案指定给第二巡回法庭审理以后，陈光中先生仍继续关心支持该案的再审工作，其中有三件事情应当说一说。

一是在2016年的9月9日下午，最高人民法院专门召开了关于聂树斌案法律程序适用问题的专家座谈会，陈光中先生等9位专家出席了座谈会。这次会议讨论的主要程序问题有：其一是聂树斌案再审程序是适用1979年的刑事诉讼法还是适用2012年的《中华人民共和国刑事诉讼法》问题，最后一致同意按照程序法从新原则，适用2012年《中华人民共和国刑事诉讼法》，但在评价办案人员的行为时，适用1979年《中华人民共和国刑事诉讼法》。其二是本案能不能开庭审理问题，大多数专家认为可以开庭审理，因为法律没有禁止性的规定，少数专家则认为本案的被告人和被害人都死亡了，实际上无法开庭审理，讨论的意见是由法庭自行决定。其三是如果本案开庭审理，能不能公开开庭审理问题。多数意见认为能够公开开庭审理，少数专家认为本案还涉及当事人隐私，不宜开庭审理，讨论的结果是不公开审理，但宣判必须公开。其四是如何看待原审的证据缺失及能否进行非法证据排除问题。专家们对此也有分歧，形成的结论性意见是不知道原审缺失了哪些证据，也难以认定当年的司法人员办案违法，所以很难搞非法证据排除。其五是应不应当把王书金案也纳入一并审理问题。有的专家认为王书金不是本案当事人，所以不能进入本案审理，有的专家则认为，聂树斌案进入再审，皆因王书金自认真凶而起，王书金至少是本案的关键证人，故应当把王书金的供述纳入本案审理范围。讨论的结果是，本案再审旨在解决聂树斌有罪还是无罪，王书金如何供述与聂树斌有罪无罪没有多大关系，故不应当把王书金的供述纳入本案审理范围。再审过程中，我们已经把王书金的供述及其他证据材料作为相关证据纳入审理范围的，连草拟的判决书都专门写了这个问题，最后去掉了这个部分。

这次座谈会为聂树斌案再审程序法律的适用定了调、把了脉，意义重大。陈光中先生作为刑事诉讼法学界的掌门人和权威学者，他的发言和观点在其中发挥了重要作用。

二是在2016年的12月2日，聂树斌故意杀人、强奸妇女再审案在第二巡回法庭公开宣判。我们特别邀请了部分全国人大代表、全国政协委员、著名专家学者和基层群众代表等出席宣判活动。陈光中先生不辞辛劳出席了宣判活动，是应邀出席宣判活动的代表中年龄最大者，也是最资深的专家学者。当时可以看到，当我宣告聂树斌无罪时，陈先生的脸上也洋溢着胜利的喜悦。他在庭审结束后法庭宣判的现场即接受了媒体的采访，对最高人民法院最终按照疑罪从无原则宣告原审被告人聂树斌无罪，给予了高度赞扬和很高评价，特别对再审判决给予了充分肯定，让我们很受鼓舞、深受感动。

三是聂树斌案再审宣告无罪以后，陈光中先生还发表一篇评论文章，对再审判决进行了评析。他指出，最高人民法院指令山东高院异地复查，并同意山东高院在复查过程中召开听证会，听取申诉人及其代理律师以及原办案单位的意见，既体现了客观公正，又体现了程序创新。他还以本案为例，对正确把握案件事实的客观真相以及坚持证据裁判原则，作了深刻论述：案件事实的客观真相或者称案件本原事实，是指客观存在的案件发生时的真实情况，它不依办案人员的意志为转移，办案人员不能否认、改变案件的客观真相，而只能对其加以发现、查明和认定。办案人员以证据为唯一手段来认定案件事实，还原案件事实真相，这就是证据裁判原则之要义，而冤假错案绝大多数错在司法机关认定的案件事实不符合客观真相。他还充分肯定了聂树斌案再审所体现的证据裁判、独立审判和人权保障等价值，高度赞扬了最高人民法院坚持有错必纠的立场和态度，凸显了纠正冤假错案的决心与担当，体现了对历史负责对人民负责的态度。最后他还热情洋溢地评论道："聂树斌案不仅以其案情复杂离奇、平反过程曲折引起世人瞩目，而且能够起到警示、宣传、教育的标杆作用，这个案件应当载入史册！"这是我见到的评价聂树斌再审的一篇雄文。

在行文结束之际，我由衷地祝福已经进入"90后"的陈光中先生，身体健康长寿，学术宝刀不老。为法治和人民终生奋斗到一百岁也打不住！

单位贺信

最高人民法院办公厅

最高人民法院办公厅

中国政法大学并陈光中教授：

值此陈光中教授九十华诞之际，谨向陈光中教授表示热烈的祝贺和崇高的敬意！

陈光中教授是我国著名法学家、著名法学教育家，是新中国刑事诉讼法学重要奠基人，是新中国社会主义法学开拓者之一，是当代德高望重、深受尊敬的老一辈法学家。陈光中教授从事法学教学和科研60余年，学贯古今、融通中西，治学严谨，著述丰厚，言传身教，桃李天下，为我国刑事诉讼法学研究和学科建设、刑事司法改革、优秀法治人才培养等作出了卓越贡献，对我国刑事立法和司法实践产生重要影响，促进了法治文明进步。

陈光中教授一直十分关心支持人民司法事业发展，1999年至2015年担任最高人民法院特邀咨询员，2016年担任最高人民法院司法案例研究院专家委员会主任，围绕审判执行、司法改革、司法案例研究等积极建言献策，有力促进了我国司法制度的完善和审判工作的发展。借此机会，特向陈光中教授致以诚挚的感谢！

衷心希望陈光中教授一如既往关心支持新时代人民法院发展，为发展中国特色社会主义法治理论，推进新时代法治中国建设不断作出新贡献！衷心祝愿陈光中教授身体健康，阖家幸福！

最高人民法院办公厅
2016年6月24日

中国刑事诉讼法学研究会

 中国刑事诉讼法学研究会
CHINA ASSOCIATION OF CRIMINAL PROCEDURE LAW

贺　信

陈光中先生九旬华诞庆典筹备组：

时值陈光中先生九十华诞，中国刑事诉讼法学研究会谨向先生致以最诚挚的祝福和最热烈的祝贺！

先生数十年来昼夜辛劳，笔耕不辍，培养人才，参与立法，推进司法体制改革，为国家的民主法治建设作出了巨大贡献，是享誉国内外的著名法学家与法学教育家。先生是新中国诉讼法学重要奠基人和开拓者，长期致力于诉讼法学、证据法学、司法制度史和国际人权法的研究，崇尚科学，追求真理，成果丰硕，在创建诉讼法学和繁荣民主法治理论方面取得了巨大的成就。先生是民主法治建设与司法体制改革的先驱者，弘扬理论联系实际的学风，倡导学以致用，致力于推进国家法制的民主化和科学化，对《宪法》《刑事诉讼法》《国家赔偿法》《监察法》等法律的制定或修改做出了重大贡献，并且始终关注司法体制改革动态，不断推出研究成果，引领司法体制改革前沿。先生是我国当代著名的法学教育家，执鞭杏坛六十余载，已培养博士、博士后百余人，提携后辈，不遗余力，还成立了"陈光中诉讼法学奖学金基金会"，为国家法治事业人才培养作出了杰出贡献。先生还是人权保障事业鼓与呼的活动家。作为一名法学家，先生始终保持着知

地址：北京市海淀区西土城路25号　　　　　网址：www. criminalprocedurelaw.cn
邮编：100088　　　　　　　　　　　　　　E-mail：zgxingsufaxuehui@163.com
电话：010-58908267（兼传真）　　　　　Tel：8610-58908267（Fax）

中国刑事诉讼法学研究会
CHINA ASSOCIATION OF CRIMINAL PROCEDURE LAW

识分子的人文情怀,强调保障人权价值,并在各种场合呼吁完善我国刑事司法人权保障制度。

先生今以鲐背之年,仍坚持治学,锐意创新,为后学垂范。其为人,"为人师表,身正为范";其为事,"著书立说,功济于时";其为学问,"仰之弥高,钻之弥坚",真正做到了"立德、立功、立言"。1984年,先生亲手创立了中国法学会诉讼法学研究会并长期担任研究会总干事、会长,为建立、发展研究会这一全国诉讼法学、法律工作者的研究交流平台做出了不懈努力和巨大贡献。在中国法学会诉讼法学研究会分立为刑事诉讼法学研究会和民事诉讼法学研究会之后,先生一直担任刑事诉讼法学研究会名誉会长,持续为刑事诉讼法学研究会的成长给予悉心指导和大力支持,是推进刑事诉讼法学研究会不断开拓创新、团结奋进的重要力量源泉。

福如东海长流水,寿比南山不老松。再次祝愿先生福寿绵长!幸福安康!

中国刑事诉讼法学研究会

二〇一〇年四月二十三日

地址:北京市海淀区西土城路25号　　　　网址:www.criminalprocedurelaw.cn
邮编:100088　　　　　　　　　　　　　E-mail:zgxingsufaxuehui@163.com
电话:010-58908267(兼传真)　　　　　Tel:8610-58908267(Fax)

中国大百科全书出版社

中国政法大学

伏生九旬传经学，法治前行终生求 | 陈光中：学术人生耄耋年

中国政法大学　4月23日

今天是法学泰斗、中国刑事诉讼法学奠基人、我校终身教授、原校长陈光中先生的九十寿诞。

陈光中先生长期致力于刑事诉讼法学、证据法学、中国司法制度史和国际刑事人权法的研究，为培养法学高级人才，发展诉讼法学特别是刑事诉讼法学，改革和健全中国刑事司法制度，加强刑事司法人权保障，开展国内外诉讼法学交流做出了卓越贡献。

今天，我们为大家带来陈光中先生的自述，* 了解陈光中先生对中国法学的贡献。让我们一起恭祝先生福寿安康，再攀百岁。

西南政法大学

西南政法大学

贺　信

陈光中先生九旬华诞庆典筹备组：

岁月流金，鹤鸣九皋。兹值陈光中先生九十华诞之际，西南政法大学全体师生谨向先生致以最诚挚的祝福和良好的祝愿！对先生数十年来为我国社会主义法治事业做出的巨大贡献表示崇高的敬意！

作为新中国刑事诉讼法学的开拓者和重要奠基者，先生数十载教书育人，辛勤耕耘，为探索和建设中国特色社会主义司法制度、推动我国社会主义法治建设事业不断进步作出了杰出贡献。特别是先生1996年牵头组织刑事诉讼法修改研究小组，深度参与《中华人民共和国刑事诉讼法》的修改工作，相关修改建议被大量采纳，大大推进了我国刑事司法制度的科学化、民主化，受到国内外的一致好评。

先生既是一位学术大师，也是一位杰出的领导者。在担任中国政法大学研究生院和校领导的十余年内，不仅作风平实，被誉为"平民校长"，还带领学校在建设新校区、推进教学改革、开展对外交流等方面卓有建树。同时，先生连续四届被推选为中国法学会诉讼法学研究会总干事/会长，在任期间，先生倾心尽力，团结、带领全国诉讼法学界同仁，积极探索、大声呼吁，为推动诉讼法律制度的不断完善和公正实施献计献策，有力地促进了我国诉讼法学的繁荣和诉讼法律制度的发展进步。

鹤发之年，先生仍壮心不已、笔耕不辍。2001年10月先生被聘为中国政法大学终身教授，仍不断开拓对刑事诉讼基础理论的研究，积极建言司法改革和监察体制改革，为培养高层次法治人才，改革和健全中国刑事司法制度，加强刑事司法人权保障，促进反腐败工作法治化，开展国内外诉讼法学交流等做出卓越贡献。

先生与我校情谊源远流长。早在20世纪80年代初期，先生就曾为我校承办的全国法律专业师资进修班授课；并从那时起，与同时代的诉讼法学同行王锡三、王洪俊、廖俊常、常怡、孙洁冰、徐静村等我校诉讼法学先贤前辈建立起深厚友谊。此后，先生一直都关心和支持我校学科建设、人才培养事业，特别是在我校诉讼法学博士点申报和建设上给予了鼎力支持；我校许多学术才俊，如龙宗智教授、孙长永教授等，有幸得到先生点拨和提携，如今已成为重要领军人物。时至今日，先生设立的"陈光中诉讼法学奖学金"在提携晚辈、奖掖后学方面仍发挥着非常积极的作用和影响。先生深情厚谊，我校将永远铭记！

恭祝先生南山献颂，日月长明！

西南政法大学

2020年4月2日

华东政法大学

贺　信

尊敬的陈光中先生：

喜闻先生九十寿诞，谨向您致以最衷心的祝福，祝愿先生寿同山峦高，福共海天长！

先生是中华人民共和国刑事诉讼法学当之无愧的开拓者和奠基人，是中华人民共和国现代刑事法治理念的倡导者、理论体系建构者与理论系统更新的积极推进者。先生严谨为学、正气浩然，坚守杏坛凡 70 载、孜孜以求、辛勤耕耘，培养并深刻影响了一代代法治人才。先生几十年如一日，以满腔报国之情，倾力于中华人民共和国刑事法治建构与完善之伟大事业，凭借贯通中西的学术素养和为民请命的抱负担当，一次又一次地推动着中华人民共和国诉讼法治与诉讼人权事业的发展，从疑罪从无到程序正义，从证据裁判到程序法定，多项诉讼理念均由先生推动贯彻。先生为中华人民共和国刑事诉讼观念革命与法治进步做出了里程碑式的贡献。

华东政法大学作为法治中国建设尤其是培养"德法兼修"的法治人才的第一阵地，秉承复兴中华之梦想、扎根法治建设之沃土，为祖国法治建设挥洒汗水、立德树人。学校在办学育人工作中，多次得到了先生的亲切关怀和无私帮助。深切盼望先生能够在华东政法大学诉讼法学科建设、理论研究、人才培养、智库成果培育方面给予我们更多的支持和激励，使我们能够培养更多的高素质创新人才，为促进法治事业的繁荣昌盛和国家、社会的文明进步做出更大的贡献！

真诚欢迎先生来华政讲学、指导，再次衷心地祝愿先生福寿绵长，吉运无疆！

华东政法大学

2020 年 4 月 20 日

西北政法大学

西北政法大学
NORTHWEST UNIVERSITY OF POLITICAL SCIENCE AND LAW

贺信

中国政法大学：

值此陈光中先生九十华诞庆典和陈光中先生法学思想研讨会召开之际，西北政法大学谨向陈先生表示衷诚的祝福和诚挚的祝贺！

陈光中先生作为我国刑事诉讼法学的开拓者和重要奠基人，长期致力于刑事诉讼法学、证据法学、中国司法制度史和国际刑事人权法的研究，卓有成效地领导中国诉讼法学研究会的工作，为诉讼法学海内外交流作出了不懈努力和巨大贡献。先生所提出的一系列刑事诉讼法学和证据法学的思想拓展了这两个学科研究的广度和深度，将我国刑事诉讼学和证据法学的理论水平提升到更高层次，尤其是近年来，先生致力于司法改革和司法实践的研究，这对于刑事诉讼法学者研究方法的多元化及学术研究范式的转型具有非常重要的促进作用。全国刑事诉讼法学界，包括西北政法大学都深深受惠于陈光中先生的思想和学术影响。本次庆典和研讨会的召开，必将进一步推进我国刑事诉讼法学和证据法学的研究和发展。

陈光中先生一直关心着西北政法大学的发展，尤其是关心和扶掖刑事诉讼法学科的中青年教师。陈先生多次来到西北政法大学为青年学子传经讲道、授业解惑，全校师生都对陈光中先生霁月光风的胸怀、雍容醇厚的气象和高远超迈的格局表示由衷的敬慕！

值此陈光中先生九十华诞庆典和陈光中先生法学思想研讨会召开之际，西北政法大学全校师生祝陈光中先生身体健康、全家幸福安康、学术之树常青！祝陈光中先生法学思想研讨会暨九十华诞庆典圆满成功！

西北政法大学

党委书记：孙国华

校　长：杨宗科

2020年6月11日

吉林大学法学院

贺 信

瑶池果熟三千岁,海屋筹添九十春!

享誉世界的著名法学家、中国刑事诉讼法学的重要奠基人、中国政法大学终身教授陈光中先生九十华诞之际,吉林大学法学院、吉林大学诉讼法学科向先生及先生的家人致以最由衷的祝贺!

作为中国法学教育和理论研究的擎旗者,先生几十年来培桃育李,润物无声,以厚重的学养和温淳的涵养,为国家培养输送了大批优秀法治人才;笔耕不辍,著作等身,以开阔的眼力和千钧的笔力,奉献出诸多经典而前沿的学术思想。先生全程参与、见证了《刑事诉讼法》的制定与修改过程,积极倡导"无罪推定"等理念入法,强调刑事司法的人权保障,彰显了学者的风骨与担当。先生主编的《刑事诉讼法》教材,多年间数度再版,引领几代学子步入刑事诉讼法学的圣殿。暮年以来,先生仍老骥伏枥,壮心不已,不断产出紧扣时代脉搏的鸿篇巨作,实为学界后辈之楷模!

先生长期以来关心和支持吉林大学法学院、吉林大学诉讼法学科的发展建设,多次亲自到学院讲学授业、解惑答疑,将深邃的哲理光芒播撒在祖国的北疆。先生提携后学,关爱晚辈,受此恩泽,吉林大学诉讼法专业研究生先后多次获得"陈光中诉讼法学奖学金""陈光中诉讼法学优秀学位论文"等荣誉,极大鼓舞了吉大学子攀登学术高峰的信心与勇气!

真诚祝愿步入"90后"的先生身体健康,学术常青,继续产出高水平的学术成果,领军法学界为繁荣哲学社会科学、建设法治中国作出更大的贡献!

敬祝先生学思无界、福寿无疆!

吉林大学法学院

2020 年 5 月 15 日

浙江大学光华法学院

浙江大学光华法学院
ZHEJIANG UNIVERSITY GUANGHUA LAW SCHOOL

贺　信

尊敬的陈光中先生：

　　值此先生九十华诞，浙江大学光华法学院全体师生谨向先生致以最诚挚的祝福和良好的祝愿！

　　作为新中国刑事诉讼法学的重要奠基者和开拓者，先生毕生为国家法治建设事业上下求索。先生为我国刑事诉讼法制定与修改、证据制度完善、刑事司法体制改革等做出了卓越贡献。"刑事司法人权保障"贯穿了先生的学术思想体系，无罪推定、动态平衡诉讼观、司法改革的系统主张、刑事程序法学思想等先生的思想瑰宝，为我国法治现代化播下珍贵的种子。

　　作为新中国著名法学教育家，先生为我国法学教育殚精竭虑，奉献一生。先生投身法学教育近七十载，是我国第一位诉讼法学博士生导师，培养了一批优秀的法学专家和法治人才，而今，他们已是我国法治建设事业的中流砥柱。先生著作等身、影响深远，特别是通过论著惠泽刑事程序法学界。

　　作为浙籍法学家，先生时时牵挂着浙江的教育事业和法治建设。2011年，先生在家乡永嘉县成立了"陈光中教育基金会"，助力基层中小学教育事业的发展。近年来，在以审判为中心诉讼制度改革和国家监察体制改革的时代背景下，先生带领团队在温州市人民法院开展

地址：中国·杭州之江路51号　邮编：310008　电话：0571-88273027　传真：0571-88273027
ADDRESS:51 Zhijiang Road Hangzhou P.C:310008 TEL:0086-571-88273027 FAX:0086-571-88273027

浙江大学 光华法学院
ZHEJIANG UNIVERSITY GUANGHUA LAW SCHOOL

试点研究，在浙江省司法实务部门展开系列调研，研究成果为法治浙江建设提供了思想源泉和可循路径。

作为学术前辈，先生一直关心和支持浙江大学法学学科的建设和发展，为光华法学院的学科建设和人才培养提供诸多指导。特别是帮助建设浙江大学司法文明协同创新中心和诉讼法学科，还多次莅临浙江大学举办的学术活动并做演讲。先生设立"陈光中诉讼法奖学金""陈光中诉讼法学优秀学位论文奖"，多位浙江大学学子曾获得此殊荣，鼓励并提携了一批学子投身诉讼法学研究和司法实践。

衷心感谢先生的关心和指导！

衷心祝愿先生健康长寿，学术思想长青！

浙江大学光华法学院
2020年11月10日

地址：中国·杭州之江路51号 邮编：310008 电话：0571-88273027 传真：0571-88273027
ADDRESS:51 Zhijiang Road Hangzhou P.C:310008 TEL:0086-571-88273027 FAX:0086-571-88273027

中国人民公安大学法学院

陈光中先生九十华诞贺信

尊敬的陈光中先生：

在法学界庆贺您九十华诞之际，中国人民公安大学法学院谨向您致以最诚挚的祝福和衷心的祝愿！先生数十年来为推动我国刑事诉讼法学的不断进步、法学教育事业的发展、法学学科建设的繁荣、法学科研实力的提升和法学国际影响力的增强做出了杰出的贡献。中国人民公安大学法学院特向您表达崇高的敬意！

陈光中先生是全国杰出资深法学家、我国法学教育与理论研究的开拓者、法学泰斗、中国刑事诉讼法学奠基人、中国政法大学终身教授，同时还担任很多其他重要社会职务。中国人民公安大学法学院是公安法治教育和中国法学高等教育的重镇，培养具有国际视野的公安法治人才和其他法律人才。长期以来，先生对中国人民公安大学法学院给予了悉心指导、大力支持和积极帮助。2003 年中国人民公安大学获批公安高等教育第一个博士点（诉讼法学博士点）就是在先生的直接关心、指导和支持下完成的，先生还多次担任公安大学博士论文答辩委员会主席。2007 年中国人民公安大学设立法学博士后流动站，2011 年获批法学一级学科博士学位授权点。公安大学诉讼法学获评北京市重点学科，诉讼法学团队获评北京市优秀教学团队、北京市优

中国人民公安大学法学院
People's Public Security University of China Law School

秀育人团队，《刑事诉讼法学》课程获评北京市精品课程等，这一系列的成绩都离不开先生多年的关心、指导和鼓励。先生多次参加中国人民公安大学举办的学术研讨会，致辞并给予指导；2014 年公安大学法学院成为中国刑事诉讼法学研究会首批单位会员。除支持学术活动以外，先生还不忘提携后辈、激励公安领域诉讼法学青年学子成长成才。2019 年陈光中诉讼法学奖学基金会吸纳中国人民公安大学法学院作为理事单位，为公安诉讼法学优秀学子脱颖而出创造条件，扶持公安法治教育的发展。总之，先生不仅支持和帮助中国人民公安大学法学院的发展，还对我国公安法治教育的发展做出了卓著贡献。

先生博大精深的学术思想、精益求精的学术精神深深影响和激励着我院每一位师生。在法学界庆贺您九十华诞之际，请允许中国人民公安大学法学院表达最真诚的感恩之情，感谢您对我院长期的关心和帮助，感恩您对公安法治教育事业做出的巨大贡献！同时献上我们最衷心的祝福，祝愿先生福寿安康、寿辰吉祥！

中国人民公安大学法学院
二零二零年四月二十三日

广州大学法学院

陈光中教授九十华诞贺词

　　适逢陈光中先生九十华诞，广州大学法学院全体同仁衷心祝福先生吉祥安康！

　　陈光中先生是中国法学界的泰斗，刑事诉讼法学的开创者和奠基人。先生长期耕耘于刑事诉讼法学、证据法学、中国司法制度史和国际刑事人权法的理论研究，是中国法治现代化特别是司法现代化的重要立言者；先生一直身体力行，带领中国刑事诉讼法学界同仁积极参与刑事诉讼法律制度的改革实践，是推动中国法治文明进步的引领者；先生作为全国第一位刑事诉讼法学专业的博士生导师，几十年来为国家培养了大量法律高级人才。虽已至耄耋之年，先生却依旧笔耕不辍、锐意进取、心怀天下，不断为推动中国刑事诉讼法治做出巨大贡献，此种心境与情怀无不为吾辈后学所尊重、敬佩。

　　先生对广州大学法学学科也给予了关心与支持。2008 年 12 月 6 日至 7 日，广州大学人权研究中心主办、广州大学法学院等单位协办的"中国《刑事诉讼法再修改》"国际研讨会在广州举行，先生在百忙之中抽空参加了此次会议，并且在会上就中国刑事证据制度的改革做了主旨发言。对此，广州大学法学学科由衷地表示感谢！

　　再次祝愿先生健康长寿！

广州大学法学院

院长　张泽涛

2020 年 4 月 16 日

南昌大学法学院

敬祝陈光中先生九十华诞之贺信

尊敬的陈光中先生：

值此群贤毕至庆贺先生九十寿诞之际，南昌大学法学院谨向您表示热烈的祝贺！并向您对我国法学事业所做出的显著成就致以最崇高的敬意！

先生严谨为学，是新中国刑事诉讼法学的开拓者和重要的奠基者。先生长期致力于刑事诉讼法学、证据法学、中国司法制度史和国际刑事人权法的研究，不懈于改革和健全中国刑事司法制度，心血于加强刑事司法人权保障，为开展国内外诉讼法学交流做出了卓越的贡献。尤其是九十高龄仍孜孜以求、辛勤耕耘，一直秉持追求正义、追求真理的科研精神。

先生曾担任中国政法大学校长，担任中国法学会副会长、中国法学会诉讼法研究会会长。作为新中国第一位诉讼法学博士生导师，先生师者楷模，又儒雅仁厚，尤奖掖后进，培养并深刻影响了一代代法治人才。

南昌大学法学院为江西省成立最早的法学院校，真诚地感谢先生所给予的亲切关怀和无私帮助！南昌大学法学院将与中国法学界同行一起敬仰先生，并以先生的学术、人品和风范为指引！

唐诗人有句："莫道桑榆晚，为霞尚满天。"衷心祝愿先生寿比南山、国家幸福！继续为法治中国做出更大的贡献！

真诚期待先生的百年华诞！

南昌大学法学院

二零二零年五月十八日

中国政法大学刑事司法学院

陈光中教授九十华诞
贺 信

陈光中先生九旬华诞庆典筹备组：

春秋迭易，岁月轮回。兹值陈光中先生九十华诞之际，中国政法大学刑事司法学院全体师生谨向先生致以最诚挚的祝福和良好的祝愿！对先生数十年来为推进中国特色社会主义法治事业做出的巨大贡献表示崇高的敬意！

先生是我国著名法学家，也是中华人民共和国刑事诉讼法学的重要奠基者和开拓者。为推动我国刑事诉讼法学理论和制度建设作出了杰出贡献，特别是对我国《刑事诉讼法》《监察法》《国家赔偿法》等重要法律的修改和制定以及司法改革的推进作出了重大的贡献。先生也是中国当代著名的法学教育家，为我国法学教育事业作出了重大贡献。我国首个诉讼法学博士点就是由先生牵头在中国政法大学建立的。先生杏坛执鞭六十余载，培养博士、博士后百余人，他们当中有的人已成为卓有成就的学者，有的人成为实务部门的重要骨干。先生提携后辈，不遗余力，先生设立的"陈光中诉讼法学奖学基金"在提携后辈、促进诉讼法学青年学子的成长方面发挥着非常积极的作用和影响。

先生与我院源远流长。先生是中国政法大学诉讼法学学科德高望重的带头人，一直以来都关心我院的发展建设，不仅百余次参与我院各种学术活动，而且数十年来从未离开我院讲台，至今还在我院指导博士生，并为我院培养了多名骨干教师。在先生的关心和帮助下，我院刑事法学也取得了重大发展。先生今已耄耋之年，仍潜心学术、诲人不倦，激励着刑事司法学院的全体师生，勇于创新，不断前进。

祝先生九十华诞快乐，寿学双辉！

中国政法大学刑事司法学院
2020 年 4 月 23 日

中国政法大学证据科学研究院

中国政法大学证据科学研究院
Institute of Evidence Law and Forensic Science, CUPL

陈光中先生九十华诞
贺　信

尊敬的陈光中先生：

　　在您九十华诞之际，中国政法大学证据科学研究院，谨向您致以最诚挚的祝福和良好的祝愿！先生数十年来，为推动我国法学教育，特别是您在证据科学和司法文明学科建设方面做出的巨大贡献，我们表示崇高的敬意！

　　先生作为我国法学教育与理论研究的开拓者，以渊博的学识、严谨的治学态度和丰富的实践经验，豁达从容，手植桃李，甘于奉献，将自己的学术生命传道，为国家悉心培养了诸多优秀的人才。

　　"繁荣证据法学，为开创证据科学研究和服务社会的新局面而共同努力！"这是先生在证据科学研究院2006年5月成立之初，对我院的殷切期望。作为证据研究院的名誉院长，您坚持践行初衷，十余年里，百余次参与我院各种学术活动，始终关心和支持着研究院的成长和发展，从课程设置到教学改革，从院校交流到国际合作，从学术研讨到实践调研，您都事必躬亲，勤勤恳恳，不辞辛劳。先生的学术思想、学术精神、学术风范，影响和激励着证据研究院的每一位员工，鼓舞我们勇于前行，勇于创新。今天，在您喜迎九十华诞之时，请接受我院全体职工对您深深的感激与祝福！

　　衷心祝愿先生健康幸福！

　　再次恭祝先生寿诞快乐！

中国政法大学证据科学研究院

二〇四〇年四月三十三日

中国政法大学比较法学研究院

陈光中教授九十华诞贺信

尊敬的陈光中先生：

喜闻先生九十寿辰，中国政法大学比较法学研究院全体同仁向您表示热烈的祝贺并致以崇高的敬意！

先生作为我校终身教授，是我国著名的法学家和法学教育家，是我国新刑事诉讼法学的开拓者和重要奠基人，是我国刑事诉讼法学界的学术带头人，是我国的法学泰斗！

先生长期致力于刑事诉讼法学、证据法学兼及中国司法制度史和国际刑事人权法的研究，学识渊博、治学严谨、笔耕不辍、著述等身，为我国立法工作特别是刑事诉讼法律制度的发展和完善作出了卓越贡献，在全国法律界和法学界德高望重。先生作为全国第一位诉讼法学博士生导师，从事法学教育事业近七十年，言传身教、师德高尚、诲人不倦、传道解惑，为我国法治建设事业培养出了一大批优秀的法学人才，深受学生爱戴，桃李满天下。

先生已属九秩高龄，然耄耋之年，壮心不已，"伏生九旬传经学，法治前行终生求"，您高尚的志向必将继续指引全中国的法律工作者和法学研究者追求真理、不断前行。在此之际，我院全体同仁衷心祝愿先生福寿安康、老而弥坚、再攀百岁、再结硕果，学术之树长青！

中国政法大学比较法学研究院

2020 年 6 月 10 日

中国政法大学科研处

陈光中教授九十华诞
贺　信

尊敬的陈光中先生：

在您九十华诞之际，中国政法大学科研处向您致以最诚挚的祝福，对您数十年来的治学成就和对法学教育的杰出贡献，致以最崇高的敬意！

先生作为中国刑事诉讼法学的开拓者和奠基人，以渊博的学识、严谨的治学理念和强烈的使命感，长期致力于刑事诉讼法学、证据法学、中国司法制度史和国际刑事人权法的研究，取得了令人瞩目的成就。近几年来，先生笔耕不辍，身体力行，为我国刑事诉讼制度的进步和中国法治建设作出了卓越贡献。

先生作为学校终身教授，在近半个世纪的教学生涯里传道授业，培养了一批批法学名家和法律高级人才，先生的学术思想、学术精神与学术风范，鼓舞并激励着后辈学者向您学习。

今天，在您喜迎九十华诞之际，请接受科研处全体人员最诚挚的祝福，向您致敬！

衷心祝愿先生健康幸福！

再次恭祝先生寿诞快乐！

中国政法大学科研处

2020 年 4 月 23 日

永嘉县大若岩镇中心小学、永嘉县陈光中教育基金会

陈光中先生九十华诞贺信

尊敬的陈光中先生：

　　银花火树开佳节，玉液琼酥作寿杯。在您九十华诞之际，永嘉县大若岩镇中心小学和永嘉县陈光中教育基金会，谨向您致以最诚挚的祝福，祝德高望重的陈先生福如东海，寿比南山！

　　心念白泉故里，勉励母校发展。2011 年 10 月 9 日，先生重回阔别多年的少年时孜孜躬读的校园——白泉小学，看望师生，欣然泼墨挥毫题下"为祖国努力学习"，并倡议创立教育基金会，以此来鼓励后人勤勉刻苦，希冀人才辈出。我们都清楚地记得，当先生走进小学校园时，先生仔细端详着校园的一草一木，我们也仿佛追随先生回到了 80 年前的那个求学年代。2019 年 12 月，先生在百忙之中挥毫又为母校题写："天道酬勤、人道酬诚"，先生的教诲，我们时时刻刻铭记于心，也化作我们努力办学、壮大基金会的动力。

　　情牵永嘉教育，创立教育基金。2011 年底，先生创立永嘉县陈光中教育基金会，带头捐款。2011 年至今，先生已向基金会捐赠共计115 万元。基金会的发展永远牵动着您的心，2016 年春，您特地从北京飞抵家乡，在县委县政府领导的陪同下，共谋基金会发展大计。在您的指导下，基金会奖教奖学现今已然暗香桑梓八方！基金会奖教奖学范围辐射整个永嘉县域，受表彰人次 1645 人。基金会影响越来越大，2017 年 10 月，陈光中教育基金会荣获温州市人民政府慈善奖。

　　由于您对国家法学教育作出的杰出贡献，更由于您对永嘉教育事业作出的重要贡献，我们决定在您的小学母校校园里铸放你的铜像，以表示对您的崇高敬意和九十华诞的热忱祝贺。

　　莫道桑榆晚，德艺尚满天。真诚期待先生您的百年华诞！

2020 年 4 月 21 日

友人贺词

［德］许乃曼 *

Sehr verehrter, lieber Herr Kollege Professor Chen Guangzhong,

es ist mir nicht nur eine große Ehre, sondern auch eine besondere Freude, Ihnen im Namen der gesamten deutschen Strafrechtswissenschaft unsere allerherzlichsten Glück- und Segenswünsche zur Vollendung Ihres 90. Lebensjahres zu übermitteln.

Ein solches Jubiläum zu erleben, ist in biologischer Hinsicht eine besondere, außerordentlich seltene Gnade. Wenn der Jubilar gleichzeitig noch im hohen Ansehen seiner geistigen Leistungen steht, wenn die jüngeren Menschen weiterhin sein Urteil und seine Meinung achten und bewundern, dann hat er wirklich alles erreicht, was uns Menschen auf Erden möglich ist.

Zu Ihren großen Leistungen auf dem Gebiet der Rechtswissenschaft, dutch die Sie nicht nur an der Spitze der chinesischen Rechtswissenschaft stehen, sondern weltweite Anerkennung genießen, kommt noch eine weitere großartige Charaktereigenschaft hinzu, die man auch bei intellektuell hochstehenden Menschen nicht immer findet: Ihre zutiefst humane Einstellung, durch die Ihre Ideen und Vorschläge stets zum Wohle der Menschen bestimmt sind. Gerade im Strafrecht, das in so vielen Epochen durch äußerste Härte gekennzeichnet war, ist diese humane Einstellung von großer Bedeutung, weil sie in dem Delinquenten den gestrauchelten Menschen sieht, der nicht nur bestraft, sondern dem auch geholfen werden soll.

Ich bin stolz und glücklich, seit über 15 Jahren mit lhnen gemeinsam an der Schaffung eines gerechten und humanen Strafverfahrens gearbeitet zu haben, und die zahlreichen Begegnungen und Gespräche mit lhnen in China wie in Deutschland stellen besondere Höhepunkte meiner eigenen juristischen Karriere dar, für die ich immer dankbar sein werde. Und genauso stolz und glücklich bin ich daüber, dass wir hierbei die Brücke zwischen der chinesischen und der deutschen Rechtskultur schlagen konnten, im Sinne eines friedlichen Miteinander zum Wohle unserer beiden Völker.

In diesem Sinne darf ich die Glückwünsche der deutschen Strafrechtskultur für den herausragendsten Repräsentanten der chinesischen Strafrechtskultur entbieten, Ihnen weiterhin noch viele Jahre Ihrer einzigartigen Schaffenskraft wünschen.

und ihnen meine allerherzlichsten Grüße übersenden.

als lhr allezeit aufiichtig ergebener⋯ (folgt meine Unterschrift)

---

* 德国慕尼黑大学法学院教授。

尊敬的陈光中先生：

我感到非常荣幸，能代表整个德国刑事法界，转达对您九十大寿最衷心的祝福。

从生物学的角度来讲，能经历这样一个祝寿纪念日，是一种特殊的、极其罕见的恩典。如果寿星在精神成就方面受到高度评价，如果年轻人仍非常尊重和钦佩他的判断力和见解，那么他真的已经为我们人类竭尽可能，实现了他所能做到的一切。

先生您在法学领域取得的巨大成就，不仅走在中国法学的前列，而且在世界范围内享有盛誉。在此基础上，您还具有一个伟大人物的特点：深邃的人文理念，这一特点即便是在智商卓著的人士那里，也不见得总能被发现。您的想法和建议总是为了人民的利益，特别是在刑事法这一在许多时代都极为严酷的法律中，这种人道主义的态度弥足珍贵，因为它在违法者身上看到了失足之人不仅应该受到惩罚，而且应当得到帮助。

能与您共事超过 15 年，一起为创建一个公正和人道的刑事诉讼程序而努力，我感到骄傲和荣幸。与您在中国以及德国的无数次相遇和讨论，是我法律人生涯中的一大亮点，对此，我将永远感激不尽。我同样感到骄傲和高兴的是，我们本着和平共处的精神，为两国人民的利益，在中德法律文化之间架起了一座桥梁。

基于此，我谨向中国刑事法学界最杰出的代表——陈光中先生，献上德国同行最美好的祝贺，祝愿您能继续发挥您独特的创造力。

向您致以最真挚的问候
您真诚的朋友（folgt meine Unterschrift）
许乃曼
2020 年 4 月 15 日

［德］阿尔布莱西特*

Dear Professor Chen Guangzhong,

At the occasion of your 90th birthday, it is my great pleasure to send you sincere birthday greetings, to express my felicitations and also my deep gratitude. These greeting words are at the same time sent in the name of the Freiburg Max-Planck Institute Freiburg. The Freiburg institute is very much honored to have a long history of scientific cooperation with you in the field of criminal procedural law and criminal justice. It is certainly your personal merit that several comparative research projects have been carried through successfully and finalized, among them projects on non-prosecution and coercive measures in criminal proceedings. I hope very much that we will have the opportunity to further develop scientific cooperation with you and to continue most valuable scientific debates. I wish you all the best and a bright future.

我非常高兴有机会在您 90 岁生日时寄予您我最诚挚的生日祝愿和感谢，同时这个祝词也代表德国马普研究所。马普研究所非常荣耀地与您在刑事诉讼法和刑事司法领域有长久的科学研究合作历史。可以很确定地说，您的个人贡献促使若干个合作项目成功进行并且完成，特别是其中的不起诉制度和刑事诉讼中的强制措施项目。我非常希望我们将有机会拓展与您的科学研究合作以及继续非常有价值的学术研讨。我祝愿您一切安好和拥有一个光明的未来。

---

* 德国马普外国与国际刑事法律研究所所长。

江乐士 *

Dear Professor Chen,

l should like to congratulate you on your 90th birthday！

I hope you are keeping healthy and happy, and that the covid-19 crisis has not inconvenienced you too much.

I well remember your 80th birthday in Beijing, and it is good that you have been able to continue with your work.

You have achieved so much over the years, and everyone is very grateful for all you have done.

I look forward to seeing you again before too long.

With best wishes.

Yours ever,
Grenville Cross.

尊敬的陈教授：

我祝贺您的90岁生日！

我希望您保持健康和快乐，并且新冠病毒的危机没有给您带来不便。

我还记得您在北京举行的80岁生日纪念会，很高兴您在继续您的工作。

您在过去的几年中取得了很大成就，我们每个人都很感谢您所做的一切。

我期待在不久的将来和您见面。

---

* 中国香港特别行政区前检察长。

程味秋 [*]

恭祝
陈光中教授九秩华诞

仰视卓越辉煌学术成就，令人生羡！

谱写七十年来人间友谊，不胜欣喜！

学弟 程味秋 敬贺

2020 年 4 月

---

[*] 中国政法大学教授。

武延平[*]

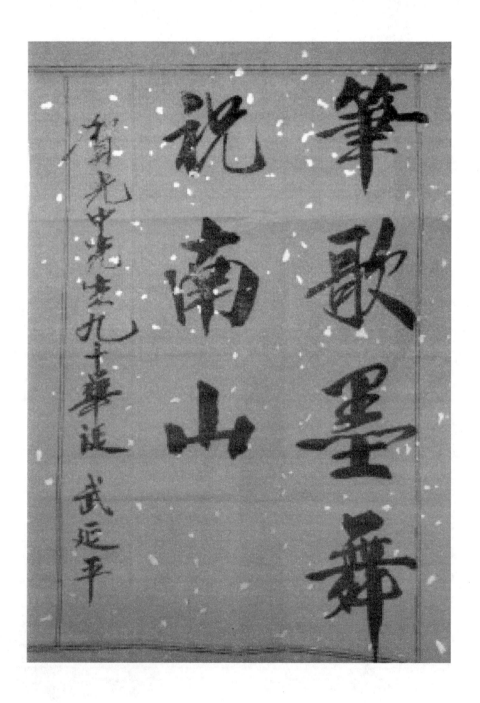

---

* 中央政法管理干部学院原副院长，教授。

胡锡庆、张竹萍、陈邦达[*]

贺　词

尊敬的陈老师：

　　您好！喜悉您九十华诞，我们以诚挚的心情向您祝贺，贵体康寿，青春永健！先生是我国刑事诉讼法学的开拓者和奠基人，为国家法治的发展做出卓越贡献。您学贯古今、著作等身，是法学界的泰斗巨擘。您心系社稷、忧国忧民，是高山景行的一代宗师。您耄耋之年仍孜孜不倦，笔耕不辍，天下桃李，悉在公门，是耆英望重的教育大家。喜迎您老九十华诞，齐祝老师福如东海，寿比松龄，青春永驻，学术常青！

　　　　　　　　　　　　　　　您的学生：胡锡庆、张竹萍、陈邦达敬贺

　　　　　　　　　　　　　　　　　　　　　　　2020 年 4 月 24 日

---

[*] 华东政法大学教授。

王敏远[*]

祝贺陈光中教授九十大寿

始终在学术前沿奋战
从未因世事变迁随波

学生王敏远敬贺

---

* 浙江大学法学院教授，博士生研究导师，中国刑事诉讼法学研究会副会长。

但 伟*

　　初次见到您的时候是在高检政治部会议室，梁国庆副检察长来见您，您当时 65 岁，2002 年在丹麦人权研究所陪您和师母在河边散步，您 72 岁，今天您 90 岁，您对刑事程序的人权保护和审判程序改革的重大贡献拉近了中国和世界的距离，作为晚辈，备受感动和鼓励，衷心地希望您带领大家为国家的法治进步多做贡献。

---

　　* 全国检察官协会秘书长。

张红哲[*]

庆贺先生

立言为学，开法治先河；
立功为国，挺民族脊梁；
立德为民，承后世楷模。
先生九十华诞，恭祝福如东海，寿比南山！

---

[*] 中国政法大学校长办公室干部。

学生贺词

周国君[*]

诗二首

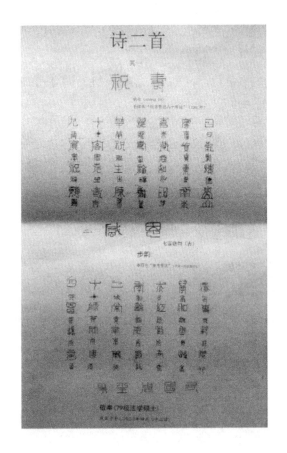

一、祝寿
九十华诞喜庆日
宾客祝寿恭贺欢
祝先生福如东海
愿老师寿比南山

二、感恩
四十二年求学术
恩师常谕红和专
导师率先做垂范
言传身教高峰攀

* 陈光中教授指导的 1979 级硕士研究生，《中国法学》原总编。

蔡金芳[*]

贺先生九十华诞

春风切，
楠溪澹澹蛟龙越。
蛟龙越，
一腔豪情，
几多伟略。
谆谆治法数十载，
巍巍大家群英戴。
群英戴，
家国情江，
苍生情海！
衷心祝福先生福寿绵长！

---

* 陈光中教授指导的 1995 级博士研究生，最高人民法院刑一庭专职副书记。

忆秦娥·贺尊师陈光中教授九十华诞

春风切，
青云万里鲲鹏跃。
鲲鹏跃，
家国情壮，
法治情盛。
治学春秋歌如铁，
走笔如风竞日月。
竞日月，
鹰啸长空，
马逞四野！

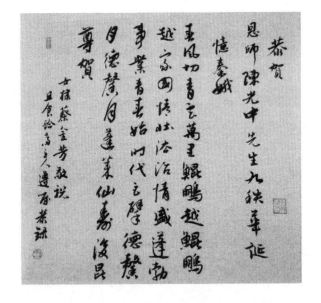

张建伟*

水龙吟
——为吾师陈光中教授九十华诞贺寿

细思古往今来，谁人曾是医国手。

砚田心事，历经多少，雨疏风骤。

神州几度，沧桑变幻，乌飞兔走。

到如今再看，云起龙骧，此功业，几人有？

虽是文章山斗，探新知，岂甘株守？

笔底波澜，胸中丘壑，著成佳构。

华诞九十，剑书未老，镜心依旧。

对春朝，四海同日奉酒，为先生寿。

---

* 陈光中教授指导的 1997 级博士研究生，清华大学法学院教授，博士研究生导师。

张 毅 *

风华绝代，高山景行。

幸宠门下，永志师恩。

恭贺先生九十华诞，敬祝老师寿比南山！

张毅

2020 年 4 月 23 日于长春

---

* 陈光中教授指导的 1998 级博士研究生，吉林省司法厅厅长。

［韩］金炳权 *

　　先生法学思想博大精深，为人心怀天下，古道热肠，是我的榜样和永远的老师。恭贺先生九十华诞！

大韩民国驻西安总领事金炳权书

2020 年 5 月于西安

---

　　* 陈光中教授指导的 1998 级博士研究生，韩国驻华大使馆官员。

汪海燕[*]

———————————

* 陈光中教授指导的 2000 级博士研究生，中国政法大学刑事司法学院院长，教授，博士研究生导师。

解志勇 *

七绝 贺陈光中教授九秩寿诞

庚子四月二十三，
欣贺吾师九秩仙。
问渠何颂报师恩，
崇法爱国不老丹！

---

* 陈光中教授指导的 2000 级博士研究生，中国政法大学比较法学研究院院长，教授，博士研究生导师。

吴高庆*

满江红
贺陈光中教授九十华诞

一代宗师，
南溪梦、鹏霄万里。
鲐背年，普天学子，
书香相继。
集腋成裘修正果，
凝神播德桃园第。
苦耕耘、六十八春秋，
光青史。
专程序，
崇实体。
论并重，
如两翼。
学术成一派，
全球昭启。
造就栋梁创盛世，
健全法律张纲纪。
待期颐，
引领更高峰，
重同醉！

---

* 陈光中教授指导的高级访问学者（2003 年 9 月~2004 年 7 月于中国政法大学访问学习），浙江工商大学法学院教授，浙江省法学会诉讼法学研究会会长。

贺陈光中教授九十华诞

未名湖上驾飞舟，
克勉教坛六九秋。
笃志扬鞭催骏马，
殚精守德作黄牛。
法经述著传寰域，
桃李春风遍五洲。
鲐背之年心未老，
引领法治立潮头。

马鹏飞 *

贺恩师陈光中教授九十华诞

楠川水秀出国士
学贯古今号巨擘
三千桃李英才茂
春荫园因春意暖
崇法为民老更道
博通中外誉神州
两度刑诉倡导修
举觞祝师寿千秋

＊ 陈光中教授指导的 2003 级博士研究生，北京出入境边防检查总站副调研员。

葛　琳[*]

贺恩师陈光中教授九十大寿

楠溪江畔启童蒙，
烽火历练法科生。
坎坷幸得书为伴，
风雨不改一园丁。
平衡论中尚程序，
真实观里求辩证。
立言刑诉六十载，
人权人法慰平生。
情系法治披肝胆，
悉心桃李胜功名。
老骥伏枥思千里，
九旬何妨再启程！

---

[*] 陈光中教授指导的 2004 级博士研究生，最高人民检察院第五检察厅二级调研员。

秦　策[*]

恭贺恩师陈光中教授九十华诞
鹊桥仙

楠溪少年，法界泰斗，九十载砥砺笃行，德业文章济苍生，精神与、秋月争明！
著述身等，传火于薪，一甲子经世授道，芝兰竞秀玉树香，学问播、山高水长！

────────────

 [*] 陈光中教授指导的 2005 级博士研究生，南京师范大学法学院教授，博士研究生导师。

崔 洁[*]

青玉案 贺恩师陈光中教授鲐背寿

风雨不夺澄宇志。踏筚路、行法治。肝胆昆仑求真理。寻究人权，立根正义，傲骨真国士。

白首犹怀赤子意，还将虬干扶新枝。盛名岂独文章事。桃李千株，经学万世，期颐再贺喜。

---

[*] 陈光中教授指导的 2006 级博士研究生，国家保密局干部。

王日春[*]

法论恢弘高如岱岳千寻嶂
襟怀清旷香散乾坤万里春

恩师陈光中教授九秩华诞
受业王日春撰联致贺

　　上联，取象唐代诗人杜甫之《望岳》，以"岱岳"高大巍峨的意象，喻先生学术成就之高，学术地位影响之大，令后学仰慕、仰止。

　　下联，取象元代诗人王冕之《白梅》。诗云："忽然一夜清香发，散作乾坤万里春"。以"白梅"冰清玉洁的意象，喻先生师德高尚、操守高洁、襟怀高远，令后学敬佩、敬重。

书写者：顾工（上海韩天衡美术馆馆长，书法家）

---

[*]　陈光中教授指导的 2008 级博士研究生，教育部直属机关党委副书记。

胡献旁*

祝贺恩师陈光中教授九十华诞

白泉①如玉生清莲，谁在池中处处栽②？
濉溪③磨砺萧萧雨，蓟门传授谆谆台。
桃李芳菲春常至，法治智慧花长开。
襟怀磊落天不负，只为人间正道来。

恭祝恩师陈光中先生九十华诞
岁次庚子春月作于京华胡献旁

注：①先生出生永嘉白泉村，因村中有水白如玉，故名白泉村。村前是风光秀丽的楠溪江，溪水清澈。

②白泉村后有一水池，名为荷莲池，传说仙人在池中种植荷花，只能站在水池前方的高高的山顶上才看见池中荷花盛开，但到了水池周边只见一池清水，不见荷花。

③濉溪位于安徽省。

＊ 陈光中教授指导的 2009 级博士后，北京市汉衡律师事务所主任。

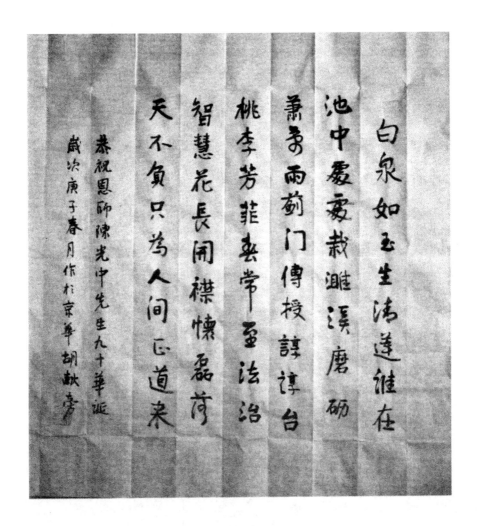

白泉如玉生涛涟谁在
池中虑虑栽濯溪磨砺
萧萧雨剑门傅授谭谭台
桃李芳菲去常至法治
智慧花长开襟懷磊荷
天不负只为人间正道来
恭祝恩师陈光中先生九十华诞
岁次庚子春月作于京华胡献勇

范巧兰*

永遇乐·叩师恩

庚子仲春，桃花繁盛，欣闻导师躬耕桃李九十载。适逢疫情，赴京仰祝成憾，身处内蒙西北边城，忝填小令，驿寄梅花。遥拜恩师，必由耄耋而期颐而人瑞……

永为嘉日，圄为刑规，岂有他法。桃花竞笋，享栉风沐雨。初入师门，以启山林，取得真经为民。聆善诱，迎熏解愠，若兰浸蕙光中。

幸为陈弟，鲐背负行，穷探医国真谛。凿井见玉，即观青白，全赖先生提。可堪回首，师恩如山，万化根源在心。扪心问，弟子尚勤，师德永承。

学生范巧兰祝恩师九秩永康庚子四月敬

---

* 陈光中教授指导的 2018 级博士研究生，内蒙古自治区乌海市中级人民法院院长。

唐露露[*]

贺先生九十寿诞

星移斗转乾坤进，峥嵘岁月九十春。
谢客永嘉开山水，先生京师定法门。
三尺讲席育桃李，一片丹心著精文。
旧篇新墨启人智，举杯贺师长精神。

---

[*] 陈光中教授指导的 2019 级博士研究生。

友人贺文

谢鹏程 *

学习陈光中动态平衡诉讼观

陈光中的动态平衡诉讼观不仅是他本人的具有创新性的重大理论成就，而且是中国特色社会主义刑事诉讼理论的重要组成部分，对刑事诉讼立法、司法和理论研究都具有积极的指导意义。

陈光中先生的首篇关于平衡诉讼观的学术论文《追求刑事诉讼价值的平衡——英俄近年刑事司法改革述评》发表在我们理论所编辑的《中国刑事法杂志》2003年第1期。这篇文章的问世可以说奠定了陈先生"动态平衡诉讼观"的基础，后来陈先生在此基础上不断发展完善，形成了"动态平衡诉讼观"。15年前的《中国刑事法杂志》就刊载了作为陈先生这一重要思想的萌芽的论文，这对陈先生和杂志来说都不是偶然的。

陈先生的动态平衡诉讼观主要涉及四个方面的重要关系：控制犯罪与保护人权，实体公正与程序公正，客观真实与法律真实，公正与效率。这四个关系不仅是刑事诉讼中的一些核心关系，也是司法办案过程中都会涉及到的一些基本关系。如何处理这些基本关系，不仅涉及整个诉讼制度的建构，而且涉及司法实践的许多环节，影响司法的品质和效果。陈先生揭示了处理好这四对关系的方法论原则，即控制犯罪与保护人权动态平衡，实体和程序动态并重，客观真实与法律真实相结合，公正第一，兼顾效率。这些方法论原则植根于中国国情，具有鲜明的时代特色，凝结了他多年的心血和智慧，集中体现了辩证思维和法治思维，也是他多年来推动中国刑事司法制度、刑事诉讼制度完善过程中一以贯之的思想。这些方法论原则对当前的检察工作和检察改革也具有启发意义。

其一，检察机关内设机构改革中的动态平衡。检察机关内设机构是检察权内部权力配置和管理的重要表现形式。自检察机关重建以来，内设机构的设置历经了多次调整，但机构设置与检察工作需要不协调的问题一直存在，很大程度上制约了检察权的运行，影响了检察工作的开展。在深化司法体制改革的大背景下，检察机关努力推进内设机构改革，各地进行了不同模式的探索，其中就涉及上级检察机关与下级检察机关、大部制与职能整合、精简机构与加强业务团队建设、机构按权能分类和按案件罪名、特点分类等多方面的动态平衡问题，目前需要在各地探索的基础上拿出带有规范性和原则性的总体方案。内设机构改革也需要考虑动态平衡：淡化内设机构，强化检察官的主体地位；精简内设机构，突出专业化团队建设；以专业为基础，打通部门间的人为隔阂；基层院大小有别，上下级院基本上对应。

---

* 最高人民检察院检察理论研究所所长。

其二，捕诉关系上的价值权衡。目前，在检察实务界一个热点话题就是捕诉合一问题，所谓捕诉合一，就是打破检察机关原来侦查监督案件和公诉案件分开办理的格局，遵循"谁批捕、谁起诉"原则。赞同者认为，对于案多人少的检察院，捕诉整合可以提高办案效率，节省办案时间，保证案件质量，并且有助于提升检察官的专业化水平。反对者认为，捕诉合一可能导致检察机关内部机构的失衡、一枝独大；权力的监督与制约受到影响，不利于专业化；办案期限冲突；公诉标准提前导致对侦查机关的要求更加严苛，不利于打击犯罪。客观地说，捕诉是合一还是分立都是检察权行使的内部分工问题，没有绝对的对错之分，其背后是不同阶段的不同价值选择。正像陈先生所说的那样，不同国家是根据不同的国情和形势背景选择不同的侧重点，决定不同的改革方向。在当前以精简机构、重视效能为改革潮流的大背景下，采取捕诉合一在情理之中，同时也要合理确定捕诉合一的适用范围，克服其负面影响。

其三，检察办案和法律监督不可分离。陈先生认为"公正优先，兼顾效率"，明确了公正在诉讼法理论中的地位，体现了一位诉讼法学者的明确立场。对于我这个检察理论研究工作者而言，坚守法律监督理论就如同坚守公正在诉讼法理论中的地位一样。

法律监督是宪法赋予检察机关的职权，检察机关的所有权力统一于法律监督权，所以检察机关的所有办案活动都是法律监督权的具体行使，检察机关是在办案中监督，在监督中办案，办案与监督不可分离，是并行不悖的，这才符合检察机关的宪法定位。最高人民法院院长张军上任伊始就提出了"以办案为中心"的观点，指出只有抓住了"以办案为中心"的根本要旨，以办案促监督，以监督谋办案，才能充分发挥检察机关的法律监督职能作用。而在理论界，关于办案和监督的关系问题一直以来存在争议。有观点认为检察监督和司法办案性质有区别。批捕、起诉是典型的司法办案，诉讼监督职能则是指检察机关不亲自处分案件，通过对其他国家机关行使的公权力实现法律监督。为了强化诉讼监督而将诉讼与诉侦监督部门分设，这是值得商榷的。首先，诉讼监督只是法律监督的一个方面，而且不是主要方面，没有必要投入过多的人力物力，相反，为了提高办案质量，我们应当考虑把有限的人力物力投入到检察机关办案工作中。其次，在许多情况下，诉讼监督依附于诉讼职能，只有在诉讼中才能发现需要监督的违法行为，离开了诉讼职能，诉讼监督就成了无源之水。最后，检察机关内设机构改革的目的不是要增设干部职数，更不是要人为地设置部门壁垒，而是要更加有效地配置检察资源，保障检察权科学运行，不断提升办案质量和专业化水平。

崔　敏*

喜庆陈光中教授九十华诞

怀着无比喜悦的心情，庆贺陈光中先生 90 华诞。陈先生是我最敬重的一位兄长和老师。我敬佩陈先生的学问，更钦佩他的师德与人品。陈先生的成就和贡献。大致可以概括为五个方面：

一是从事法学教育 68 年，培养了无数的精英，其弟子遍布公检法司各实务部门和教学科研机构，多是各领域的骨干与栋梁。更难得的是他至今仍然站在七尺讲坛教书育人，是当之无愧的祖师与泰斗。

二是呕心沥血从事开创性的法学研究，出版了大量高水平的专著和具有独到见解的论文，早已超过"著作等身"！更难得的是他带出了一个在国内外具有广泛影响的学术团队，是当之无愧的学科带头人。

三是挑头发起和组建了诉讼法学研究会（1984 年在成都成立，后与民诉分开，改为刑事诉讼法学研究会），他担任总干事（会长）二十余年，至今仍是名誉会长。通过研究会的组织与推动，带出了一大批中青年后起之秀，光中先生是当之无愧的拓荒者和奠基人。

四是积极参与国家的法治建设，尤其在刑事诉讼法的制定和修改中建言献策，总的目标是追求诉讼公正，为此提出了许多具有重大意义的立法建议。例如，应当实行无罪推定和非法证据排除规则等，都是一些涉及面很广、难度很大的问题，但他对认准了的事锲而不舍，在他的持续推动下，最终都被吸收入律。先生是当之无愧的诉讼公正的举旗人和推进者。

五是努力拓展国际学术交流，他曾多次率团出国访问，研究欧美两大法系中诉讼法制度的历史与现状，与许多国家的著名学者建立了广泛联系，他还特别注重对联合国颁布的国际人权公约的研究，在对外交往中始终抱着开放的态度。对于国外一些好的做法。例如，英国最早在讯问犯罪嫌疑人时同步录音录像，他就及时介绍积极引进，很快在全国推广开来，对防止发生冤假错案起到了重要作用。先生是当之无愧的改革开放的积极践行者。

庆贺陈光中先生九十华诞，回顾他的建树甚多，成就斐然。在我国法学界，他是与江平、高铭暄齐名的德高望重的三位英杰，堪称"大师"，在诉讼法学界更是无人可以企及

---

* 中国人民公安大学法学与犯罪学学院教授，博士研究生导师。

的拓荒者和领头人。

　　先生在"文化大革命"中遭受过挫折，先生一再表示，必须坚持十一届三中全会确立的路线、方针和政策。

　　我献给先生九十华诞的贺联是：

法治天下德高望重万人景仰

诉讼公正桃李满天一代宗师

　　衷心祝愿光中先生健康长寿，为法治建设再做奉献。再过十年，大家为您庆贺百岁华诞。

喜庆陈光中先生九十华诞

法治天下　德高望重万人景仰

诉讼公正　桃李满天一代宗师

崔　敏敬贺

二零二零年四月

韩大元[*]

陈光中老师的人权情怀

2020年4月23日是我们尊敬的陈光中老师90岁生日。作为学界晚辈，我虽不是陈老师的弟子，研究的领域也不同，但在学术上一直得到陈老师的指导与帮助，在宪法学研究会的工作中得到陈老师的支持。由于宪法与刑事诉讼法在价值理念与功能上的共同使命，在宪法修改、宪法学学科建设以及宪法实践等领域，陈老师一直关注、参与、支持宪法学发展，受到宪法学界同仁们的尊敬与爱戴。在我看来，陈老师不仅是中华人民共和国刑事诉讼法学的奠基人之一，同时他的学术研究、教学以及为推动中国法治发展进程所做的各种努力也推进了中国宪法的理论与实践的发展。在很多场合，他强调，刑事诉讼法是"小宪法"，要体现宪法精神，不能脱离宪法。在陈老师的学术世界里，宪法与刑事诉讼法是融为一体的，从他的学术论文、著作、学术演讲以及各类立法论证会上的发言中我们强烈地感受来自于心灵深处的浓浓的人权情怀。可以说，人权的关怀是"陈光中刑事诉讼法学"的核心命题，也是伴随他学术生涯的内在的道德力量与坚定的信仰。从某种意义上讲，"陈光中刑事诉讼法学"是具有实践性、开放性、包容性与国际性的"人权法学"，丰富了中国人权理论体系与实践，推动了人权的中国实践。

在我看来，陈老师的人权情怀与他的求学、工作经历有着密切关系。1950年陈老师上北京大学法律系，1952年从北京大学毕业时，当时的系主任是著名的法学家费青教授，他虽主要研究国际私法，但曾亲自联络北京大学、清华大学12名学界著名教授，发表《保障人权公开抗议宣言》，即著名的十二教授联合宣言。宣言由费青、费孝通兄弟二人率先签名，钱端升、潘光旦、许德珩等学界名流共同签署，引起了社会的广泛关注。后来陈老师到北京政法学院，当时政法学院的院长是著名宪法学家钱端升。1954年他留校担任刑事诉讼法学教学，从此开始他近六十多年刑事诉讼法学的研究与教学工作。而他留校这一年中华人民共和国制定了第一部社会主义宪法——1954年《中华人民共和国宪法》。1955年他的第一篇学术论文发表在《政法研究》（后改名为《法学研究》）1955年第2期，题目是《苏联的辩护制度》，在论文中明确提出我国要建立辩护制度，并以无罪推定原则作为辩护制度的根基。1954年《中华人民共和国宪法》第76条规定了被告人有权获得辩护，但在实践中，当时一些干部和群众对辩护制度的作用缺乏认识。陈老师曾对这篇论文的写作过程作了说明："辩护制度已经在法律上明确提出要建立，但实施的过程中有很多阻力，特别是'替坏人说话'的形象就让很多人难以接受，包括普通百姓和政府官员。我写这篇

---

[*] 中国人民大学法学院教授，中国法学会宪法学研究会会长。

文章，更多的是帮助我们的干部来正确认识辩护制度。"作为中华人民共和国第一代的律师，陈老师选择刑事诉讼法作为毕生的学术方向，也许始于他对辩护制度所体现的人权价值以及"替坏人说话"对人权与法治所具有的特殊意义。

1982年陈老师到社科院法学所担任刑法室主任。这一年是现行《中华人民共和国宪法》修改并颁布之年。1982年《中华人民共和国宪法》为改革开放奠定了宪法基础，同时为中国法学研究注入了新的活力。从此，中国法治发展进入新阶段，法学研究的各个领域，都面临着如何体现宪法精神与原则的课题。也许是对自己所从事的宪法专业的过度"迷信"，我个人觉得，陈老师始终不变的人权情怀与他的学术背景是有关系的，同时作为宪法学界的晚辈，我相信陈老师的学术思想已融入到中国宪法学的学术之中，并成为宪法学宝贵的学术传统。

在陈老师的学术思想中，人权是核心的学术命题。他认为，人权通说指一个人在应然和实然两个层面上所享有的权利。对于刑事司法中的人权保障，他认为应当包括三个层次：一是保障被追诉人即犯罪嫌疑人、被告人和罪犯的权利；二是保障所有诉讼参与人，特别是被害人的权利；三是通过惩罚犯罪保护广大人民群众的权利不受犯罪侵害。这三个层面既相互区别又紧密联系，其中，保障被追诉人的权利是刑事司法人权保障的重心所在，因为国家专门机关以国家强制力为后盾，在追究和惩罚犯罪的过程中，往往自觉或不自觉地超越权限，甚至滥用权力，进而侵犯被追诉者的权利。如果不加强被追诉人权利的保障，就无法有效对抗国家公权力对其权利的侵害。这一人权命题，体现在陈老师所有的学术成果与活动之中，有的论著虽与人权话题没有直接关联性，但陈老师的学术世界中人权是不可或缺的价值选择与学术表达。

陈老师创立了动态平衡诉讼观，其核心要义是："惩罚犯罪与保障人权相平衡"。他认为，刑事诉讼法尊重和保障人权，这是评价一个国家民主政治文明程度的标杆。刑事诉讼领域的人权保障的重心在于犯罪嫌疑人、被告人的权利，并保障被害人权利。惩罚犯罪与保障人权对立统一，不可偏废。如何在惩罚犯罪与保障人权之间保持合理平衡，坚持人权保障价值？有时理论上的论证是容易的，但真正实施起来，并不容易。陈老师主张在刑事诉讼法中，应在坚持惩罚犯罪与保障人权并重的指导思想下，加强人权保障。在他的积极推动下，新《中华人民共和国刑事诉讼法》第2条把"尊重和保障人权"写进法律。他认为，这是第一次在部门法律中载入"尊重与保障人权"的规定，属于突破性的创新，意义深远、重大。首先，载入第2条作为刑事诉讼法的一项重要任务来规定，对整部《中华人民共和国刑事诉讼法》的基本原则、制度和程序均起到提纲挈领的指导作用。其次，必然会带动其他某些部门法的制定或修改时更加重视贯彻"尊重与保障人权"这一重要宪法原则。最后，陈老师在构建刑事诉讼基本范畴时，以人权作为核心范畴，并把人权价值引入诉讼法实践之中，使《中华人民共和国刑事诉讼法》理论框架更加符合人权精神。他主张，在刑事诉讼中，保障被追诉人的人权关键在于确立无罪推定原则。根据无罪推定原则，被追诉犯罪的人在最后确定有罪以前应被假定为无罪的人，是诉讼的主体，不得强迫其自证其罪。而且公诉机关要承担举证责任，法院要根据确实充分的证据达到排除合理怀疑的程度才能定罪，不能证实有罪的，就应作无罪处理。无罪推定要求"罪疑刑疑"作有利于被告人的处理。他认为，《中华人民共和国刑事诉讼法》尚未明文规定无罪推定原则，但该原则的内容在刑事诉讼法中已有较充分体现。为了完善人权刑事司法保障，我国应当在立法、司法解释中确立无罪推定原则，并落实有关无罪推定原则的相关内容，尤其是对于达不到有罪证明标准的疑罪案件，司法人员应当宁纵勿枉，坚决依法贯彻疑罪从无规定。他特别强调，应当吸取过去冤、错案发生的教训，不容许搞疑罪从轻、留有余地的做法。对于过去已经疑罪从轻处理的案件，被判刑人不断申诉的，应当主动审查，确属证据不足的，应当予以改判纠正。唯有如此，才能真正最大限度地防止冤案错案的发生。

在宪法与刑事诉讼法关系上，陈老师为学界提供了新的研究思路与方法。2012 年《中华人民共和国刑事诉讼法》修正后，他反复强调应在"加强人权保障"的指导思想下，在辩护制度、证据制度、强制措施、侦查程序、审判程序等方面进一步完善对犯罪嫌疑人、被告人的权利保障措施，同时在保障人权方面加强检察机关的法律监督，强化检察机关在人权保障中的作用。如《中华人民共和国监察法》的制定中涉及一些宪法和刑事诉讼法的基本原则问题，如何使监察体制改革符合宪法精神，在法治轨道上进行改革？当人们的认识还不一致的时候，陈光中老师认为，《中华人民共和国宪法》第 33 条第 3 款规定："国家尊重和保障人权。"这是一条非常重要的宪法原则，

宪法是公民的"人权保障书"，公民的基本权利是宪法最重要的组成部分。我国任何国家机关行使职权都应当遵循宪法所规定的尊重和保障人权原则，监察委员会也不例外，而且更需要强调尊重和保障人权。

对有争议的《中华人民共和国宪法》和《中华人民共和国刑事诉讼法》的一些问题，陈老师强调学术民主，不以学术权威自居，愿意听取不同意见，对原则性的问题，则坚持学术立场与专业精神，鼓励学者讲真话，支持自由的学术探讨。这里与大家分享我所经历的一件事。2012 年《中华人民共和国刑事诉讼法》第 1 条曾规定："为了保证刑法的正确实施，惩罚犯罪，保护人民，保障国家安全和社会公共安全，维护社会主义社会秩序，根据宪法，制定本法。"在一次刑事诉讼法的修改讨论会上，我提出 2004 年修宪已把"国家尊重和保障人权"写进《中华人民共和国宪法》，《中华人民共和国刑事诉讼法》第 1 条和第 2 条应体现宪法这一精神，并对第 1 条中的"保护人民"改为"保障人权"，在第 2 条刑事诉讼法的任务中增加"尊重和保障人权"。当时，陈老师对《中华人民共和国刑事诉讼法》第 2 条增写"尊重和保障人权"提出了系统的论证和主张，特别强调了宪法对刑事诉讼法的指导意义。至于是否将"保护人民"修改为"保障人权"，与会者则有不同的意见。我记得，讨论会结束后陈老师亲自打电话给我，交流看法，并鼓励我可以在报纸上发表自己的看法，以利于大家深入讨论。在陈老师鼓励下，我写了《刑事诉讼法修改应明确规定"保障人权"》一文并发表。

文章的主要观点是：刑事诉讼法作为宪法具体化的基本法律，必须体现宪法价值，在价值理念上体现宪法的原则与精神，在制度设计上遵守和落实宪法的规定；刑事诉讼法与人权关系殊为密切，被称为"被告人权利大宪章"，应当体现宪法的要求，明确规定"保障人权"；"惩罚犯罪，保护人民"的表述隐含了通过惩罚犯罪来保护人民的逻辑，将"保护人民"改为"保障人权"之后，刑事诉讼法保护的就是所有人作为人的权利，不仅保护人民的权利不受犯罪分子的侵害，还要保障无罪的人不受刑事追究，更要保护犯罪嫌疑人、被告人和罪犯的合法权益。这些观点未必是成熟的，但在陈老师的鼓励下，把有争议的看法表达出来，对学术争鸣是有意义的。

　　陈老师对学术晚辈的提携与爱护已成为法学界的美谈，他从来不分是否是弟子，在学术上一视同仁，只要是有利于学术发展的事情，他都支持与帮助。他是一位学术大师，但平易近人，让学术晚辈感到温暖，也让我们感到学术研究的责任、使命与尊严。

龙宗智[*]

学习陈先生动态平衡诉讼观的体会

如长永教授所称，我也是陈先生的"编外弟子"。从我早期在军事检察院工作，到后来转到法学院专事法学研究和教学，得益于先生教益与帮助良多。多年来与先生一起开会、出访、作文、谈心，许多场景今天还历历在目。尤其是陈先生始终直面现实，关注现实，针对突出现实问题，大胆谏言，他的学术勇气和对国家法治的责任感，作为弟子深感敬佩和景仰！值此贺辰，衷心祝愿先生健康长寿！先生长寿是弟子们之幸，也是中国法治之幸！

陈先生长期坚持"动态平衡诉讼观"，在长期研究的过程中思想日益清晰透彻，而且这一思想并非坐而论道的产物，它始终具有突出的实践品格。所谓动态平衡，一方面，是构造、政策与举措的平衡，包括打击与保障的平衡、实体与程序的平衡、公正与效率的平衡，以及刑事诉讼构造上不同诉讼要素的平衡等。另一方面，平衡并非恒定与同化，而是因时因势因情况变化而调整，因此呈现"动态"特性。

平衡及其调整（"衡平"），体现法治的基本功能与特性。法治正是在不同的法利益之间寻求一种平衡，以兼顾各方，这是寻求"相对合理"治理方案的"中道"之治。动态的平衡，则由实践角度观照，体现法律政策上的灵活性。应当说，陈先生的观点，也是法学界乃至实务界的一种理性共识，是很成熟的学术观点。即使在具体问题上有不同看法，也是正常学术生态的体现。

基本观点在学界有高度的共识性，并不妨碍陈先生基于此一诉讼观形成有创见，有价值的思想体系。今天结合中国社会治理以及刑事诉讼的现实，学习陈先生的思想，有以下几点体会：

第一，强调打击犯罪和保护人权的平衡，仍然具有重要的现实意义。从司法改革，到法律修改以及诉讼实践，诉讼价值平衡即使在实务界，也形成共识。并为此而调整了我们过去那种在诉讼构造上，在制度构架上，在程序设置上的某些不平衡。比如，过去司法人权保障不够，这些年的司法改革的一个重要的发展方向就是加强司法人权保障，包括强化辩护权。而且通过政法理念的转变，我们已经将打击犯罪与保障人权、实体与程序的"两个并重"，也就是两种价值平衡作为基本的政法理念。高法、高检、公安部，乃至中央政法委的司法、执法文件中已经有明确的体现。

然而，有人也许会问：打击犯罪与保障人权的平衡问题是否在中国当下已经解决或基

---

* 四川大学法学院教授，博士研究生导师，中国刑事诉讼法学研究会副会长。

本解决，刑事司法结构、机制以及政策的调整是否已经基本完成，强调此一平衡是否已经不具备现实意义。对此，笔者认为，打击犯罪与保障人权的矛盾，可以说是刑事诉讼始终必须面对和解决的矛盾，古今中外概莫能外。而在中国当下，强调二者之间的平衡，仍然具有重要的现实意义。

首先，应当看到，我国刑事诉讼制度的改革完善是一个较长的过程，这一过程远未终结。一方面，从诉讼结构看，侦查（调查）中心而非审判中心的问题远未解决，诉讼行为"各管一段"，法律权利缺乏救济的状况尚未改变，"以审判为中心"的诉讼制度改革仍然任重道远。另一方面，从具体的诉讼制度看，辩护制度的完善、直接言辞原则的贯彻、非法证据排除规则的实际履行，均还存在十分突出的问题需要解决，集中体现出打击与保障之间的不平衡状态。其次，应当注意，由于具有"一体化"特征的司法体制，使各职权机构在职能上某种程度的混同性仍未克服，因此，诉讼配合容易，诉讼制约较难，在刑事诉讼的实际运行中，强调形成"打击合力"，而对权利保障重视不够，并使法律程序虚置，导致打击与保障不平衡更为严重。最后，"平衡论"在实务界仍有不同认识，并因此影响实务运行。实务中存在一种观点，认为在国家治理的某些方面不需要也不应当主张这种平衡。如有学者发表文章称，刑事诉讼打击犯罪与保障人权的双重价值目标，不能完整体现惩治腐败所特有的规范公共权力的核心价值，模糊了巩固党的执政地位，维护国家权力人民性的政治意旨。即认为反腐败可以不讲平衡，或称平衡诉讼观没有普适性。而在其他某些重大的刑事惩治活动中，不讲打击与保障的平衡性，也往往成为司法的现实。

可见在中国刑事司法制度及运行中，进一步解决打击与保障的平衡问题仍然具有重大的现实意义与理论价值。否则，刑事司法制度及其运行的失衡将更为严重，国家治理能力与治理方式现代化的目的不能实现，社会发展亦将承受沉重的代价。我国过去的实践有深刻的教训，不能不记取。

第二，坚持动态平衡观，需要正确处理程序正义的普适性与中国特色的关系。不能否认，在法律程序的设置和运行上，有一些基本的原理和原则必须遵循，否则将违背诉讼的规律，产生负面的实际效应。如任何人不能当自己案件的法官，司法应当秉持判断性、中立性、独立性品格，司法应当听取当事人的申辩，等等。这些基本原理适用于刑事诉讼中，形成刑事诉讼程序正义的基本要求，并体现为"以审判为中心"的刑事诉讼原理及其具体的程序程度设置。这些司法制度设置与诉讼的基本原理，正是我国这些年司法改革的理论基础，也是刑事诉讼程序设置和运行的根基。但在另一方面，中国刑事诉讼，是在特定的政治、社会条件下设置和运行，也必须注意治理结构和治理方式等特定条件的限制，包括基本体制的性质和要求，司法发展的程度和限度的制约，等等。

第三，正确把握动态平衡的变动性与程序正当性的底线要求的关系。陈先生讲的平衡，是一个动态的平衡，也就是关注的重点，可能随时间、地域，以及各种因素的变化有所调整。有的时候会更加强调保障人权，但是在犯罪比较猖獗的时候，如恐怖主义猖獗的时候，需要适当强调打击犯罪，这就是动态的平衡。但是值得注意的是，动态平衡有没有一个程序正当性的底线的限制，这是我们要注意把握的关系的问题。通过推动依法治国和司法改革，近年来，我们在诉讼活动中的平衡性总体上有相当的进步和改善。比如，为了保障当事人权利解决律师会见在押犯罪嫌疑人问题，在1996年《中华人民共和国刑事诉讼法》修正以后，虽然法律允许，但实践中会见难的问题比较普遍。但2012年《中华人民共和国刑事诉讼法》修正后，公安部采取了有效措施，会见难的问题总体解决。只是少量特殊的案件还存在会见难的问题，这也是明显的进步。

但是有的时候，尤其是在某些打击犯罪的专项行动展开时，带有运动执法的某些特征，程序正当性的底线要求，就不太注意坚守。例如，办案定指标，人为拔高案件，法院代行侦查功能发布公告征集犯罪线索，用群众运动的方案办案，等等。这些问题说明，在程序正当性底线要求方面，我们还是缺乏一个必要的坚守。我们还未能有效地形成一种常规的稳定的不可逾越的制度要求。所以这种运动执法的特征会时有体现，这也是我们在动态平衡价值观的推演中需要注意的问题。

第四，当前仍应注意诉讼效率要求与司法公正性的平衡。2018 年《中华人民共和国刑事诉讼法》修改，为了提高诉讼效率，采取了一系列的措施，主要是实行认罪认罚从宽、推行速裁程序以及缺席审判。但在制度设置上，似乎存在某种失衡，如认罪认罚从宽制度。认罪认罚从宽在刑事诉讼中全程贯彻，没有案件种类和刑期限制，但是这个制度有一个前提，就是辩护权的保障。否则，很容易出现侦查、控诉机关，以强势地位和充分资源压迫或不适当诱导当事人认罪认罚。但是，当前这个制度匹配的主要是一种值班律师制度，而这种制度基本流于形式。值班律师只是一位见证律师，提供的法律帮助十分有限。在不能提供刑事辩护律师作全程有效的法律帮助的情况下，全程推动认罪认罚从宽可能会出现制度上的不平衡。导致违心认罪的情况。前段时间我在《环球法律评论》发了一篇专论，此处不赘。另一方面的问题，是追求认罪认罚案件数量，为了让当事人认罪认罚，未能准确把握司法公正的底线要求。办案机关在保障案件客观性，查清案件事实方面，以及量刑建议与裁判符合正义性的基本要求同时具有社会的可接受性方面，还需要进行适当的调整，以保障诉讼效率与公正的平衡。

2020 年 5 月

左卫民[*]

致敬 "90 后" 的法学大家

　　今天是钟鸣先生（陈光中老师的微信名）正式迈入 "90 后" 的日子，一大早给 "90 后" 的先生打了电话，祝贺他健康长寿，吉祥如意。

　　在回家的路上，向先生请教的往昔时光不禁浮现在我眼前，有些许感慨，也有不少感激。我在 1985 年本科毕业后留在西南政法大学继续攻读刑事诉讼法学硕士研究生，在那个时候，虽然我的导师王洪俊老师已在我们面前多次提及陈先生，但先生对我们而言仍然是高山仰止般的学术前辈。就在我研究生即将毕业的时候，陈先生的两本大作问世了（《中国古代司法制度》和《外国刑事诉讼程序比较研究》）。在 20 世纪 80 年代，作为一名攻读刑事诉讼专业的研究生，除了统编教材以外，真正有涵养的专业学术书籍犹如凤毛麟角，先生的这两本大作让我犹如在沙漠中饮上了甘泉。在那样一个专业知识相对贫瘠的年代，《中国古代司法制度》一书让我对中国刑事诉讼制度的脉络有了清晰的认识，而先生主编的《外国刑事诉讼程序比较研究》这本书更是为我们打开了世界之窗，使我看到了异彩纷呈的域外制度，这对于 20 世纪 80 年代的我们而言，价值不言而喻。尔后，在 20 世纪 90 年代初期，我开始参加中国诉讼法学年会，正面接触到了先生，尤其是在 1994 年，中国诉讼法学年会颁发了第一届 "全国中青年诉讼法学优秀著述奖"，我与卞建林教授等同获一等奖，在当年获得这一奖项完全在我意料之外，然而，先生作为主任的评选委员会毫不犹豫地给了一个二十多岁的年轻人以荣誉（那个时候一等奖只有两三个）。也正因为此，在 1994 年我评上教授以后，脑海中首先浮现的想法就是报考先生的博士研究生，但由于工作单位不同意脱产学习而失之交臂。不过，庆幸的是，跟着先生又有了走向世界的机会。我还记得在 1994 年 11 月大雪纷飞的夜晚，我从成都赶赴北京，参加由先生主办的第一届刑事诉讼国际研讨会，首次与来自域外的优秀学者（包括德国的赫尔曼教授等）进行交流，同样有幸的是不久之后，我跟着先生去了美国、加拿大等国考察域外的刑事诉讼制度，第一次直面鲜活的域外刑事诉讼实践。

　　如果今天要概括先生在改革开放四十周年来对中国刑事诉讼法学的贡献，个人觉得最为突出的有如下方面：第一，推动了中国刑事诉讼法学研究走向世界。在改革开放之初，关于西方刑事诉讼法学一手的学术资料也并不多见，但正是在以先生为代表的知名刑事诉讼法学家的推动之下，我们在 20 世纪 90 年代开始引介国外刑事诉讼法学思想，实现了与域外学术界和实务界的频繁交流，对英美和欧陆的刑事诉讼制度有了更为直观的接触和了

---

　　[*]　四川大学法学院院长，教授，博士研究生导师，中国刑事诉讼法学研究会副会长。

解。这种中外交流对中国刑事诉讼法学界观瞻国外、思考自己、推动改革来说。其价值和意义不可低估。陈光中先生是当代中国的比较刑事诉讼研究开启的首要推手。

第二，以改革的眼光推动中国刑事诉讼法学研究和刑事诉讼制度的变革。这种推动突出体现在 1996 年《中华人民共和国刑事诉讼法》修正上，先生受全国人大常委会法工委的委托。提交了学者版的《修改建议稿》，并在相当程度上被吸收采纳，尤其是关于审判制度包括庭审制度改革方面，对于其时出台的《中华人民共和国刑事诉讼法》作用不可小觑。迄今为止。1996 年《中华人民共和国刑事诉讼法》依旧堪称改革力度最大的一版《中华人民共和国刑事诉讼法》。先生于后续的二十多年也一以贯之地关注实践，意图从法治和人权保障角度去改革实践，推动制度建设。中国刑事诉讼法学之所以能成为改革法学，能成为进步的法治之学，陈光中先生贡献巨大。

第三，以开阔的心胸团结、带领刑事诉讼法学界的学者，推动中国刑事诉讼法学的发展。例如，支持和提拔中青年学者令人尤为敬佩，我本人便深深感受到了先生对于年轻人的支持。

在世界刑事诉讼法学界中，有两位"90 后"的大家我都有幸接触过。一位即是 1930 年出生于中国温州的陈光中老师，另外一位是出生于克罗地亚萨格勒布的达玛什卡教授。5 年前我参加了达玛什卡教授的 85 岁寿辰的学术研讨会，感受到了这两位"90 后"的一些共性。第一，两位学者一直致力于学术研究。陈光中先生最近几年的学术产出依然颇大且有着极高引用率，同样，达玛什卡教授于去年还出版了一本新的专著。这两位先生在学术上高质量的产出始终值得我们学习、敬佩。第二，他们均成长于类似的制度背景之下。正因为如此，他们都致力于推动本国刑事诉讼法的改革，这可以从陈光中先生的一系列作品以及达玛什卡教授的《司法和国家权力的多种面孔》等著作中，感受到他们对于刑事诉讼制度改革的推动。总而言之，陈先生这种锐意进取、心怀天下，为推动中国刑事诉讼法治所做的巨大贡献和努力让我深怀敬意。

"90 后"是让我敬佩的一代人，"90 后"也是让我学习和效仿的一代人，衷心祝愿钟鸣先生健康长寿，吉祥如意。

2020 年 4 月 21 日

孙长永[*]

陈光中教授与西南政法大学

——恭祝中国政法大学终身教授陈光中先生 90 华诞

今年 4 月 23 日，是中国刑事诉讼法学奠基人、中国政法大学终身教授、原校长陈光中先生的 90 岁华诞。关于陈先生的学术思想，先生的弟子及学界同仁多有梳理和阐述，先生 80 岁时出版的文集中也有专题综述，去年《南方周末》的访谈又提供了先生近十年来的学术研究情况，不久前《中国法律评论》等期刊也作了专题报道。对此，本人作为一名晚辈和"编外弟子"，唯有认真学习，深刻领悟，没有新的补充。借此机会，我想根据自己所知所闻，就陈先生对西南政法大学（以下简称"西政"）教育教学和学科建设工作的关心、支持和帮助，介绍一点情况。谨以此文纪念尊敬的陈先生 90 华诞，祝陈先生健康长寿、福乐绵绵！

一、与西政同时代法学同行的交往

陈先生与西政的来往最先始于 20 世纪 80 年代初期。当时全国的法学教育刚刚恢复不久，到 1982 年秋，除 5 所政法院校外，已有 31 所综合性大学招了法科学生，全国法科在校生人数达到 104 万人，但法学专业教师人数仅有 1400 人，其中能够胜任教学任务的不足一半。因此，培训师资的任务非常迫切。西政作为司法部直属院校中唯一的全国重点大学，受司法部委托，自 1982 年 2 月起，先后举办了 9 期共 14 门课程的全国法律专业师资进修班，累计培养法律专业教师 959 人，另外还有 100 多人包括厦门大学等校的研究生参加旁听。其中，诉讼法学科参与举办了 4 期，包括 1983 年 2 月至 6 月举办的第 3 期民法/民事诉讼法师资进修班（其中民事诉讼法班学员 45 人）、1983 年 10 月至 12 月举办的第 4 期证据学师资进修班（学员 47 人）、1984 年 9 月至 11 月举办的第 6 期刑法/刑事诉讼法师资进修班（其中刑事诉讼法班学员 66 人）和 1985 年秋季举办的民事诉讼法师资进修班（学员 33 人），学员分别来自全国各地不同高校。学校为此成立了专门的管理机构，为各个班配备了班主任。任课教师除本校的老师以外，主要是来自北京高校、中国社科院法学所的法学名家以及最高法、最高检等机构的业务专家。陈先生是外聘的主讲教师之一，他应邀为刑事诉讼法班和证据学班分别讲授了一个专题，即《中国古代刑事诉讼》和《中国古代证据制度的特点》，讲授内容是陈先生的最新研究成果，也代表了当时国内学界的最高水平。从这时开始，陈先生与西政同时代的诉讼法学同行，如王洪俊、廖俊常、王锡山、常怡、孙洁冰、徐静村（他们都是师资进修班任课教师）等逐渐熟悉起来，先生的学

---

[*] 西南政法大学诉讼法与司法改革研究中心主任、教授、博士研究生导师，中国刑事诉讼法学研究会副会长。

术影响也在西政师生的口口相传中不断扩大。后来，孙洁冰、徐静村等老师把陈先生等在师资班的讲课录音整理成文字，形成了《证据学讲座》上、下两册和《刑事诉讼法讲座》上、中、下三册，由西政内部印制出版，成为包括西政在内的全国各高校诉讼法学教师和研究生的必读书。为了迎接西政建校70周年，学校于2019年组织人力对全套师资班讲课录音资料进行重新整理、校对，准备作为历史资料正式出版。重新校改完成之后，经过研究，《刑事诉讼法讲座》保持原名不变，《证据学讲座》更名为《证据学专题研究》，徐静村老师还特意为两部书写了一个相同的序言，对在当年极其困难的条件下为法学教育、学科发展和法治建设做出贡献的老一辈专家表示敬意和感谢。

1984年10月，中国诉讼法学研究会成立，陈先生当选为总干事，西政王洪俊、王锡山两位老师当选为干事，他们之间的联系就更为频繁了。这一年的冬季，常怡老师应邀赴中国政法大学（以下简称"法大"）研究生院，为1983级、1984级两个年级的硕士研究生讲授《苏联和东欧国家民事诉讼法学》课程，前后持续3周，共计72学时。学生们看到常老师讲课用的是打字油印稿（约10万字），便通过时任研究生院分管副院长的陈先生反映，要求常老师把稿子发给他们。但当时常老师手上只有一份，不便分发，他答应陈先生，回重庆后"寄给研究生院，再发给学生。"[1]常老师回到重庆后，立即按照听课的研究生人数，把打字油印稿邮寄给了法大研究生院，兑现了他对陈先生的承诺。

比较而言，王洪俊老师可能是西政与陈先生联系最多的人，他非常看重与陈先生的友情，经常向我们研究生通报陈先生的最新学术动向。1987年（大约在6月），当我和牟军同学[2]为撰写硕士学位论文进行调研时，王老师特意为我俩写了一封私信给陈先生，要求我们就论文选题和写作去听听陈先生的意见，当面向陈先生请教。两位年轻人带着老师的信，真的到法大研究生院去找陈先生了。那时陈先生担任法大研究生院常务副院长，在百忙之中接待了我们，耐心地跟我们谈了十多分钟。看到不停地有人为工作上的事情来见陈先生，不停地有电话打进他的办公室来，我们两人只好带着愧意匆匆向陈先生告辞。如果不是前辈老师之间的交情，我们两个硕士生怎么可能有机会当面向陈先生这样的法学大家请教？事实上，王洪俊老师即使在晚年患有阿尔茨海默病的情况下，当我们这学生去看望他时，只要一提到陈先生，他马上像换了个人一样精神起来，对以前的事情记得比较清楚，不停地念叨："陈光中为人正派，对人很好，对（我们）学校也很好。"可见，陈先生在他心中的分量一直是很重的。

2014年5月，在西政举行"陈光中诉讼法学奖学金"颁奖典礼时，陈先生事先特意跟我说，给他预留一点时间，他准备去看望老朋友常怡教授。当我向常老师报告这一"重要情报"时，常老师动情地说："哪能让他来看我？他比我还大一岁，又那么忙，还是我去看他吧！"陈先生没有想到，5月24日晚7点，在他和卞建林教授一起做客我校"金开名家讲坛"时的讲座现场，常怡老师来了，端坐在学术报告厅第一排正中央的位子上，戴着助听器全程听完了讲座。两位老友见面非常高兴，第二天又特意共进午餐，畅叙友情。

陈先生与我的博士研究生导师徐静村教授也有很多合作和交流。经王洪俊老师推荐，徐老师比较早地进入了中国诉讼法学研究会的理事会，后来又当选为研究会的副会长，这

---

〔1〕 参见常怡：《常怡回忆录》，中国政法大学出版社2017年版，第145页。

〔2〕 现任云南大学法学院教授、博士研究生导师。

应该得益于陈先生的支持。1994年11月，陈先生在北京组织召开首次刑事诉讼法国际研讨会时，即邀请徐老师参加了会议，徐老师还以《刑事审判模式之比较与改革》为题作了大会发言。1995年10月，陈先生率10位法学专家赴中国台湾地区参加"海峡两岸刑事诉讼法学研讨会"时，徐老师也是代表团成员之一。1999年8月，由陈先生担任主编、徐老师担任副主编的本科教材《刑事诉讼法学》由中国政法大学出版社公开出版发行，这是当时由司法部法学教材编辑部审定的"高等政法院校法学主干课程教材"之一，在全国高校影响很大，后多次修订再版。此外，两位老师在博士生的培养方面，也有一些合作和交流。

二、对西政学科建设的关心与支持

陈先生不仅跟我校诉讼法学科的老师是朋友和知己，而且与种明钊教授等西政多位原任校领导非常熟悉。种明钊先生自1983年11月起担任西政副校长，1991年5月至1997年9月担任西政校长。因此，他与陈先生担任法大校领导的时间有一段交集，两人在中国法学会、全国哲学社会科学基金法学评审组、中美法学教育交流委员会等机构也有同时任职的经历。因工作关系，两人之间的交流较多，对中国法学教育事业的发展共同起到了积极的推动作用。例如，1992年11月，陈先生率团赴中国台湾地区东吴大学参加首次海峡两岸法学学术讨论会时，种校长是代表团11名成员之一。种校长在位期间，西政校领导班子重点办成了两件事：一是先后成功获批诉讼法学博士点（1993年）和经济法学士点（1996年），为这两个学科后来进入国家重点学科乃至整个法学学科的进一步发展奠定了基础；二是将校名由"西南政法学院"更名为"西南政法大学"（1995年）。这两件事都是"西政跨越式发展的大事"（俞荣根教授[1]语），但都经历了较长时间的艰苦努力，在此过程中，得到了陈先生的精心指导和大力支持，尤其是诉讼法学博士点的申报。因为陈先生自1986年起，连任3届国务院学位委员会法学学科评议组成员，而且是法学学科组中唯一的诉讼法学专家，同时又长期担任法大及研究生院的领导，对全国法学教育的发展形势、国家对于法学博士点的政策以及西政法学教育特别是诉讼法学科的发展水平等情况相当熟悉。他的话不仅对西政校领导班子以及诉讼法学科如何做好博士点申报的基础工作具有重要的指导意义，而且对其他评审专家也有重要影响。据常老师回忆，正是根据陈先生的指导意见，我校及时调整了博士点申报方案，最终获得了成功，从而实现了博士点"零"的突破。[2]因此，常怡老师不止一次地私下对我说过："要永远记住陈光中对我们的帮助，没有他，就没有我们的博士点。"当然，陈先生支持西政申博士点，并不仅仅是因为西政是法大的兄弟院校，而主要是从中国法治建设的现实需要出发，从中国法学教育事业发展和高层次法学人才培养的战略布局出发作出的选择。

全国诉讼法学博士点，法大是第一家，陈先生于1987年在全国率先招收诉讼法学专业博士生，我记得当时法大研究生院还在《光明日报》显著位置刊登了招生公告。西政诉讼法学博士点是1993年经国务院学位委员会批准的，同时获批诉讼法学博士点的还有中国人民大学（以下简称"人大"）法学院。与法大、人大不同的是，西政诉讼法学博士点是西政的第一个博士点，学校以及学科对于如何建设这个点完全没有经验，甚至连博士

---

〔1〕 曾任西南政法大学副校长、重庆市社科院院长。

〔2〕 参见常怡著：《常怡回忆录》，中国政法大学出版社2017年版，第253~254页。

生的培养方案如何编写，也不完全清楚。为了解决这个问题，博士点负责人常怡老师于1994 年春专程到北京拜访陈先生和高铭暄老师，两位法学博士生教育的"先行者"热情地介绍了自己的培养经验。常老师还通过陈先生向法大研究生院要了一份《中国政法大学诉讼法专业博士生培养方案》，作为编写西政博士生培养方案的参考样本。一切准备就绪后，西政从 1995 年起便开始招收博士生了。截至 2019 年，西政诉讼法学科已经连续招收博士生 25 届共 331 人，通过论文答辩并获得法学博士学位的 262 人，其中很多人成长为法学界的著名学者或者法律实务界的重要领导和骨干。

陈先生不仅指导西政编写博士生培养方案，而且亲自主持了西政多届刑诉方向博士生的学位论文答辩。印象中，前两届博士生进行博士论文答辩时，陈先生都是刑诉方向的答辩委员会主席。杨建广[1]、高一飞[2]和我三人是第四届刑诉方向的博士毕业生，2001 年5 月 25 日，我们的博士学位论文答辩也是陈先生主持的。那时，西政博士学位论文的答辩委员会由 7 位专家组成，其中校外专家不少于 2 人。我是上午第一位答辩人。由于陈先生亲任主席。加之答辩委员会委员还有龙宗智、邱兴隆、陈忠林 3 位"明星教授"，答辩所在的西政沙坪坝校区原第三会议室挤满了前来旁听的西政师生（至少有 100 人以上）。7位答辩委员平均每人提了大约三四个问题，其中有些问题还比较尖锐。陈先生那天可能受到现场氛围的感染，比较兴奋，一开场就对我的博士论文给予了高度肯定，然后提了两个温和的问题，具体内容现在已经记不清了。在给了我 20 分钟的时间准备之后，把我叫回答辩现场，开始回答提问。考虑到委员们提的问题较多，而我后面还有杨建广同学要答辩，陈先生要求用 40 分钟的时间答完全部问题。为了尽可能全面地作出回答，我只有不断加快语速。好在有陈先生在场，自己对论文相关内容也比较熟悉，所以当时并不感到紧张（后来听说有些旁听的学生听到委员们的提问和追问时反而觉得紧张），整体答辩效果得到了高度认可。

陈光中先生主持孙长永博士学位论文答辩现场（2001 年 5 月 25 日）

答辩评议之后，陈先生宣布投票结果，并且结合论文评阅人和答辩委员会的评议的意见，简明扼要地提出了进一步修改完善论文的建议。这一总结指导环节让我受益匪浅，并且深深地印在了我的脑海中。等到 2009 年我担任西政分管研究生教育的副校长以后，便把答辩委员会主席的总结指导环节纳入了全校通用的学位论文答辩规范，如今已经成为西政博士学位论文答辩的惯例。根据我的切身体会，这一环节对于答辩的学生来说是一次难

---

〔1〕 现任中山大学法学院教授、博士研究生导师。

〔2〕 现任西南政法大学法学院教授、博士研究生导师。

得的学习机会，也许是最后一次获得老师们集体指导的机会，过了这一刻，再也不会有这么多老师为他的一篇论文把关了。可能陈先生自己都没有想到，他的榜样作用对西政研究生的培养产生了深远的影响。

在种明钊教授之后，田平安、龙宗智、陈彬先后出任西政校长。对陈先生来说，他们都是诉讼法学的同行晚辈，陈先生对他们也都有不同程度的了解。因此，陈先生对西政的办学一直给予关注、关心和支持。接替陈彬担任校长的付子堂教授，虽然出身法理学科，但也非常敬仰陈先生，知道陈先生对我校发展给予过重要帮助。2002 年"陈光中诉讼法学奖学基金会"成立时，西政积极捐资支持，我也成为该基金会第一届管理委员会委员之一。2019 年，"陈光中诉讼法学奖学基金"增资扩容时，在子堂校长、唐力副校长等的支持下，西政再次捐资相助。西政积极支持"陈光中诉讼法学奖学基金会"的工作，虽然有回报陈先生的意思，但主要还是为了借先生之名奖励那些学习成绩优异的硕士研究生、博士研究生，包括西政自己的硕士研究生和博士研究生。在每次"陈光中诉讼法学奖学金"评审中，必定有西政的学子入选，这是对全体西政研究生的一种鼓励。就在本人撰写这篇纪念文章时，又收到了新一届基金管委会"关于启动第八届'陈光中诉讼法学奖学金'评选工作的通告"和"关于报送第八届陈光中诉讼法学奖学金成员学校'陈光中诉讼法学奖学金'评选材料的通知"，新一届奖学金的评审工作又开始了。可以说，陈先生提携晚辈、奖励后学的精神，已经影响了一批又一批的西政学子，对西政提高人才培养质量起到了积极的促进作用。

三、对我个人的关心、提携和帮助

自 20 世纪 80 年代初发起成立中国诉讼法学研究会起，陈先生担任中国诉讼法学研究会总干事、会长二十余年。刑事诉讼法、民事诉讼法"分家"之后，陈先生仍以名誉会长的身份参与刑事诉讼法学研究会的工作。作为全国诉讼法学界的领袖，陈先生团结了全国诉讼法学领域的中坚力量。为繁荣法学研究、培养法治人才、推进法治进步、促进国际交流与合作等做出了突出的贡献，取得了公认的辉煌业绩。陈先生不仅紧密团结了同时代的大批学者和实务专家，而且扶持、提携了一大批中青年学者和实务专家，使得诉讼法学研究队伍不断壮大，学术水平不断提高，研究成果对国家立法和司法改革的影响力不断增强。我虽然是西政的毕业生和教师，但在成长过程中得到了陈先生多年来的持续关心、提携和帮助。

早在硕士研究生学习阶段，因为导师王洪俊老师经常提及陈先生，我就认真查找、拜读了陈先生发表的论文和著作，包括 20 世纪 50 年代在《政法研究》（后改名为《法学研究》）发表的两篇论文以及 20 世纪 80 年代出版的《刑事证据理论》《中国古代司法制度》和《外国刑事诉讼程序比较研究》等，那时就已经对陈先生产生了崇敬之情。1992年 10 月，在山东泰安参加全国诉讼法学研究会年会期间，我带着参会论文《日本起诉状一本主义研究》[1] 专门到会议休息室拜见了陈先生，鼓起勇气告诉他，我准备报考他的博士研究生，希望能够得到他的恩准。当时，我刚刚以高分通过日语出国留学水平考试，便告诉陈先生说准备考日语。而陈先生那时与日本著名学者松尾浩也教授建立了密切的联系，他认为口语很重要，便问我日语口语的情况。这一问击中了我的短板，因为对日语我

---

〔1〕 后经压缩、修改，发表于《中国法学》1994 年第 1 期。

基本上是自学的。虽然下了不少工夫，但是口语、听力仍然明显不足。不过，陈先生并没有拒绝我的意思。遗憾的是，在申请报考过程中，由于西政有关领导不同意脱产攻读博士研究生学位，结果未能如愿。

再一次见到陈先生，是在 1998 年在海南召开的全国诉讼法学年会上。在会议总结阶段，我作为小组记录员汇报了小组讨论情况。不知道是因为声音比较大，还是因为对小组讨论情况归纳得好，陈先生对我的汇报给予了表扬。后来，除了诉讼法学研究会的年会以外，陈先生在组织专题学术会议和国际学术研讨会时，也经常邀请我参加。例如，"刑事证据法国际研讨会"（2002 年）、"《公民权利和政治权利国际公约》的批准对我国刑事诉讼立法、司法之影响研讨会"（2004 年）、"比较刑事诉讼法国际研讨会"（2006 年），等等。此外，陈先生还邀请我参加了他主持的 3 个课题的研究：一是刑事诉讼法实施问题研究，结合 1999 年大连会议的讨论情况，最后形成《刑事诉讼法实施问题研究》[1] 一书，我负责撰写了其中的"第二审程序"一章；二是普通高校人文社科重点研究基地基金和美国福特基金资助项目《刑事证据立法研究》，最终成果是《中华人民共和国刑事证据法专家拟制稿（条文、释义与论证）》;[2] 三是美国福特基金资助项目《刑事诉讼法再修改问题研究》，最终成果是《中华人民共和国刑事诉讼法再修改专家建议稿与论证》[3]。其中刑事证据法拟制稿和刑事诉讼法再修改建议稿，我参加了关于所有拟制条文或修改条文的研讨。参加这些重要的学术会议和课题的研究对于我这样一个京外年轻（当时）学者而言，无疑是一个很好的锻炼。

陈先生非常重视国际学术交流活动，不仅在国内主办了多次国际学术研讨会，而且多次率团到国外参加学术研讨会。我第一次跟陈先生出国参加学术会议，是 2001 年 8 月赴美国，参加由耶鲁大学法学院中国法研究中心主办的"刑事证据法研讨会"，并到美国维拉研究所和纽约市警察局进行实地考察和座谈。同行的还有龙宗智、蔡定剑、卞建林、宋英辉等教授。在纽约市警察局座谈时，我使用中英文双语与对方进行了交流，受到陪同考察座谈的维拉研究所负责人的高度称赞，陈先生听了也很高兴。当天下午在参观美国国会时，陈先生主动把龙宗智师兄和我叫到一边，兴奋地说："来来来，两位编外弟子，跟我一起照个相！"把师兄和我乐坏了。

〔1〕 陈光中：《刑事诉讼法实施问题研究》，中国法制出版社 2000 年版。

〔2〕 陈光中主编：《中华人民共和国刑事证据法专家拟制稿（条文、释义与论证）》，中国法制出版社 2004 年版。

〔3〕 陈光中主编：《中华人民共和国刑事诉讼法再修改专家建议稿与论证》，中国法制出版社 2006 年版。

　　可能是因为美国之行留下了良好印象，陈先生后来组团出国参加学术活动时，又多次邀请我参加。例如，2002年率团赴俄罗斯、瑞典、丹麦，考察3国司法改革近况时，陈先生特意打电话邀请我参团，并且要求我随团担任英文翻译，给了我一次很好的学习机会。同行的还有卞建林、黄道秀（兼俄语翻译）、张建伟3位教授和北京市海淀区人民检察院的两位业务专家。这次考察，我们在俄罗斯莫斯科大学法律系、圣彼得堡大学法律系、莫斯科高等法院和一家基层检察院、瑞典隆德大学瓦伦堡人权与人道法研究所、隆德地方法院以及丹麦人权研究中心等机构，进行了座谈交流和实地考察，收获最大的应当是了解到了2001年《俄罗斯联邦刑事诉讼法典》修改和实施的最新情况。2016年12月，陈先生率团赴德国维尔兹堡大学法学院，与对方合作举办"中德刑事诉讼法高端论坛"，我有幸再次受邀参加，并以"中国刑事审前程序的改革"为题发表了主题演讲。这次同行的中方代表还有卞建林、左卫民、熊秋红、易延友、胡铭、徐美君等教授。2017年9月，陈先生在北京组织召开第二届"中德刑事诉讼法高端论坛"时，又一次邀请我参加。我提交该次会议的论文《公正审判权与庭审实质化：中国法的进步与不足》被翻译成德文，发表于德国网络期刊《刑事国际教义学》2018年5月号。2019年9月，陈先生又与德国明斯特大学合作举办"德中刑事法论坛"，我也是中国代表团成员之一，并就"中国认罪认罚从宽制度的实践探索与立法完善"作了大会报告，同行的还是龙宗智、左卫民、熊秋红、李本森、张建伟、胡铭等教授。在明斯特期间，我们不仅进行了会议研讨，还实地旁听了德国明斯特地区法院对一件故意伤害案的二审开庭审理，并参观了德国北威州的一家重刑监狱，特别是德方安排旁听的二审庭审具有鲜明的德国特色：一是实行参审制，合议庭3人中有2名陪审员，不是只有职业法官；二是贯彻了直接言词原则，在为期一天的庭审中大约有8名证人出庭作证，法庭还为被告人指派了一名经验丰富的法律援助律师担任辩护人；三是缓刑监督部门的代表作为诉讼的一方全程参加了庭审，并且在总结辩论阶段就是否应对被告人判处缓刑发表了意见；四是主持庭审的审判长正是著名的明斯特大学刑事法教授Michael Heghmanns博士，他是"教授兼任法官"，截至我们到场旁听那一天，他在2019年已审结20件刑事案件。可惜，这次在明斯特的学术活动陈先生因身体原因未能成行，宗智师兄代表陈先生发表了开幕致辞。通过参加3次中德刑事法论坛，我有机会与德国刑事法领域的多位著名学者当面交流，并且在德国进行实地参观考察，了解到德国刑事法制度及其实施中的最新情况，可以说是大开眼界，对于我开展比较研究具有重要的参考价值。

　　陈先生作为一代学术大师，其渊博的学识和"动态平衡诉讼观"等创见是无数法律人的指路明灯，其几十年如一日诲人不倦、甘为人梯的精神也让无数年轻学子、学人深受教益。回顾我的学术成长经历，除了西政的平台和导师组的指导之外，对我影响最大的就是陈先生的关心、提携和帮助。当年博士学位论文评阅答辩时陈先生给予的鼓励，获评第五届全国十大杰出青年法学家时陈先生对我的专题演讲所作的点评和指导，至今历历在目。

　　人大法学院原院长韩大元教授曾经盛赞陈先生"坚持学术理想，坚持学术创新，不因循守旧，不搞门户之见，始终表现出一位法学大家杰出的民族精神和宽广胸怀。"[1] 对

---

〔1〕《中国法学界陪伴陈光中先生度过了八十岁生日。此刻，有祝福有景仰，更有对我国法治未来的美好憧憬……》，载《人民法院报》2010年4月23日，第5版。

此，我深表认同。西政作为一个法学重镇，至今在法学界、法律界具有比较大的影响，其重要原因之一在于，在 1978 年复办以后转型发展的关键时期，在教育教学和学科建设方面得到了陈先生等一大批学界和实务界著名专家的鼎力支持；我之所以能够在法学研究方面取得一点成绩，并且能够坚持不懈地走学术道路，如今成为西政诉讼法学科的带头人，也是因为在成长过程中得到了陈先生的长期关心和厚爱。西政人，包括我本人，永远感谢陈先生！

刘仁文*

阅读陈光中教授

4月23日，我国当代著名法学家、中华人民共和国刑事诉讼法学的主要奠基人之一陈光中先生迎来了自己的90岁生日。虽然由于疫情防控的特殊形势，学界原定为他祝寿而筹办的学术研讨会不得不推迟举行，但这天网上还是掀起了祝他生日快乐的一波又一波刷屏，足见先生在全国法学界的声望。

因之前与先生有过交流，知道他的农历生日是3月23日，后来用公历填履历表时采取简单加一个月的推算，于是生日成了4月23日。其实按万年历，1930年农历3月23日对应的是当年公历的4月21日，所以我在21日这天"提前"给他微信祝贺生日，并互动良久。

他分享给我两篇自己文集自序，一篇是10年前80岁时写的，这个我应当过去看过，但仍常读常新；另一篇则是他今年新写的，我也是第一次看到。两篇自序都是逾万字的长文，前者带有自传性质，后者系对晚近十年来自己学术生涯的回顾与总结。我饶有兴致地读完这两篇文献，一如既往，先生那种为学界所公认的大气、沉稳与豁达跃然纸上，其坎坷的人生历练和丰富的学术感悟令人感佩，也让人受益。

之前只知道先生是北京大学（后文简称"北大"）毕业，阅读后才知，他是1948年夏以奖学金名额（占考取名额的20%）同时考取了清华大学、中央大学（今南京大学）的法律系，并就近入读中央大学。半年后因国内时局影响，转到广州中山大学法学院去寄读，后又于1950年夏通过考试转学到北京大学法律系，直至1952年夏毕业。"我在北大学习虽只有短暂的两年，其中一年还参加了广西土地改革运动，但北大追求民主、科学和爱国主义的传统，勤奋治学和自由探讨的学术氛围，深深地感染着我，并影响着我的一生。"原来先生真正在北大待的时光只有一年，但北大的标签效应却影响了他的一生。

北大毕业时，先生作为优秀学生留校当助教，不久就随同北大法律系的全体师生被调整到新成立的北京政法学院。我们熟知的是，改革开放后先生迅速成为我国刑事诉讼法的重量级学者，并担任中国政法大学校长、全国诉讼法学会会长等一系列耀眼的社会职务。

改革开放给先生带来了人生道路上崭新的历程，"夜以继日地工作，恨不得把前二十年的蹉跎岁月都补回来"。1978年陈光中先生调回北京，任职于人民教育出版社，期间主持编写了中学的中国历史教科书。人民教育出版社（后文简称"人教社"）就在中国社会科学院法学研究所旁边。我每次路过，想起自己读中学时的历史教科书竟是先生主编，

---

* 中国社会科学院法学研究所刑法室主任，研究员，博士研究生导师。

就感到特别亲切。先生在其八十自序中写道，他小时候白天在学校上小学，晚上则由堂伯父（清朝举人）教化他们几个孩子读古文古诗，小学毕业时，他已能背诵许多古文古诗名篇，并已读完"四书"。这应当是其能进入人教社担纲中学历史教科书编写工作的一个知识背景吧，也难怪他后来写出《中国古代司法制度》这样的力作。

1982 年，先生调任中国社会科学院法学研究所刑法室主任（那时刑法和刑事诉讼法在一起）。1983 年，中国政法大学（后文简称"法大"）在北京政法学院基础上成立，先生应邀调回中国政法大学任研究生院负责人，后被评为教授，并在 1986 年由国务院学位委员会批准，成为全国第一位诉讼法学博士生导师，1988 年任中国政法大学常务副校长，1992 年任校长，1994 年卸任后又创建了中国政法大学刑事法律研究中心，担任主任至今。自 20 世纪 80 年代起，先生先后担任国务院学位委员会学科评议组成员，国家哲学社会科学研究法学规划小组成员，中国法学会副会长、诉讼法学研究会会长，最高人民法院特邀咨询员，最高人民检察院专家咨询委员会委员等一系列重要的学术与社会兼职。在科研上，他孜孜以求，笔耕不辍，主持了国家哲学社会科学基金重点课题、教育部重点攻关项目等诸多重大项目，发表、出版了许多高质量的论文和著作。

这其中特别值得一提的是，他于 1993 年受全国人大常委会法工委的委托，牵头组织了刑事诉讼法修改研究小组，为 1996 年《中华人民共和国刑事诉讼法》的出台做出了巨大贡献。其后在此基础上推出的专著《中华人民共和国刑事诉讼法修改建议稿与论证》又荣获"北京市第四届哲学社会科学优秀成果奖"特等奖、教育部"普通高等教育第二届人文社会科学研究成果"法学一等奖等多项大奖。1998 年 6 月 27 日，江泽民主席在人民大会堂举行国宴欢迎美国总统克林顿访华，先生作为法学界的专家被邀请赴宴，在宴会厅入口处与欢迎来宾入座的两国元首夫妇一一握手，此事也说明了先生当时的社会声望之隆。

先生虽然只在社科院法学所刑法室主任的岗位上工作过一年，但他对法学所尤其是刑法室充满感情。记得几年前的一个夜晚，我和他参加完一个会议后一起到室外泡温泉，当时还有师母同在，先生跟我聊起当时法学所的张友渔老所长是如何把他从人教社挖过去的，又如何大度地同意他调回法大。有意思的是，他调走后，张老还让他继续主持了一年多的刑法室工作，直到新的主任到位。由于我俩聊得投机，冷落了旁边的师母，她只好说："要不我先回？"先生竟然同意，并找了个高大上的借口："他现在是刑法室主任，就是我原来工作过的那个位置，对过去好多事不清楚，我给他讲讲。"

读完先生的这两篇文献，我有一个很大的感触，那就是人必须要有计划，而且要有坚韧的毅力去落实。他在 70 岁时对自己的下一个十年有期许，80 岁时又对自己的再下一个十年有期许，经过"奋蹄不已"的发奋努力，不仅实现了当初的承诺，而且超出了原有预期。例如，他在 80 岁时曾作出计划，接下来要编写出版一本证据法学教材，以弥补自己过去出版过多部刑事诉讼法学教材却未有一本证据法学教材面世的缺憾；要出版《中国古代司法制度》一书，使我国民主法治建设在借鉴西方经验的同时又扎根于我国现实国情和传统文化的沃土之中。到这次他 90 岁总结过往十年时，真的是超额完成了任务：主编的教材《证据法学》已出至第四版；《中国古代司法制度》作为先生研究中国古代司法制度、中国近代司法制度和中国现代司法制度的三部曲之一也已顺利出版。看到他在两个文献中所列举的 70 岁~80 岁、80 岁~90 岁这两个十年间所产出的科研成果，以及人才培养、参与立法和司法、对外交流等各项实打实的指标，我们不难想象这其中的付出和辛劳。先生在治学上追求"博而后精，学以致用"，指出一个人在事业上要有所成就，必须具备天赋、勤奋加机遇三个条件，但是，天赋不由个人决定，机遇变数很大，只有勤奋取决于自己。这些宝贵体会，因为来自他的身体力行，所以让人觉得可信、可学。

文献中还有一个细节令我印象深刻：在聂树斌案件中，先生曾就本案中专业法医问题向法医专家请教，并形成《聂树斌案法医问题咨询交流会内容纪要》，提交给最高人民法院相关领导内部参考，为本案的最终平反作出了贡献。先生本身就是法学泰斗，却清醒认识到术业有专攻，对法医问题躬身请教相关专业的专家，这种严肃认真、科学求实的精神很是难能可贵。想起多年前我和他一起应邀讨论一个案子，在讨论到一处疑难时，他就建议：应当做侦查实验，以便验证我们所讨论的问题。先生坦然："鹤发之年，我吸取了年轻时代的经验教训，努力秉着学者的良知行事，不写违心文、不做违心事、不说违心话。"先生的这份真诚，也是值得我们尊敬的。

"人生难百岁，法治千秋业。倘若九旬之后，能再为国为民做最后一点贡献，则此生我愿足矣。""90后"的先生"虽然体力上逐渐衰退，但学术上仍不敢有所懈怠"，作为法大的终身教授，先生仍在继续指导博士研究生和博士后，并承担着《中国大百科全书》（第3版）法学学科的主编等许多重要的工作。我每次和他微信往来，都能感知到先生思维活跃、思路清晰，这次我们约定，待到疫情过去，我要去找他好好切磋一番棋艺（他的自序中说自小喜欢中国象棋，迄今未改）。

谨以此文祝贺先生鲐背之喜，并盼来日恭茶。

陈寿灿*

刑事诉讼法学的开拓人，人权司法保障的先行者

——访中国政法大学终身教授陈光中

在百余年来的中国法治现代化进程中，浙籍法学家发挥了不可替代的作用，在近现代中国法律史上谱写了史诗般的华丽篇章。从晚清修律大臣湖州人沈家本到《中华民国宪法草案》起草人宁波人吴经熊，再到中华人民共和国最高人民法院第一任院长嘉兴人沈钧儒，浙籍法学家不断涌现，成为了推动中国法治进程的先驱人物和中坚力量。在当代，浙籍法学家更是薪火相传，精英辈出，浙籍法学家作为一个群体早已享誉全国，蜚声海外。自 2020 年起，《浙江工商大学学报》策划由浙江工商大学校长、《浙江工商大学学报》主编、浙江省法学会浙籍法学家研究会会长陈寿灿教授主持的面向浙籍法学家的系列专访。专访第一期邀请到的是法学泰斗、中国政法大学终身教授陈光中先生。陈光中先生于 1930年 4 月 23 日出生于浙江省永嘉县白泉村，是我国著名法学家、法学教育家，中华人民共和国刑事诉讼法学的开拓者和重要的奠基者，曾任中国政法大学校长和中国法学会副会长，现任中国政法大学诉讼法学研究院名誉院长。2019 年暑假，陈寿灿教授一行前往北京陈光中先生的家中拜访，并且与陈光中先生围绕法治文明、司法体制改革、法学教育等诸多话题展开了热切和深入的交流讨论。以下是根据访谈内容整理而成的文字实录：

陈寿灿：陈先生！您好！浙江工商大学的法学学科在您的关心下，去年获得一级学科博士点，在浙江，目前只有两所高校拥有一级学科的博士点，一个是浙江大学，另一个就是我们浙江工商大学。记得上次您到浙江工商大学是参加浙籍法学家研究会年会，而今年的浙籍法学家研究会年会在温州举办．其中一个重要内容，就是研究温州籍法学家。您不但是浙江人更是温州人，所以特别亲切。今年我们浙籍法学家研究会年会的重要内容就是关注陈先生您的思想。

陈先生：谢谢你们！我在永嘉乡下出生，上小学的时候一直在老家的白泉小学。小学以后上初中，去了永嘉第二中学，是济时学校。1945 年，我考入永嘉县立中学，第二年转学至闻名全国的省立温州中学，直到 1948 年我拿到奖学金名额考取了中央大学（今南京大学），后转学至北京大学毕业。我从小到大的学习生活都在温州永嘉，是个土生土长的温州人。我有一个教育基金放在温州，名为"陈光中教育基金"。这个基金是面向小学生为主，也照顾部分初中学生。现在有三百多万元投入，每年给全县小学初中的优秀生评一次！原来的范围只限于少数几个学校，以我自己的母校为主，现在扩展到全县，但是名额

---

* 浙江工商大学校长，教授，《浙江工商大学学报》主编，浙江省法学会浙籍法学家研究会会长。

分配不大一样，我自己的母校多一点。饮水思源，同报母校。这个基金是 2015 年开始创办，那一次我回老家参观我自己的小学母校。我当时看到母校在解放以后发展得不是很快，包括校舍不是太好，我有点感慨，觉得基层的教育发展太慢了。我也是临时动议，当时开座谈会我就表示我要在我们这个小学量力而行办一个基金会，我带头捐一点，号召我们永嘉的，特别是我们家乡一些做生意的企业家，大家拿一点。我开始就拿了 10 万元，他们有的也拿 5 万元，带了个头筹办起来。我准备明年 90 岁的时候，再拿一笔钱去做这个事情。我时刻都关注着家乡，前段时间听说老家楠溪江遭受超强台风"利奇马"带来的洪灾，我也给家乡捐了一笔钱。

陈寿灿：陈先生您心系家乡教育，甘于奉献的精神值得我们敬佩。2020 年是您九十寿辰，在此向您表示祝贺！近十年，您仍然笔耕不辍，思维敏锐，学术上非常高产，发表了大量的学术论文并出版多本学术专著和教材，其中您对司法改革颇为关注，您的思想观点也对司法改革的推动产生了重要影响。

陈先生：谢谢你们！我从 80 岁到现在一共发表了 120 多篇文章（包括合著），一直保持思考问题的习惯。关于司法改革，因为诉讼制度本身就是一项重要的司法制度，所以今年我把研究的视野放大到司法改革。首先我认为司法改革的一项重要工作就是完善辩护制度，辩护制度是否发达是衡量一个国家民主法治、人权保障程度的重要标志。具体而言，我认为发达的辩护制度要做到刑事法律援助的全覆盖，在侦查阶段要让律师有取证权，还有很重要的一点，就是一定要保障律师的人身安全，所以 2015 年 6 月，我在庆祝京都律师事务所成立 20 周年时所作的题词便为"尊重律师，支持律师，保护律师"。司法改革还要推进刑事诉讼原则和证据规则的完善。一定要进一步确立无罪推定原则，完善证据裁判原则以及完善不得强迫自证其罪原则，创造条件，确立相对沉默权。而在司法改革的目标上，我认为应当是建立以审判为中心的司法权运行体系，推进庭审实质化改革。并且在司法改革中建立和完善司法责任制是司法改革的关键环节，以权责统一的方式保障司法公正。

陈寿灿：您是中华人民共和国刑事诉讼法学主要奠基人，您提出在刑事诉讼法上应当坚持"动态平衡观"，您可以谈谈您在这方面的主要学术观点吗？

陈先生：我主张在刑事诉讼法上应遵循"动态平衡观"，这个诉讼法上的"动态平衡观"，主要涉及五个方面：第一个方面，要做到刑事实体法和刑事程序法相平衡，就是说要尊重刑事程序法的独立价值，但也不能过度夸大，陷入程序优先论。第二个方面，惩罚犯罪与保障人权相平衡，刑事诉讼法不仅要对犯罪进行追究和惩罚，也要尊重和保障人权，这是评价一个国家民主法治文明程度的标杆。第三个方面，要做到客观真实与法律真实相结合，法律真实是指司法人员通过证明活动对案件事实的认定达到法律所规定的真实程度。司法活动不是以发现真实为唯一价值，还包含人权保障的程序价值，当价值间存在矛盾和冲突时，法律真实起到了平衡器的作用。第四个方面，我说的"动态平衡观"表现在诉讼结构上的控辩对抗和控辩和合相统一，以前我们知道在刑事司法中控方和辩方是对立的，但是现在我们国家也建立了认罪认罚制度，这就体现了控辩双方在对抗同时也可以合作。第五个方面，就是要做到诉讼公正与诉讼效率之间的合理平衡。提高诉讼效率不仅能够节约司法成本，更重要的是让犯罪分子及时得到惩罚，无罪的人早日免受刑事追究，被害人及时得到精神上和物质上的补偿。离开了司法公正，司法效率必将是反效率、高成本的，因为图快求多容易造成冤案错案，不仅损害了公正，而且需要花费更多的司法成本加以纠正和补偿。

陈寿灿：您对历次刑事诉讼法的修改都起到了重要作用，尤其在 1996 年《中华人民共和国刑事诉讼法》的修改过程中更是如此，当时有人称您为"新刑诉法之父"。您能不能谈一谈当时的情况。

陈先生：我一向认为，人生在世应当在"立德、立功、立言"上有所建树。我有幸赶上了改革开放的好时代，这段时期是我国法治建设和法治发展最快的时期，也是我个人法学研究生涯最有成就的时期。这其中尤其值得一提的是 1996 年《中华人民共和国刑事诉讼法》的修改。1991 年 1 月，全国人大常委会法工委在中国政法大学召开专家、学者的座谈会，会上初步探讨了该法是否需要修改、如何修改的议题。在此之后，诉讼法学研究会连续三年以"刑事诉讼法的修改与完善"为年会主题，对修法的各个方面进行了全面和深入的研究。1993 年 10 月，全国人大常委会法工委正式来函，委托我组织刑事诉讼法学教授、专家草拟修改稿供立法机关参考。我接受委托后，立即组成专家研究小组开展国内调查研究，并到法、德、意等国进行了考察。经过 9 个月的辛勤紧张工作，我们最终完成了《修改建议稿》的拟制工作。这个《修改建议稿》的指导思想不是以打击犯罪为主，而是主张惩治犯罪与保障人权相结合，强调加强人权保障。《修改建议稿》于 1994 年 7 月提交给全国人大常委会法工委。之后，研究组又对《修改建议稿》增写了论证理由。第二年《修改建议稿》经论证后正式出版，书名为《中华人民共和国刑事诉讼法修改建议稿与论证》。这本书出版后，我将其分送给了中央有关立法、司法部门的领导和同行专家。全国人大常委会法工委在征求政法实践部门意见并参考《修改建议稿》的基础上，经反复讨论修改，提出了《中华人民共和国刑事诉讼法修正案（草案）》，最后被全国八届人大第四次会议顺利通过。据统计，《修改建议稿》中约有 65% 的修改建议被新《中华人民共和国刑事诉讼法》所采纳，其中包括吸收无罪推定的精神，加强被告人、被害人的人权保障，律师提前到侦查程序就介入，完善强制措施、取消收容审查，以及改革死刑执行方法、使之更加人道主义化等。修正后的《中华人民共和国刑事诉讼法》在推进我国"依法治国"建设进程中发挥了重要作用，作出了巨大贡献。就我个人来说，适遇此次修正《中华人民共和国刑事诉讼法》盛事，并能尽绵薄之力，实为荣幸之至，至于"新刑诉法之父"的称号我实不敢当。

陈寿灿：除了司法改革，近几年发生的热点案件中有冤假错案的平反，您都公开发声呼唤正义，让我们看到了您作为法学家对国家法治事业的一种责任和担当。

陈先生：我一直以来主张严防冤假错案，关于这个问题也多次接受采访。我认为，冤案是司法上的最大不公，必须严防力纠。在聂树斌案件中，在司法机关对此案进行申诉审查中对是否立案态度不明的关键时刻，我公开指出，聂树斌案的五大疑点已经撕裂了原有的证据证明体系，该案符合再审条件，理应重新公正审判。并呼吁人民法院提起再审，引起了社会的广泛关注。随后，关于专业法医问题，我还邀请专家召开会议，并形成《聂树斌案法医问题咨询交流会内容纪要》，提交最高人民法院有关领导内部参考。该案最后改判聂树斌无罪，应当是可以载入中国司法史册的适用疑罪从无规则的标志性案件。现行《中华人民共和国刑事诉讼法》规定的定罪标准"事实清楚，证据确实、充分"给出了进一步的解释，即办案不要纠缠案件事实证据的细枝末节，而要看案件的基本事实和基本证据。这是对证据证明对象的适度缩小，不是证明标准的降低。聂树斌案再审判决认为原审判决没有达到"两个基本"的要求，遑论达到"事实清楚，证据确实、充分"。

陈寿灿：那么您认为应当如何防范冤假错案的发生呢？

陈先生：我认为，有效防范冤假错案，应当坚决贯彻党的十八届四中全会《中共中央关于全面推进依法治国若干重大问题的决定》指出的两个原则：一方面是案件事实认定符合客观真相。要遵循辩证唯物主义认识论原理，承认案件发生时的客观真相是可能被司法人员运用证据准确查明的，必须以此为出发点来正确适用法定有罪证明标准，强调对案件主要事实的认定达到证据确实充分，即确定性、唯一性的程度，而不是西方一些学者或法官所说的接近确定性或者95%。另一方面是疑罪从无原则。该原则虽然早已明定于《中华人民共和国刑事诉讼法》中，但实践中司法人员遇到有罪证据未达到确实、充分的疑难案件时，往往左顾右盼，不敢决断，原因主要是怕放纵犯罪，怕负责任。因此，要真正贯彻疑罪从无原则，就必须建立司法人员在办案中不被追究放纵犯罪责任的制度，但是故意枉法情形除外。

陈寿灿：先生刚才提到了党的十八届四中全会《中共中央关于全面推进依法治国若干重大问题的决定》，我们知道您作为法学家一直在为法治中国奔走呐喊，我们想听听您关于法治的见解？

陈先生：关于法治问题，在我看来，第一，法治就是依据法律治理国家。法治就是要全国公民，特别是领导人，一律平等地遵守法律，任何人不能有超越法律的特权。法治的最重要价值就是把权力关在制度的笼子里。第二，法治必须与民主相结合，以民主为前提。中国古代的法家倡导法治，是为君主专制服务的，是专制法治。对古代的法治思想，应当取其精华，古为今用，但是不能与当代的民主法治混为一谈。第三，法治一定要以公正为灵魂。社会的公平正义是人类追求的首要价值目标，任何妨碍社会公平正义实现的制度、程序都应当加以改革，社会主义更应是如此。第四，要进一步完善我国的法律体系。从发展的眼光看，我们的法律体系有待进一步完善，如民法典还没有制定。最后，要实行严格司法，准字当头。党的十八届四中全会决定中首次提出"严格司法"。我国当前司法工作总体上是比较好的，但也存在不少问题。譬如刑讯逼供、特别是变相刑讯仍然存在，非法证据难以排除，证人出庭率极低，不少案件的庭审无法开展对言词证据的质证，陷于走过场之困局。

我在最近刚刚出版的《中国古代司法制度》一书中，也表达了自己对法治的见解。我认为对待中国古代法治思想和文化应当保持"取其精华，去其糟粕"的态度。我小学时，白天就读于课堂，晚上则由堂伯父（清朝秀才）教读古文古诗，可以说从小到大都受到儒家思想的熏陶。大学期间我在阅读古代法家思想著作时就认为，韩非子讲的"尊法"纯粹是君主专制的法制，讲"权""势""术"，实际上就是怎么让君主专制利用法律控制老百姓、控制百官。春秋战国期间的法家从管仲到韩非，主张"以法治国""唯以法治""法尚公平""刑过不避大臣"，这些法律思想当时起了推进改革的进步作用，并成为我国宝贵的法律文化遗产。但是我们也要看到，法家思想归根到底是君主专制主义的产物和工具，更何况法家主张"以刑去刑"的重刑主义，为历代封建王朝实行严刑酷法提供了理论支持。我认为，现代法治和古代法治的根本区别，不在于是否重视法律，而在于是否建立在民主政治的基础上，是否实行民主政治是法治和人治的根本分界所在。因此对古代法律思想我们要看到其主流是专制主义的东西，应批判地吸收。中国古代的法律文化和司法制度有很多值得现在借鉴的地方，比如说，在疑罪如何解决这个问题上，中国古代处理最好的是唐律，叫做"疑罪从赎"和"疑罪从轻"，《唐律疏议》里就规定了："诸疑罪，各依所犯，以赎论。"就是证据存疑的罪，交赎金抵罪，这在当时算是开明了。到了明清时候，《唐律疏议》这条规定被取消了。

陈寿灿：先生您对国家一些重大改革举措也十分关注，如 2016 年以来的监察体制改革您从试点到立法全程关注和参与，并且多次通过参加研讨会、接受采访、撰写论文等方式提出了自己的意见和建议。

陈先生：2017 年 11 月 7 日，在全国人大常委会正式公布《中华人民共和国监察法（草案）》（以下简称《监察法（草案）》），公开向社会征询意见后，针对草案存在的一些原则性问题，我本着学者的学术良心和勇于担当的精神连续发声。草案公布的第二天，我接受财经网的采访，率先提出了《监察法（草案）》应当修改的五点意见。2017 年 11 月 11 日，我参加了中国法学会宪法学研究会和刑事诉讼法学研究会联合主办的"国家监察体制改革：宪法学与刑事诉讼法学的对话"研讨会并作主题演讲，进一步针对《监察法（草案）》提出了八点系统性的修改意见（被称为"陈八条"）。上述发声，力主四点意见：第一，修改《中华人民共和国宪法》应先于制定《中华人民共和国监察法》。第二，监察委员会独立行使职权的表述应当与《中华人民共和国宪法》中对人民法院、人民检察院独立行使职权的规定相一致。第三，反腐败也应当注意保障人权，留置的适用应当严格遵循法治程序，并允许律师介入。第四，《中华人民共和国监察法》的制定应当由立法部门主导进行。随后，我的这些主张在网上广泛传播，产生了非常大的影响。在此过程中，《人民日报·内部参阅》将我的意见以"中国政法大学终身教授陈光中等专家认为——《监察法（草案）》在合宪性争议有待完善"为题上报至中央。不到一周，中央有关会议强调要"努力使每一项立法都符合宪法精神、反映人民意志、得到人民拥护"。应当说，我的上述主张对《中华人民共和国监察法》的制定起到了积极的推动作用，有的建议直接为后来通过的《中华人民共和国监察法》所吸收。可以说，这是我 80 岁后致力于国家法治建设最有成就感的一件事。

陈寿灿：2018 年 11 月中共中央召开的民营企业座谈会强调要保护企业家人身和财产安全，并且指出对一些民营企业历史上曾经有过的一些不规范行为，要以发展的眼光看问题，按照罪刑法定、疑罪从无的原则处理，让企业家卸下思想包袱，轻装前进。您认为从刑事诉讼角度来看如何加强对企业家的保护，如何为民营企业创造宽松的环境？

陈先生：当前我国民营企业发展面临诸多困难，重要原因在于民营企业的发展缺乏宽松的环境，这造成企业在地方难以落地生根，更遑论自主创新和高质量的发展了。给予民营企业家宽松的发展环境不仅限于经济环境的宽松，更重要的是政治环境、法律环境以及司法环境的宽松。创造宽松的环境重要的是要转变当前对待民营企业的观念和做法，重视其在法律上的地位，保障企业及其人员的相关权利。从刑事诉讼的角度来看，司法机关应当充分保障民营企业家的人身安全和财产安全等权利。在财产权利方面，我国刑事司法实践中一些对涉案财产处置的做法存在问题。民营企业中一些不规范的行为可能只算得上违法行为够不上犯罪，但企业不仅被处以行政处罚，相关人员还被追究刑事责任。在司法程序启动后，许多企业的财产就被查封、扣押、冻结，整个企业因此树倒猢狲散。产品停产、工人失业。

如果相关人员被定罪，企业会被没收财产就此垮台。即使相关人员最终被宣告无罪，民营企业通常也无法再恢复经营，这其中的损失是一纸无罪判决书无法弥补的。就人员的刑事追责来看，有四点需要注意：第一，要贯彻罪刑法定原则，只有刑事法律规范明确规定的犯罪行为才能追究刑事责任，并且要严格准确适用法律。第二，要遵循证据裁判原则，司法人员认定案件事实必须以证据为依据，追究犯罪必须达到事实清楚，证据确实、充分的程度。第三，要做到疑罪从无，如果行为无法达到刑法及其司法解释所规定的构成犯罪的要件和标准，或者属于不明确的灰色地带，抑或证据尚达不到确实、充分还没有排除合理怀疑，就应当坚决作出无罪判决，不能疑罪从轻。第四，当宽则宽，对民营企业家应当在现有法律的基础上尽量予以从宽处理，这应作为一项保护民营企业的刑事政策来推行。

陈寿灿：据我所知，先生您从一名普通的大学法学教师开始，后来担任了中国政法大学校长，还被评为中国政法大学的终身教授，您是中国诉讼法学的第一位博士生导师。在中国政法大学校园里，您被所有师生爱戴并尊称您为"先生"，为法治中国建设培养了大量的法治人才，近年来还出资设立了"陈光中诉讼法学奖学金"，资助全国范围内年轻的诉讼法领域的硕士生、博士生成长。您能讲讲您在法治人才培养上的心得吗？

陈先生：到目前为止，我指导的已经获得博士学位的学生已经达到了101个，其中有的学生已成为大学教授、知名的中青年学者，有的学生已成为政法部门的重要骨干。其中还有4位学生先后被中国法学会评为"全国十大杰出青年法学家"，其中2位被聘为教育部长江学者，有一位学生还曾为中央政治局授课。在学生、亲友和有关单位的支持下，我们在2002年成立了"陈光中诉讼法学奖学金基金会"，总共募集了450万元，我自己拿了100万元。这个奖学金两年一次评选出在诉讼法学领域学业优秀、科研突出的优秀硕士研究生、博士研究生予以奖励，鼓励他们为中国的诉讼法学事业和法治事业努力学习、刻苦钻研。以后。法治人才的培养是要交给陈校长你们了！

陈寿灿：2017年的时候，先生您在我们《浙江工商大学学报》创刊30周年之际给我们题词："弘扬传统、锻铸新知"，为我们刊物的进步和发展指明了方向，我们的学报在您的关心下现在已经进入了国内四大评价体系核心期刊，我们这次的访谈内容也会在学报上刊发。再次感谢您的支持！

陈光中：谢谢陈校长！感谢浙江工商大学各位老师不远万里来京！

周长军[*]

陈光中教授印象

在我的心目中，陈光中先生是一位令人高山仰止的学界泰斗。2004 年之前，我主要是通过论著了解陈先生的思想和成就；2004 年 10 月，我进入中国政法大学法学博士后流动站，师从卞建林教授从事博士后研究，开始有了近距离领略陈先生风采的机会。自那时以来，与陈先生单独交流的次数虽然不多，但每次印象深刻，尤其是博士后出站阶段，多次聆听陈先生的教诲。现在回想起来，依然历历在目。

一、学术研究的引领性和旺盛的创造力

陈先生给我最深的印象是其领风气之先的刑事诉讼法学研究。我从 1992 年到 1995 年在四川大学法律系读硕士研究生，无论是学校图书馆还是市面上，其时能够看到的刑事诉讼理论研究著作相当有限，外国刑事诉讼研究方面的著作更是凤毛麟角。陈先生主编的《中国刑事诉讼程序研究》（法律出版社 1993 年版）和《外国刑事诉讼程序比较研究》（法律出版社 1988 年版）成为当时我们研究刑事诉讼的主要参考文献，尤其是后者，开创了中华人民共和国成立以来刑事诉讼比较研究的先河，对繁荣刑事诉讼法学研究起到了重要的推动作用。后来陈先生又主编出版了《联合国刑事司法准则与中国刑事法制》（法律出版社 1998 年版）、《中德不起诉制度比较研究》（中国检察出版社 2002 年版）、《21 世纪域外刑事诉讼立法最新发展》（中国政法大学出版社 2004 年版）、《〈公民权利和政治权利国际公约〉与我国刑事诉讼》（商务印书馆 2005 年版）等著作，为拓展我国刑事诉讼研究视野、提升刑事诉讼研究水平做出了突出贡献。陈先生学术研究的引领性还体现在对立法的影响上。印象中，在我研究生毕业的那年，学界针对 1979 年《中华人民共和国刑事诉讼法》修改的讨论如火如荼，其中以陈先生所带领团队的研究成果影响最大，不仅在法学期刊上发表了系列相关论文，而且出版了《中华人民共和国刑事诉讼法修改建议稿与论证》（中国方正出版社 1995 年版），书中的很多建议被吸收到 1996 年修正的《中华人民共和国刑事诉讼法》中。2006 年，陈先生主编出版的《中华人民共和国刑事诉讼法再修改专家建议稿与论证》，对 2012 年《中华人民共和国刑事诉讼法》的修正也发挥了重要的影响。

陈先生的学术之树长青。陈先生一直保持着令人惊叹的科研热情和学术创造力。近年来，陈先生虽年事已高，但仍然引领着当下司法改革、认罪认罚从宽制度改革、监察体制改革等领域的研究，发表或出版了一批高质量的研究成果。在很多重要的学术研讨会上，

---

* 山东大学法学院院长，教授、博士研究生导师。

常常能够听到陈先生逻辑清晰、启人深思的发言。

二、高超的学术组织水平和卓越的人才培养能力

从 1984 年担任中国法学会诉讼法学研究会第一届干事会总干事以来，在长达二十多年的时间内，陈先生作为负责人，领导中国法学会诉讼法学研究会从弱到强一步步发展壮大，取得了令人瞩目的成绩，表现出高超的学术组织和领导水平，赢得了中国法学界的赞誉和尊重。

在学术人才培养方面，陈先生同样能力卓著。改革开放之初，我国刑事诉讼法学的研究深度整体较为薄弱，印象中，直至 20 世纪 90 年代初，才开始出现一定规模的刑事诉讼专题研究著作，陈先生指导的博士学位论文的出版构成了其中一道靓丽的风景线，比如李心鉴的《刑事诉讼构造论》（中国政法大学出版社 1992 年版）、卞建林的《刑事起诉制度的理论与实践》（中国检察出版社 1993 年版）、宋英辉的《刑事诉讼目的论》（中国人民公安大学出版社 1995 年版）等。这些著作大大推进了刑事诉讼相关领域的研究深度，一时引领风潮。进入 21 世纪以来，陈先生培养的很多博士生入职全国知名政法院校和科研机构，成为刑事诉讼法学研究队伍中的佼佼者。

三、知识分子的风骨与情怀

陈先生不仅对理论研究孜孜以求，而且密切关注法治实践，在一些敏感疑难案件和重大改革中勇于发声，表达理性观点，展现出知识分子的风骨和担当。比如，在山东省高院就聂树斌案复查听证后，社会公众强烈期待案件的公正处理，审判机关面临抉择难题之时，陈先生在聂树斌案研讨会上发言认为，聂案疑点很多，从证据事实和法律理由上都已符合立案再审要求，从而推动了再审程序的启动和最后的无罪改判。又如，国家监察体制改革推行以来，陈先生围绕监察机关办理职务犯罪程序的正当化、法治化和权利保障等主题，撰写了多篇论文，提出了理性务实的建议方案，对于监察制度的理论研究和健康发展起到了积极的推动作用。

陈先生关心和提携后学，具有强烈的社会情怀。2002 年成立的"陈光中诉讼法学奖学金基金会"，面向全国的优秀硕士研究生、博士研究生进行奖励，后又扩展到博士后，旨在鼓励和扶持诉讼法学年轻学子更好更快地成长为国家法治建设的有用人才。2019 年 12 月 28 日召开的"陈光中诉讼法学奖学基金"新一届管理委员会第一次全体委员会议上，我很荣幸被新增为陈光中诉讼法学奖学基金管理委员会委员，更深切地感受到陈先生对诉讼法学年轻学子的那份浓浓的关怀。

武延平*

中国法学会诉讼法学研究会的创始人
——陈光中教授

中国法学会诉讼法学研究会，是经中国法学会批准，由陈先生一手创办起来的，它包括刑事诉讼法学、民事诉讼法学、行政诉讼法学三大学科，是法学会下设的人数比较多、影响比较大的一个学会。

学会创建于1984年，由陈先生担任总干事（后改称会长）。学会成立后依靠陈先生在诉讼法学界的崇高威望和人格魅力，很快聚集了一大批诉讼法学界的精英，比如北京大学的王国枢教授、王存厚教授，中国人民大学的江伟教授、程荣斌教授，中国政法大学的严端教授、杨荣新教授，中国人民公安大学樊凤林教授、崔敏教授，安徽大学李学宽教授，中国社会科学院法学研究所徐益初研究员，西南政法大学常怡教授、徐静村教授，辽宁大学曾斯孔教授，最高人民法院民事审判庭原庭长梁书文，最高人民检察院刑事检察庭原庭长张凤阁，公安部原副部长罗锋等同志，由于这些同志的参加，大大提高了研究会的声誉，引起了法学界的普遍关注，纷纷致电、致函对学会的成立表示祝贺，社会上一些热爱法律的人，也对研究会投以崇敬、信任和向往的目光。

学会每年召开一次年会，陈先生对每次会议的中心议题，代表范围、会议规模都要亲自审定。他要求会议讨论的问题要理论联系实际。每次会议都要有司法实际部门的同志参加，并且会议开始先由实际部门的同志介绍实际工作的情况和存在的主要问题，然后大家分组讨论。根据会议的中心议题，结合司法实际中的问题，从理论的高度深入探讨研究。这种理论联系实际的讨论方法使参会的各方面代表都能有收获，都能有提高。

每次年会参会代表都要围绕中心议题撰写文章，拿到会上交流，会后把文章编辑成册出版。这种做法不仅给参会代表，特别是年轻代表提供了发表自己学术观点的机会和平台，也加强了学术界和司法实际部门的观点交流，推动诉讼法学的发展，在这方面陈先生是有很大贡献的。

陈先生积极推动法学的国际交流，努力把中国的法律制度宣传出去，扩大中国的影响，他以诉讼法学研究会为基础，吸收有关方面的代表参加，多次组团出访。访问美国、德国 、法国等国家，向这些国家介绍了中国的法律，同学者进行了学术交流，并同一些国家的大学、学术研究机构建立了长期的合作关系。通过这些活动，不仅宣传了中国法律制度，扩大了影响，也学习了外国法律的有益经验，为我国司法制度的改革提供借鉴。

---

* 中央政法管理干部学院原副院长，教授。

特别值得一提的是，在陈先生的亲自联系和组织下，于1992年和中国台湾大学联合，在中国台北召开了首次海峡两岸法学交流会。海峡两岸学者第一次坐在一起讨论法律问题、交流学术观点，畅谈教学经验。通过这次会议，不仅增强了海峡两岸学者的感情，加深彼此的了解，也为后来两岸学者交流开辟了道路，打开了大门。在这方面陈先生是立了大功的。

陈光中先生是一位法学教授，他以教书育人为天职，利用各种形式传授知识，培养人才。他把诉讼法学研究会当成培育人才的基地。他提出诉讼法学研究会，每两年要搞一次中青年优秀论文评奖，评出一、二、三等奖，激励大家积极开展科学研究。此意见一出，就得到中国法学会的大力支持，并决定诉讼法学研究会评出的奖项，以中国法学会的名义颁奖。这就是说诉讼法学研究会评出的优秀论文奖，就是中国法学会的优秀论文奖，就是省部级奖，这对诉讼法学方面的学者和实务工作者，特别是年轻的同志，具有极大的吸引力，纷纷投稿参评。实践证明，许多获奖者，他们在后来评定学术职称或行政晋职中获奖证书都起了重要作用。现在诉讼法学界的精英和实务部门的高层领导，有些就是当年优秀论文的获奖者。从这方面讲，他们也得益于陈先生的帮助，也是诉讼法学研究会育人平台的受益者。陈先生是诲人不倦的楷模。

今天我们在庆祝陈先生九十大寿之际，历述往事，就是不要忘记先生多年来为中国诉讼法学的发展所做的贡献，不要忘记先生教书育人，孜孜不倦的高尚品德，不要忘记先生理论联系实际、严谨、创新的科学精神，我们要努力学习和继承先生的这些优良品质。

在大家为先生祝寿的高兴日子，我们衷心祝愿陈光中先生健康长寿，学术青春永在。

李宝岳[*]

浅忆情谊

——为祝贺陈光中老师九十华诞而作

一

20 世纪 80 年代初，北京政法学院恢复重建，刑事诉讼法教研室老主任张子培先生一天对我们说，陈光中老师是刑事诉讼法学不可多得的优秀人才，北京政法学院被迫撤销后到广西一所大学任教，现调回教育部，我们要千方百计将他挖回来。可惜未果。但老主任的一席话让我对陈光中老师留下美好、深刻的印象。

二

1986 年，中国政法大学首届教代会召开的时候，我被推选为教代会常务副主席。陈光中老师曾经找到我，要求给他所在单位（是法制史研究所还是研究生院，已记不清）增加教代会代表名额，使我体会到陈光中老师对教代会的重视和对所在单位员工权益的关心。但我对陈老师说，我作不了主，我可以提建议，我特别请他直接找卢一鹏老师联系，因为卢老师有很大的决定权。

三

1987 年在南昌举办的诉讼法年会，我有幸与会。陈光中老师是诉讼法学会的总干事。在这次大会上，安排我就我提交的论文《律师辩护方式刍议》（后载《政法论坛》1988 年第 3 期）进行重点宣读、阐释。会后，与会者游庐山，陈光中老师似乎走路较慢，身边没有他人陪伴，是我陪了他一段路程，深感他的和蔼可亲，我们曾与严端、樊凤林等教授们在仙人洞合影留念。（照片参见《李宝岳文集》，中国人民公安大学出版社 2010 年版）

四

1993 年 10 月，陈光中老师接受全国人大常委会法工委的委托，组织本校刑事诉讼法学教授、专家对刑事诉讼法的修改进行研究并提出修改方案，供全国人大常委会法工委参考。我有幸被陈老师揽入团队，并指定我对辩护与代理制度进行起草工作。

1995 年 6 月该课题组完成了《中华人民共和国刑事诉讼法〈修改建议稿〉》。之后，陈光中老师又指定我对辩护与代理一章进行论证，由中国方正出版社出版了《中华人民共和国刑事诉讼法修改建议稿与论证》，为后来刑事诉讼法的修改起了重要作用。［相关文字参见《李宝岳文集》（第二卷），中国人民公安大学出版社 2020 年版］

1999 年初，我受陈光中老师的邀请，在他创办的中国政法大学刑事法律研究中心兼

* 中国政法大学教授。

职，具体主持刑事法律援助部的工作，援助部的全称为"司法部法律援助中心刑事法律援助部"。该援助部是经报请司法部领导和司法部政治部研究同意成立的。司法部于 1997 年 12 月 15 日行文正式批准该援助部挂靠在司法部法律援助中心，业务上受司法部法律援助中心指导，经费自行解决，人事和财务受中国政法大学监督管理。创办人陈光中老师兼任该援助部主任，我任副主任，后改称执行主任，我在该援助部主持工作 10 年至 2009 年离职，工作由其他教授接替。

在这 10 年间，在陈光中老师的领导与支持下，刑事法律援助部的工作风风火火，做了大量实事、善事（详见《李宝岳文集》，中国人民公安大学出版社 2010 年版，"作者絮语"），使得我和我的同事们颇有一种成就感、自豪感！但期间也曾品尝到一些辛酸与苦涩，如援助部租赁一军属房间办公，一天被批军人强令搬迁。又如，我为一毒品案被告人辩护过程中被南方一省高级人民法院当作"犯罪嫌疑人"进行传讯。

感谢陈光中老师对我的信任与倚重，他主持的多个学术研讨会邀请我参与，如公正审判研讨会，刑事二审程序研讨会等，陈老师唱大戏，我则敲敲边鼓。由于受到陈光中老师的信任，也有两个研讨会陈老师要我主持，如 2006 年 7 月 3 日中国政法大学刑事法律研究中心与国际司法桥梁共同举办的"刑事辩护律师调查取证的问题及对策研讨会"（参见《律师调查取证问题研讨会的主题发言》，载《李宝岳文集》，中国人民公安大学出版社 2010 年版，第 313 页）。另外印象深刻的一件事是我陪陈光中老师与某市政法委、公安局商定在该市看守所搞律师在看守所值班制的试点，目的是使一经拘留、逮捕的犯罪嫌疑人能够及时得到律师的帮助。

我在校学习期间并未得到陈光中老师的亲授，只是参与《中华人民共和国刑事诉讼法》修正工作和十年法律援助部兼职，才多次聆听陈老师的教诲。十多年里，我从他那里学到了很多，受益匪浅。在他的授意和鼓励下，我还曾与张红梅撰写了《也谈对刑事诉讼中案件事实的理解》一文（载《政法论坛》2002 年第 3 期），批驳了认为刑事诉讼证明的目标应是"法律真实"，并主张用法律真实代替客观真实的论调。陈光中老师九旬华诞，应是 2020 的 4 月 21 日。敬祝陈光中老师生日快乐，举杯敬酒，相期以茶！顺祝家人幸福安康！

2020 年 4 月 20 日于博雅西园

郭成伟[*]

恭贺陈先生光中老师九十华诞

遥想 1982 年研究生毕业答辩，先生为答辩委员会主席，对我多有教诲，以后，又多方求教，获益良多！感激之情，言语难尽。谨祝先生健康长寿平安！

学生成伟敬上！

---

[*] 中国政法大学教授，博士生导师。

张保生[*]

陈光中司法文明三阶段新论的法治意义

内容提要：针对传统的"神明裁判—法定证据—自由心证"三阶段理论具有偏重形式划分的局限性，陈光中教授提出了"神明裁判—口供裁判—证据裁判"新三阶段划分理论，以是否依赖口供为标志，在人治与法治的证据制度之间划出了一条清晰的界限。其意义：一是用口供裁判重新命名法定证据制度，凸显了其必然导致刑讯逼供之野蛮人治的本质特征；二是指明了我国证据制度建设必须以证据裁判取代口供裁判的未来发展方向。证据裁判原则在中国的全面贯彻，应当以保障不得强迫自证其罪的权利为重点，在发挥非法证据排除规则作用的同时，探索被告人口供转变为证人证言的中国沉默权实现之路，以斩断刑讯逼供的制度根源，建设更高水平的社会主义司法文明。

关键词：司法文明　三阶段论　人治与法治　不得强迫　自证其罪　口供转变为证言

引言：传统三阶段划分理论的局限性

陈光中先生从人类司法文明发展的宏观考察中提出，"证据裁判原则不是自古有之，而是司法制度发展到一定历史阶段的产物。"针对我国诉讼法学者通常将司法活动概括为"神明裁判、法定证据和自由心证"这种传统的三阶段理论，他认为："如不限于欧洲大陆而从世界范围来看，后面两个阶段改称为口供裁判、证据裁判似乎符合实际情况。"这个论断，提出了关于司法文明三阶段划分的新理论，即"神明裁判、口供裁判和证据裁判"。[1]

实际上，上述传统的"神明裁判、法定证据和自由心证"三阶段划分理论，并非我国诉讼法学者的发明，而是源于拉德布鲁赫关于诉讼法发展逻辑的论述。拉氏认为："在程序法的发展过程中，以极其清晰的对比反衬出社会生活的逐渐变化，其次序令人联想到黑格尔精神发展过程的正反合三段式。"这种黑格尔"正反合三段式"的第一阶段，是中世纪及其以前的"神明裁判"或"由宣誓证人支持的无罪誓言"，以及"向控告人提出的司法决斗"；第二阶段是通过 1532 年《加洛林纳刑法典》在德国引入的纠问程序，它的特征是"用现代符合理性的证据，首先是证人证言。取代了旧时建立在信仰和迷信之上的证

　＊　中国政法大学证据科学研究院名誉院长，证据科学教育部重点实验室主任，司法文明协同创新中心联席主任，教授，博士研究生导师。

　〔1〕　参见陈光中：《刑事证据制度改革若干理论与实践问题之探讨——以两院三部〈两个证据规定〉之公布为视角》，载《中国法学》2010 年第 6 期。

据""纠问程序中还以详细的法律规定明确了其要件（一种法定证据理论）：只有嫌疑人认罪或者有两个见证人证明其行为时，才应该作出有罪判决。"这导致了"必须用刑讯强行取得其供词"。程序法发展的第三阶段是"自由心证原则"的确立。[1]

在上述"神明裁判—法定证据—自由心证"正反合三段式中，法定证据制度是对神明裁判的否定，它用人的力量取代了神的力量；自由心证原则又是对法定证据原则的否定，它用法官对证据的自由评价取代了立法者对证据证明力的预设，从而"降低了人证的证明价值"，取消了"被告人供词的优先地位""相应提高了物证的证明价值"[2]。正是来源于司法制度本身的这种自我否定的内生动力，促进了司法文明的自我发展。然而，法定证据和自由心证的称谓，看重的主要是二者在形式上的划分，即前者"以详细的法律规定明确了其要件（一种法定证据理论）：只有嫌疑人认罪或者有两个见证人证明其行为时，才应该作出有罪判决。"后者，"法律不再规定要求法官在何种前提下视有罪证明已提出或未提出"，而是"根据从整个审理所获得的自由的确信，法庭决定证据调查的结论。"[3]

综上，拉德布鲁赫传统的三阶段划分理论，侧重于从形式方面对司法文明的第二和第三阶段进行区分，这容易使人产生一种错觉，即奉行法定证据主义好像并无原则性错误，不过就是证明力由立法者预先规定而非法官自由评价而已。由此，便可能放松对法定证据主义人治本质的警惕，这不仅会让人忽视证据制度建设中的基本权利保障，还导致"中国证据立法遵循了一种以限制证据的证明力为核心的基本理念，即'新法定证据主义'的理念。"所造成的结果是，"中国证据法所确立的并不是真正意义上的自由心证原则，而是带有法定证据制度色彩的特殊证据制度。"[4]因此，陈光中先生提出的新三阶段划分理论，揭示了第二和第三阶段这两种不同水平的司法文明，实质上体现了人治证据制度与法治证据制度的根本区别。这种新的三阶段划分理论，对"努力创造更高水平的社会主义司法文明"[5]。具有法治指引意义。

一、口供裁判的进步性与野蛮性

作为神明裁判之否定形式的法定证据制度，既有历史的进步性，又有野蛮的局限性。"作为一个长足的进步，它用现代符合理性的证据，首先是证人证言，取代了旧时建立在信仰和迷信之上的证据"[6]。这是指，法定证据主义不再信奉超自然的神，而是依赖人类自身的力量（口供和证言）来解决社会争端，从这个意义上说，它告别了神明裁判的愚昧时期，这无疑更"符合理性"的要求。就证人证言来说，"证人是对庭外发生的事件拥有知识，被传唤到法院，宣誓后在法官、陪审团和诉讼当事人面前披露该知识的人。"[7]证人拥有的直接知识使其证言成为审判的信息源。

与证言相比，口供在司法文明发展的第二阶段之所以受到重视，除了它更容易获得之

---

〔1〕　参见［德］拉德布鲁赫：《法学导论》，米健译，法律出版社2012年版，第141~144页。

〔2〕　参见［德］拉德布鲁赫：《法学导论》，米健译，法律出版社2012年版，第145页。

〔3〕　参见［德］拉德布鲁赫：《法学导论》，米健译，法律出版社2012年版，第142~144页。

〔4〕　陈瑞华：《以限制证据证明力为核心的新法定证据主义》，载《法学研究》2012年第6期。

〔5〕　参见中共中央办公厅、国务院办公厅：《关于贯彻落实党的十八届四中全会决定进一步深化司法体制和社会体制改革的实施方案》。

〔6〕　参见［德］拉德布鲁赫：《法学导论》，米健译，法律出版社2012年版，第142页。

〔7〕　Ronald J. Allen. Eleanor Swift. David S. Schwartz. Michael S. Pardo. and Alex Stein. *An Analytical Appioach to EVidence：Text，Problems and Cases*. Sixth Edition. Published by Wolters Kluwer in New York，p. 88.

外，还因其如若真实则常被视为证明力较强的直接证据。口供作为犯罪嫌疑人、被告人就案件事实向侦查、检察、审判人员所作的陈述，至少有三个重要作用：一是可为侦查和审判活动提供重要信息，有利于确定侦查方向，搜集犯罪证据，促进高效、准确的事实认定，节约司法资源。二是从自愿供述者的角度看，确实存在着过失或故意犯罪后自我谴责和良心发现等情况，口供证据也给犯罪人提供了一个主动认罪、积极悔过的机会。"投案自首者表现了对法律的归服并一般表现了作案者改恶向善的意愿因而易于改造"[1]。三是从审判的角度看，口供的证明价值不可否认，"惟自白在证据法上属于直接证据之一种，究其性质而论，乃具有不可替代之地位"。[2] 人们通常会认为，没有口供的定案证据不具有充分性，即欠缺口供的案件不具有定案的"应然性"。[3] 这种口供裁判主义的影响，致使法官在司法实践中过于依赖口供，造成了为获取口供而刑讯逼供的现象。无论侦查还是审判活动，在法定证据主义影响下，获取口供往往成为讯问和审问的唯一目的。

然而，口供既可能反映案件的真实情况，也可能是虚假陈述。因此，对口供既要重视，又不能轻信。口供能否作为定案的证据，关键在于其是否具有真实可信性。首先，应当保障犯罪嫌疑人、被告人供述的自愿性。只有自愿作出的口供才有可信性可言，这就要求杜绝违背自由意愿的刑讯逼供。其次，适用口供补强规则。被告人的诉讼地位决定了其口供天然地具有不可靠性，为防止偏重口供而产生误判的危险性，"对于自白之证据价值加以限制，禁止自白为有罪判决唯一根据。"[4]再次，要慎重对待共犯口供。由于口供自身存在虚假的可能性，其犯口供也需要补强证据，若只有共犯口供没有其他证据，即使排除了串供的可能性，也不能仅凭口供之众口相印而给被告人定罪。最后，应当理性看待被告人翻供。在我国刑事司法实践中，被告人翻供的原因很复杂，有些翻供直接与刑讯逼供有关，因此不能把翻供一概视为消极因素。

陈光中先生对司法文明发展第二阶段的考察认为，随着社会发展和人类认识能力的提高，证据制度从"神判"走向"人判"，但当时实行口供主义，以采用合法的刑讯手段取得的被告人口供作为定罪的主要根据，口供被称为"证据之王"。[5] 正因为如此，这个阶段不应该以法定证据主义这一形式特征来命名，而应该以口供裁判来揭示这个阶段的本质。这种把口供作为定罪主要根据的口供裁判阶段，不仅在欧洲从中世纪一直流行到近代，而且也为中国古代专制司法制度所奉行。例如，宋太祖建隆四年（公元963年）制定的《宋刑统》规定："凡审理案件，应先以情审察辞理，反复参验，如果事状疑似，而当事人又不肯实供者，则采取刑讯拷掠以取得口供。"[6] 因此，在专制审判制度下，即使像"包青天"那样清廉的司法官员，也会时常祭起"大刑伺候"的法宝，因为刑讯逼供是人治社会的合法审讯方式。清代以来，口供在审判定罪中的地位进一步得到强化，"断罪必

〔1〕 龙宗智：《论坦白从宽》，载《法学研究》1998年第1期。
〔2〕 黄朝义：《刑事证据法研究》，元照出版公司2000年版，第96页。
〔3〕 牟军：《口供中心主义之辩》，载《河北法学》2005年第12期。
〔4〕 陈朴生：《刑事证据法》，五南图书出版公司1992年版，第336页。
〔5〕 参见陈光中：《刑事证据制度改革若干理论与实践问题之探讨——以两院三部〈两个证据规定〉之公布为视角》，载《中国法学》2010年第6期。
〔6〕 张晋藩：《中华法制文明的演进》，法律出版社2010年版，第543页。

取输服供词"〔1〕 罪从供定，甚至达到了无供不录案、无供不定罪的程度。

综上考察，陈光中先生用口供裁判重新命名法定证据制度，有助于我们通过所谓"符合理性"的现象，看清其人治证据制度的野蛮本质。由于法定证据主义机械地规定"只有嫌疑人认罪或者有两个见证人证明其行为时，才应该作出有罪判决"〔2〕，进而把口供视为一个完整的证明，两个证人证言的证明力等于一个口供（一个证人的证言仅能构成半个证明），这样一来，便使刑讯逼供成为法官一种最大的"投机取巧"。因为，在很多故意犯罪案件中要找到两位证人几乎不可能，所以，与其徒劳地去寻找两位证人，不如对眼前摸得着的犯罪嫌疑人刑讯逼供更有效率。"这样一来，就使法定证据理论中所有的谨慎成为可归咎于刑事程序立法者的最大轻率。"〔3〕 所以，当榨取口供成为法官的一种最佳选择时，寻求"现代符合理性的证据"的初衷便荡然无存了，剩下的只是人治的冷酷或专制之赤裸裸的野蛮。"毫无权利的被控人在阴暗的刑讯室里面对毫无恻隐之心的审讯者，毫无能力以其有活力的话触动法官的耳膜；而法官，虽然满腹经纶，却远离人民，只会用毫无生命的刑讯记录和证人记录文件作出判决。"〔4〕 总之，屈打成招也好，正打成招也好，很少有人能够逃脱有罪判决的厄运。

因此，"只有通过废除法定证据理论，嫌疑犯才不再仅仅是提供对自己有罪证据的客体，而转变为诉讼当事人、诉讼主体，并有权为自己辩护。"〔5〕 犯罪嫌疑人、被告人作为诉讼主体地位的确立，是随着权利意识的逐渐觉醒而实现的。其根本的变化是由近代资产阶级革命对专制司法制度无情的批判而引起的，法律推理成为审判的主要方式，法官不再仅仅依据口供就可以给被告人定罪，法官和被告人之间也不再是主客体之间的审问与供认的关系，审判是一个以证据裁判为基础，通过法律推理为司法结论提供正当理由的论证过程。在上述司法文明发展过程中，如果说神明裁判是"正"，口供裁判是"反"，那么证据裁判就是"合"。它既是对口供裁判的否定，又是对神明裁判的否定之否定，在否定其非理性的基础上重新肯定了间接证据的作用。

二、证据裁判与人权司法保障

（一）证据裁判是法治社会的裁判方式

陈光中先生对司法文明第三阶段的考察认为，证据裁判原则发轫于资产阶级革命时期，在民主、自由、人权思想的指导下，废除了刑讯逼供和法定证据制度之后确立了自由心证原则。《法国刑事诉讼法典》规定的自由心证原则。既强调事实裁决者对证据审查判断的自由裁量，又体现出内心确信的根据是提交给法庭的对被告人有利和不利的证据，即包含着证据裁判原则的内涵。不过，法、德、意、俄等国刑事诉讼法典至今只规定了自由心证原则，而未另行规定证据裁判原则。日本则在法国影响下于1876年制定的《断罪依证律》中，将《改定律例》原规定的"凡断罪，依口供结案"，修改为"凡断罪，依证据"；并规定"依证据断罪，完全由法官确定"。这样一来，源于法国的自由心证原则，

---

〔1〕（清）赵尔巽：《清史稿》，刑法三。

〔2〕 参见 ［德］拉德布鲁赫：《法学导论》，米健译，法律出版社2012年版，第142~144页。

〔3〕 参见 ［德］拉德布鲁赫：《法学导论》，米健译，法律出版社2012年版，第143页。

〔4〕 参见 ［德］拉德布鲁赫：《法学导论》，米健译，法律出版社2012年版，第143页。

〔5〕 参见 ［德］拉德布鲁赫：《法学导论》，米健译，法律出版社2012年版，第146页。

就在日本被分别规定为证据裁判原则和自由心证原则。日本《刑事诉讼法》第 317 条将证据裁判原则明确规定为："认定事实，应当依据证据。"这成为如今许多大陆法系国家和地区的一般性规定。[1] 2012 年，《最高人民法院关于适用〈中华人民共和国刑事诉讼法〉的解释》（已失效）第 61 条也明确规定了："认定案件事实，必须以证据为根据。"

确立证据裁判原则的意义在于："首先，证据裁判否定了历史上的神判，是刑事诉讼进步与文明的表现。其次，无证据不得推定其犯罪事实，是无罪推定原则的体现。"[2] 这两点集中体现了证据裁判的理性主义特征，强调了应该将证据而非迷信和主观臆断作为事实认定的基础，因而是法治社会文明的裁判方式。最后，用证据裁判取代自由心证来命名法治社会的裁判方式，还体现了心证要以证据裁判原则为前提，遵循"无证据，即无心证"的原则，这是对裁判自由的约束。换言之，自由心证，乃选择证据中之证据，并非证据外之证据；系判断证明力之心理要素，并非证据裁判主义之例外。[3]

现代证据裁判制度是以相关性为逻辑基础建立起来的。相关性是证据的根本属性，也是现代证据制度的基本原则。相关性原则的理性逻辑在于，它"禁止接受任何无相关性、逻辑上不具有证明力的东西。"[4] 因为，只有相关证据才有助于事实认定者通过经验推论认定案件事实，作出理性裁判。换言之，无关联性之证据，既无从形成自由心证，亦不许以心证使证据与事实相关联；依自由心证，判断证据之证明力，并非以心证制造证据，更不得以心证作为证据。[5] 这说明，只有把相关性奉为证据裁判的基本原则，才能根据证据可采性的各种标准来对事实认定过程加以规范，因而为事实认定提供正当理由。

根据证据裁判原则建立起来的自由证明制度，主要是在证明程序、证据能力或可采性等方面对事实认定加以规制，而对证据的证明力不作预先规定，不仅口供不再是证据之王，指纹、DNA 等科学证据也都不能再按照证据种类而充当证据之王。证据裁判过程虽然要求法官适用证据规则，但又赋予其充分的自由裁量权，要求法官不将证据规则当作教条而刻板地"按图索骥"，而应当以自己对证据规则价值基础的深刻领悟为前提，运用"实践理性"的经验智慧对案件中具体证据的证明力进行评价，对采纳该证据的证明力与危险性进行价值权衡，从而作出准确的证据裁判或事实认定。

（二）不得强迫自证其罪是人权司法保障的重要内容

证据裁判原则，旨在保证审判过程中证据推理的事实前提和判决结论之间一定要有某种确证关系。这样做，"有助于巩固社会组织制度所需的智力内部结构，在此制度内争论表现为论证和反论证，而不是使用暴力的威胁。"[6] 证据裁判制度对口供裁判制度的否定，为犯罪嫌疑人、被告人不得强迫自证其罪的权利提供了制度基础。联合国《公民权利

---

〔1〕　参见陈光中：《刑事证据制度改革若干理论与实践问题之探讨——以两院三部〈两个证据规定〉之公布为视角》，载《中国法学》2010 年第 6 期。

〔2〕　陈光中主编：《中华人民共和国刑事证据法专家拟制稿（条文、释义与论证）》，中国法制出版社 2004 年版，第 128 页。

〔3〕　陈朴生：《刑事证据法》，三民书局 1979 年版，第 554 页。

〔4〕　[美] 艾伦、库恩斯、斯威夫特：《证据法：文本、问题和案例》，张保生、王进喜、赵滢译，高等教育出版社 2006 年版，第 147 页。

〔5〕　陈朴生：《刑事证据法》，三民书局 1979 年版，第 554 页。

〔6〕　Jonathan Cohen. *The Dialogue of Reason：An Analysis of Analytical Philosophy*. New York：Oxford University Press. 1986，p. 61.

和政治权利国际公约》第 14 条第 3 款规定："在判定对他提出的任何刑事指控时，人人完全平等地有资格享受以下的最低限度的保证……（庚）不被强迫作不利於他自己的证言或强迫承认犯罪。"在刑事诉讼中，犯罪嫌疑人、被告人一般不承担证明责任，这也是不得强迫自证其罪原则的体现。例如，《美利坚合众国宪法》第五修正案规定，"任何人……不得被强迫在任何刑事诉讼中作为反对他自己的证人"；《日本国宪法》第 38 条要求，"不得强制任何人作不利于本人的陈述"。该权利旨在保障一个人不被政府方强迫作证，提供可能导致其受到刑事指控的证言。

《中华人民共和国宪法》虽然没有明确规定不得强迫自证其罪的权利，但 2004 年《中华人民共和国宪法修正案》明确规定了"国家尊重和保障人权"。2012 年《中华人民共和国刑事诉讼法》第 50 条规定了"……不得强迫任何人证实自己有罪……"，这是我国人权司法保障的一个重要进步。不过，该规定与"不得强迫自证其罪的权利"（right against self-incimination）还有一定差距。"不得强迫自证其罪的权利"是犯罪嫌疑人、被告人或证人的一项诉讼权利，该权利旨在保障一个人不被政府方强迫作证，提供可能导致其受到刑事指控的证言。它蕴含着沉默权。[1] 严格意义上或狭义的沉默权，"它是专指受到特定犯罪嫌疑的人和刑事被告人在整个刑事诉讼过程中对于来自官方的提问拒绝回答或者完全保持沉默的权利，沉默以及对于具体问题的拒绝回答原则上不得作为不利于嫌疑人和被告人有罪的证据"[2] 就是说，不得强迫自证其罪权利的完整含义是：不得强迫任何人证实自己有罪或无罪。其一是不得强迫任何人证实自己有罪，即犯罪嫌疑人、被告人没有义务为控诉方有罪指控向法庭提供任何可能对自己不利的证据；其二是不得强迫任何人证实自己无罪，"在诉讼中，原则上应当由控诉方提供证据来证明其所指控的犯罪事实成立，被告人在诉讼中不承担证明自己无罪的责任，既然如此，被告人也就没有义务在针对其进行的查找证据的活动中予以合作，他可以在诉讼过程中保持沉默，也可以明确表示拒绝陈述，即被告人在诉讼中享有反对强迫自证其罪的特权或者说沉默权，不得强迫被告人陈述与案情有关的事实，不能因为被告人保持沉默或拒绝陈述就认定其有罪或得出对其不利的结论"。[3] 所以，在上述第二个含义上确立犯罪嫌疑人、被告人不被强迫自证无罪的权利，使其在刑事诉讼中拥有沉默权，是中国证据法治发展的努力方向。

三、中国沉默权实现之路：将口供转变为证人证言

"现代意义上的不被强迫自证其罪的特权必然要求在个人成为政府追究的犯罪嫌疑人和被告人时有权保持沉默，而现代法律所保障的沉默权，就其基本精神而言，也正在于禁止强迫自证其罪或供认罪行。"[4] 就是说，刑讯逼供与沉默权是水火不容的。拉德布鲁赫说，"消灭刑讯，意味着同时要抛弃法定证据理论"。[5] 这说明，法定证据理论是刑讯逼供的根源，也是阻碍沉默权设立的理论障碍。而今，陈光中先生明确将口供裁判与法治社会的证据裁判区别开来，则进一步说明，中国司法文明建设总有一天要设立沉默权从而告别口供裁判阶段。尽管这可能需要一个相当长的转变过程，但我们需要在理论和方法上为

〔1〕 Bryan A. Garner, *Black's Law Dictionary*, 8th Edition, Thomson West, 2004. pp.1324, 1327.
〔2〕 孙长永：《沉默权制度研究》，法律出版社 2001 年版，第 4 页。
〔3〕 卞建林主编：《刑事诉讼法学》，科学出版社 2008 年版，第 72 页。
〔4〕 孙长永：《沉默权制度研究》，法律出版社 2001 年版，第 10 页。
〔5〕 参见［德］拉德布鲁赫：《法学导论》，米健译，法律出版社 2012 年版，第 141~144 页。

这种转变做好准备。

应该说，1979 年《中华人民共和国刑事诉讼法》第 35 条就明确规定了口供与证据之间的区别，即："对一切案件的判处都要重证据，重调查研究，不轻信口供。只有被告人供述，没有其他证据的，不能认定被告人有罪和处以刑罚；没有被告人供述，证据充分确实的，可以认定被告人有罪和处以刑罚。"在这条规定中，供述与证据之间的关系说得很清楚，特别是最后一句话的前半句"没有被告人供述，证据充分确实的"，已经把供述从证据中区分出去。而且，这条规定的内容在此后 1996 年、2012 年和 2018 年的 3 次《中华人民共和国刑事诉讼法》修正中都没有只字修改，这表明我国立法对法定证据主义和口供本位的裁判模式一直保持着必要的警觉。但是，在司法实践中，上述规定却常常被束之高阁，其实施效果并不理想。许多法官虽然对"不轻信口供"的规定耳熟能详，但"无供不定罪"的传统司法理念在头脑中的影响仍然根深蒂固，对口供普遍持有一种信赖甚至迷信的态度。正如有学者指出的，口供可传达供述者与案件事实的关系及其行为的意志因素，因而常被法官看作定案证据中的重要成分，在法官形成内心确信的过程中，如果没有口供往往不敢定案。[1] 所以，为了给被告人定罪，即使通过刑讯逼供也要凑足一份认罪的口供。例如，在震惊全国的赵作海杀人案中，在 1999 年 5 月 10 日至 6 月 18 日的短短 38 天里，赵作海就做了 9 次有罪供述，但被定罪后被害人却"亡者归来"。针对刑讯逼供的泛滥，2010 年"两院三部"颁布了《关于办理刑事案件排除非法证据若干问题的规定》。并在 2012 年《中华人民共和国刑事诉讼法》修订中一口气制定了 5 条非法证据排除规则，2017 年"两院三部"又颁布了共四十余条的《关于办理刑事案件严格排除非法证据若干问题的规定》，显示了我们排除非法证据特别是遏制刑讯逼供的决心不可谓之不大。然而。尽管制定了那么多非法证据排除规则，其实施效果却并不理想。反思其原因，"犯罪嫌疑人、被告人供述"在我国刑诉法中仍是法定证据，难辞其咎。

所以，中国司法文明建设要实现从第二阶段向第三阶段的转型，一定要消灭刑讯逼供才能完成。要消灭刑讯逼供，继续发挥非法证据排除规则的作用固然很重要，但非法证据排除规则之于刑讯逼供可能只是治标的办法，治本之策是在中国废除口供证据，从而在实质上确立犯罪嫌疑人、被告人的沉默权。从另一个方面说，有了沉默权，口供就会从法定证据种类中消失，刑讯逼供才会失去意义。有人可能担心，沉默权的设置是否会阻塞犯罪嫌疑人、被告人的自愿认罪之路，不利于打击犯罪。这种担心实际上是不必要的，因为任何权利主体都既可以享受权利的保护又可以放弃法律赋予的权利，所以，犯罪嫌疑人和被告人均可以放弃不得自证其罪的权利或沉默权，"如果嫌疑人、被告人放弃其沉默权，他可以作认罪供述，也可以作反驳指控的辩解，此时，其身份是证人，承担证人的权利义务"。[2] 从这个意义上说，让被告人口供转变为证人证言，可能是沉默权保障的必经之路。

将口供转变为证言，废除证据种类中的"犯罪嫌疑人、被告人供述"，以解决刑讯逼供屡禁不止的问题，这并非什么新鲜发明，而是英美等普通法系国家的证据立法和司法实践，其初衷是保护被告人的作证权。据考察，美国缅因州早在 1864 年就将作证资格赋予

---

[1] 张建伟：《口供主义与刑讯取证》，载《国家检察官学院学报》2006 年第 4 期。
[2] 龙宗智：《论坦白从宽》，载《法学研究》1998 年第 1 期。

了所有的被告人。在随后 20 年，除了乔治亚州，美国其他各州都确立了被告人的作证资格。联邦司法辖区也在 1878 年采纳了这一规则。之后英国、北爱尔兰、加拿大、新西兰和印度等国证据法也采纳了这一规则。被告人作证权制度在英美法系国家全面确立。"在英美法国家，被告人如果要在法庭上陈述事实就要像其他证人一样，走上证人席，宣誓作证。被告人作证时不受不得强迫自证己罪原则的保护，对控辩双方的提问必须如实回答，故意虚假陈述将构成伪证罪。"〔1〕

我国要彻底告别口供裁判，全面贯彻证据裁判原则，进而实现从司法文明第二阶段向第三阶段的成功转型，在证据制度建设上应该将口供转变为证人证言的改革作为一个重要途径。它包括以下几个重要建设环节：

1. 将《中华人民共和国刑事诉讼法》关于"不得强迫任何人证实自己有罪"的规定，修正为"不得强迫任何人自证其罪"，明确其包含着两层含义：一是不得强迫任何人自证有罪，二是不得强迫任何人自证无罪，从而确立犯罪嫌疑人、被告人的沉默权。伴随沉默权的确立，必须免除为犯罪嫌疑人强加的如实回答义务。为此，需要修改《中华人民共和国刑事诉讼法》第 120 条第 1 款关于"犯罪嫌疑人对侦查人员的提问，应当如实回答"的规定。

2. 诉讼权利告知。2018 年《中华人民共和国刑事诉讼法》将 2012 年《中华人民共和国刑事诉讼法》第 118 条改为第 120 条，第 2 款修改为："侦查人员在讯问犯罪嫌疑人的时候，应当告知犯罪嫌疑人享有的诉讼权利，如实供述自己罪行可以从宽处理和认罪认罚的法律规定。"这里，"应当告知犯罪嫌疑人享有的诉讼权利"的规定首先表明，诉讼权利告知已成为我国侦查讯问的一个前置环节；从后果上看，没有这种权利告知而获得的供述应该失去证据资格；关于"如实供述自己罪行可以从宽处理和认罪认罚的法律规定"的告知，则在原来义务告知的基础上而具有了权利告知的性质，它为犯罪嫌疑人提供了一种选择：自愿如实供述、认罪认罚而获得从宽处理的机会；或者，主张沉默权，并可在审判的任何阶段放弃这种沉默权，而走上证人席作证。就是说，沉默权的通道已经开辟，尽管尚未启用。从口供裁判向证据裁判转型的角度看，侦查人员在讯问犯罪嫌疑人时，应当告知其享有不得强迫自证其罪的权利。米兰达权利告知提供了一个范本，其内容包括：①警方强制讯问之前，必须告知权利，即"你有权保持沉默，但如果放弃沉默权，你所说的一切均有可能成为法庭上不利于你的证据"。②如果警察讯问前未履行米兰达权利告知的义务，犯罪嫌疑人的供述不具有证据资格，禁止在法庭上使用。③必须是犯罪嫌疑人明知且明知地放弃权利，警察才能继续讯问。④在任何时间，只要犯罪嫌疑人表示他不想再陈述了，讯问必须立即停止。〔2〕

3. 赋予被告人作证权，但要明确规定被告人只能作为辩方证人作证。"在英美法的法庭上，被告人只能作为辩方证人，并在辩方举证阶段作证。这是被告人作证的一项基本规则……因为，在 19 世纪中后期被告人取得作证权时，不得强迫自证己罪的观念就已经深入人心。如果让被告人成为控方证人，必然会违背该原则。""但是，在我国，法庭上首先

---

〔1〕 纪虎：《为自己作证的权利及其真实义务——论英美法被告人作证权制度及其对大陆法系的影响》，载《现代法学》2011 年第 5 期。

〔2〕 参见［美］斯泰克编：《刑事程序故事》，吴宏耀等译，中国人民大学出版社 2011 年版，第 146～147 页。

对被告人进行直接讯问的不是法官而是公诉人。这表明被告人不再是法庭的'被告人'，而是控方的'被告人'。被告人接受公诉人讯问是为了证明控方的指控，实际上，这是让被告人自证己罪，违背了无罪推定原则的精神。"〔1〕因此，根据直接询问和交叉询问规则，检控方只能通过对被告人不利证人的直接询问来履行控方举证责任，不能把被告人当作己方证人进行直接询问，当然，在辩方律师对被告人证人进行直接询问之后，检控方可以对其进行交叉询问。

4. 赋予被告人撤销供认的权利。为了维护犯罪嫌疑人、被告人供述的自愿性，美国《联邦证据规则》410规则（答辩、答辩讨论以及相关陈述）赋予了供述人撤销供述的权利。该条规定："在任何民事或刑事程序中，下列证据不得采纳来反对作过答辩或参加过答辩讨论的被告人：①曾作有罪答辩后来又撤回……"

5. 在与检控机关的律师进行答辩讨论中所作的、没有导致有罪答辩或导致的有罪答辩后来被撤回的任何陈述。《中华人民共和国证据法》也应该补充一条允许撤销供认的证据规则，允许犯罪嫌疑人、被告人在刑事诉讼中"翻供"，翻供的证据不得采纳用来反对做过该供述的当事人。这样才能从根源上保护犯罪嫌疑人、被告人不得强迫自证其罪的权利。

6. 制定证人先前庭外陈述之传闻证据规则。根据传闻证据规则，任何人（包括被告人）在当前审判作证场合之外作出的陈述均属于传闻，在审判过程中，禁止"由一方当事人作为证据提出，以证明该陈述所断言事项之真实性"〔2〕，即证明被告人犯罪的要件事实成立。"与陈述人的证言不一致"的先前陈述，只能用于对证人的弹劾目的。检控方不能直接出示被告人的先前庭外陈述或供述，来证明其所断言事项的真实性，因为这些庭外陈述是不可采的传闻证据，而只能在法庭上对放弃沉默权的被告人变为证人的证言进行交叉询问。

---

〔1〕　纪虎：《为自己作证的权利及其真实义务——论英美法被告人作证权制度及其对大陆法系的影响》，载《现代法学》2011年第5期。

〔2〕　Ronald J. Allen. Eleanor Swift David S. Schwanz Michael S. Pardo. and Alex stein：*An Analytical Approach to Evidence*：*Text Problems and Cases.* Sixth Edition. Published by WoltersKluwer in New York，p. 442.

焦洪昌[*]

一个自足的宇宙

——恭贺陈光中教授九十华诞

陈光中先生九十华诞，海燕教授希望我写点文字祝贺。一个耳顺之年的老学生，没入过师门，却得着先生许多照顾，敬重之意潜于心底，真是情不知所起，一往而深，就欣然命笔了。

温州永嘉出过 4 个大学校长，陈先生就是其中之一。他担任过中国政法大学研究生院院长、常务副校长，1992 年 5 月接任江平先生为中国政法大学校长。先生祖籍是永嘉县大若岩镇白泉村，位于楠溪江西岸。江呈南北走向，江面时窄时宽，江流时急时缓，更有茂林修竹、野藤苇草盘桓两岸。2019 年 7 月，我顺江漂流，水打竹筏，轻风拂面，有遗世独立、羽化登仙的感觉。

提起陈光中，白泉村的乡亲们有口皆碑，有的说他是著名法学家，有的说他是大能人，多次出现在国家电视台。问起陈先生祖宅，有位年长的村民很兴奋，像说书一样把历史描述得原原本本。说他家住的是前后套院，二层小楼，门楼盖得都很讲究，左邻右舍没人能比。陈家特别注重教育，孩子个个有大出息。

不过后来陈家房产充公了，村里把他家的房分给了外姓人。现在这房年久失修，门窗朽坏，荒草满院，太可惜了。

我对先生的了解，始于 1999 年。经廉希圣教授介绍，海淀教师进修学院的沙福敏大姐找到我，说她正组织编写中学《政治与法律》课教材，在人民教育出版社出版，问我能否参与。为了说服我，沙老师特别举例说，大名鼎鼎的陈光中教授，20 世纪 80 年代初就任我们中学历史课教材主编，别小看这套书，影响了千千万万的中学生。我一下子就被打动了，何况女儿也要上中学呢，就心甘情愿地成了作者，后来还主编了全国中职的法律课教材。回首往事，陈先生的影响，像春风吹开心窗，使我亲见了中国基础教育的面相，从学生、老师、官员到教育系统，真是横看成岭侧成峰，远近高低各不同呀。

2001 年，是我第二次深入了解先生。他承担了一个国家课题，叫《公民权利和政治权利国际公约》批准与实施问题研究，约我写集会自由、结社自由、出版自由、迁徙自由和政治参与权。记得参加人有程味秋教授、刘根菊教授、梁淑英教授、杨宇冠教授、曲新久教授、刘玫教授、杨诚教授、卫跃宁副教授等，还有几位博士研究生。讨论中，先生有三个观点至今难忘：关于条约批准，先生认为，虽然有些国内法律制度与国际公约规定不

＊　中国政法大学法学院院长，教授，博士研究生导师，中国宪法学研究会副会长。

一致，但国家可以加快修改与完善国内法律制度的步伐，比如救助管理、非法证据排除、减少死刑等，全国人大常委会要充分准备，积极推进，争取早日批准公约；关于保留条款，先生强调，中国是文明古国，也是负责任的大国，应该最大限度地减少保留，我们批准《经济、社会及文化权利国际公约》时，只对第 8 条工会条款做了保留，堪称典范；关于公约和国内法的关系，先生坦言，这是《中华人民共和国宪法》上被长期悬置的问题，建议修宪时明确规定，当国内法与国际法发生冲突时，除非有特别规定，应当优先适用国际法，树立中国诚实守信的大国形象。印象中课题组举行过 3 次学术讨论会，大家各抒己见，取长补短，切磋完善，让我受益匪浅。课题结项时，先生在蓟门饭店请大家吃饭，几杯红酒落肚，他红光满面，笑意不停地在眉宇间荡漾回旋。

第三次密切接触，是在 2002 年。学校领导班子调整后，发布了一条新规，凡是未取得博士研究生学位的教授，都不能带博士研究生，这下难住了一批人，晴天霹雳，何以解忧？我想起了陈先生，就默默地到他家求教。先生推心置腹，仙人指路，以他对学科和师资队伍的了解，建议我报考朱维究教授的博士。一来行政诉讼法与宪法接近，毕业后可以转入宪法方向。二来朱教授是民主党派，为人耿直，思想超前，有广泛的社会影响，将来可以共同参政议政，为国家法治建设做贡献。我马上找到朱老师，报告了陈先生的建议和我的打算，朱老师非常给力，欢迎我报考。实话实说，我的专业课还可以，但外语确实不行，吃奶的劲都使出来了，还是差 3 分，最后学校破格录取了我和刘革新教授。感谢学校的开恩，感谢朱老师的不弃，更要感谢陈先生的提点。现在我也带博士研究生了，是您们给了我第二个春天。

先生是刑事诉讼法大家，也是跨界学者，一生都为民主、法治与人权操劳。无论是1999 年把"中华人民共和国实行依法治国，建设社会主义法治国家"写入《中华人民共和国宪法》，还是 2004 年把"国家尊重和保障人权"入宪，他都是政治决断的推动者，法律形成的贯彻者，司法实践的捍卫者。他为了刑诉法总则能写上"国家尊重和保障人权"的宪法原则而到处游说，为了国家监察法能顺利通过合宪之门而到处发言，为了纠正聂树斌等冤假错案而到处呼喊。记得先生在回忆录里说，平生的最大心愿就是立言致民，把自己的思想、著作传承下来。法大聘他为终身教授，他每天都在打造这一光环。作为晚辈后生，我确信，一个人的气质里藏着他走过的路、读过的书、爱过的人。

最近一次见到先生，是在 2019 年的一次研讨会上，他思路清晰，精神矍铄，只是步履有些蹒跚。2020 年 4 月 23 日，是先生九十华诞，疫情阻隔，陈门弟子、后学晚辈、挚爱亲朋，都无法亲见这一历史瞬间。每当我想起陈光中先生，就会想起余光中先生，他们两人一个是学者，一个是诗人，但名字里都包含着父辈对他们的共同期盼——光耀中华。

最后我把余光中先生《白玉苦瓜》中的两句诗送给陈先生，算是对他九十华诞的祝愿：在时光以外奇异的光中，熟着，一个自足的宇宙。

王 旭*

陈光中教授与证据科学研究院的发展

中国政法大学终身教授陈光中先生，是中华人民共和国诉讼法学主要奠基人之一。兼任中国法学会刑事诉讼法学研究会名誉会长，司法文明协同创新中心学术委员会主席、证据科学研究院名誉院长，证据科学教育部重点实验室学术带头人，司法文明协同创新团队首席科学家。陈光中先生不仅为我国刑事诉讼法学理论和制度建设做出了杰出贡献，同时也促进了证据法学理论和制度的进步。中国政法大学证据科学研究院自成立以来，在陈先生的关心和帮助下，也取得了重大发展。2006 年 5 月 15 日，在证据科学研究院建院之初，陈光中先生亲笔题词："繁荣证据法学，为开创证据科学研究和服务社会的新局面而共同努力！"表达了先生对证据科学研究院的殷切期望。值陈光中先生九十华诞之际，梳理先生对于证据科学研究院的发展所做出的巨大贡献，主要有以下几个方面：

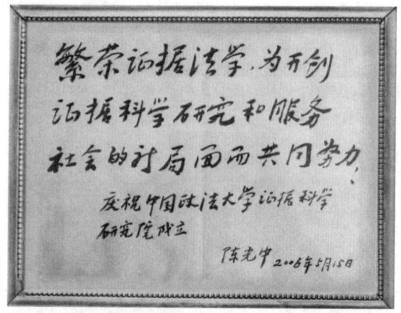

一、身先士卒，带领研究团队搞科研

陈光中先生不仅是证据科学研究院承担的教育部哲学社会科学研究重大课题攻关项目

---

* 中国政法大学证据科学研究院院长，教授，博士研究生导师。

《证据科学的理论体系与应用研究》课题组主要成员、教育部创新团队"证据科学理论与应用创新团队"的骨干成员，还担任国家社科基金重大项目《诉讼证据规定》的课题组顾问，指导课题总体设计、规划和研究工作，审查课题的主要研究成果，保障研究成果质量。此外，作为国家"2011计划"司法文明协同创新中心"中国特色社会主义司法基本制度研究创新团队"首席科学家，亲自承担中心重大研究任务（现为"双一流"重大研究任务）《中国司法制度的演进与转型研究》，亲率团队成员赴全国各地实证调研，先后在广东、四川、云南等7个省份召开17次座谈会，做了大量问卷调查，出版《中国司法制度史》（《中国古代司法制度》《中国近代司法制度》《中国现代司法制度》三卷本），共计约110万字，完整、全面、系统地对我国从古至今的司法制度进行梳理，对各时期司法制度的发展、演变进行历史勾勒和重点分析。陈光中先生倡导的"以审判为中心"的诉讼制度改革问题，在全国政法系统引起积极反响和广泛认同；与北京市西城区人民法院和浙江省温州市人民法院合作，开展"庭审实质化和证人出庭"试点工作取得显著成功，"温州经验"被最高人民法院在全国范围内推广；"司法改革问题研究"项目是北京市哲学社会科学规划2014年重大项目，已结项（等级"优"），完成了《司法改革问题研究》专著。

二、致力于证据法治建设，推进证据立法工作

陈光中先生认为，证据是人民法院裁判案件的前提与基础，要确保司法公正，必须构建完善的证据规则体系。为此，陈光中主编了《中华人民共和国刑事证据法专家拟制稿（条文、释义与论证）》（中国法制出版社2004年版），该成果进一步深化了刑事证据理论的探索，推动了刑事证据制度的改革，为刑事证据立法的修改、完善提供了重要参考。在张保生教授主持的《人民法院统一证据规定》项目研究过程中，陈光中先生多次参加了课题组研讨会，给予了积极的支持，他说："制定《人民法院统一证据规定》是十分必要的。尽管我国的立法模式是将证据法分别规定在三大诉讼法典之中，但不可能规定得很周详，必须由最高人民法院通过司法解释加以具体化和补充。如果最高法分别规定三大诉讼证据规则，则可能有相当部分内容重复，浪费文字，也难以比较异同，故制定统一证据规定比分别制定可能利大于弊。"在证据科学研究院承担的国家社科基金重大项目《诉讼证据规定》开题报告会上，对本项目的重大理论意义和实践意义给予高度评价。

三、传道授业解惑，培养法治英才

作为中国政法大学终身教授，陈光中先生至今仍站在三尺讲台，传道、授业、解惑。陈先生指导的研究生百余名，当中有很多已成为卓有成就的学者，有的成为实务部门的重要骨干。需要特别值得提出的是，自20世纪90年代起，陈先生有二十余年的时间不再指导硕士研究生。但2013年证据科学研究院开始招收法律硕士（司法文明方向）研究生，陈先生欣然同意做本方向的指导老师。目前陈先生指导了4名法律硕士（司法文明方向）研究生和3名诉讼法学（司法文明方向）博士研究生，其中有一位博士研究生的毕业论文被评为优秀学位论文。陈光中先生非常关注证据科学研究院证据法教学质量问题。在2015年6月举行的"证据法教学改革座谈会"上，陈先生亲临座谈会，并对证据法学科的独立性进行了系统阐述，支持将证据法学纳入我校本科必修课程。同时建议，证据法学与三大诉讼法授课内容要相互协调，要结合我校环境、师资、课程要求等要素综合考虑课程安排。

四、倡导学术自由，积极推动国际合作与交流

在理论研究方面，陈光中先生在坚持正确方向的前提下，主张解放思想，鼓励学术创新，强调学以致用，强调理论研究能够对法治中国建设起到推动作用，对司法改革起到推动作用，对中国法学繁荣起到促进作用。陈先生非常注重学术交流，证据科学研究院举办一些重要的理论研讨会，他基本上都会莅临并在会上发言，其中影响比较大的有：在"第三届'证据理论与科学'国际研讨会"上，发表了"论证据裁判原则"的主旨演讲；在"'审判中心与证据法'的发展研讨会"上，阐述了推进以审判为中心改革的几个问题；在"审判中心与直接言词原则研讨会"上，从三个维度出发充分论述了审判中心的内涵，即审判中心要求被告人的定罪权必须由法院统一行使，庭审实质化并且要起决定性作用，侦查起诉的标准应当参照适用审判阶段的标准；在"'最高人民法院三项规程中的证据制度'理论研讨会"上，做了"刑事证据制度改革若干问题"的主旨发言，为后续会议的深入研讨指明了方向；在"'司法文明指数'研讨会"上，充分肯定了该项目研究及即将开展的司法文明指数评估对推动我国司法改革和法治建设具有的重大意义，同时，他也对司法文明指数指标体系的设计和问卷调查方法提出了具体的建议。

陈光中先生还积极倡导国际学术交流，经常带领研究团队赴国外知名大学和科研机构访问和参加研讨会，还经常邀请国外知名学者来校讲座、参加会议和进行其他学术交流活动。在《艾伦教授论证据法（上）》首发式上，陈先生盛赞罗纳德·艾伦教授在证据法学、刑诉法学、法哲学的学术造诣，对艾伦教授的证据法理论思想做了中肯评价，呼吁对各国的实际情况给予关注，将共性与个性结合在一起进行研究。邀请英国诺丁汉大学证据法学家保罗·罗伯茨教授来校做"对普通法系证据法的五个根本性误解"的讲座，并亲自到场致辞，强调了普通法系证据制度对我国司法改革的借鉴意义。

五、老骥伏枥，积极参与司法文明协同创新中心建设

作为司法文明协同创新中心学术委员会主席和创新团队首席科学家，陈光中先生不仅仅重视理论研究，还时刻关注着司法文明协同创新中心的建设和发展。据不完全统计，在过去10年里，陈先生参与证据科学研究院和司法文明协同创新中心的各种活动达百余次。

多年来，陈光中先生坚持参加每年召集举办的司法文明协同创新中心学术委员会暨创新团队首席科学家会议，并亲自主持，听取并审议中心的年度总结报告，研究讨论中心建

设情况，重大研究任务设置，协同创新体制机制探索，取得的主要成效，中心内部存在问题及改进措施，下一年度工作思路及主要工作，等等。对于司法文明协同创新中心的重大研究任务之一的"中国司法文明指数研究"，陈光中先生作为课题组顾问，从一开始就参与指导指数指标的设定、指数体系的建构和问卷调查的设计及抽样等活动。对于该项目的标志性成果《中国司法文明指数报告》，陈先生多次莅临发布会并发言，不仅仅是对中国司法文明指数研究工作及成果表示肯定和赞赏，同时提出了很多中肯的改进意见。针对现在指数中主观领域仍比较大。建议可以利用现在公布的资料来增加客观数据所占的比重，从而继续提高指数的影响力和权威性。

此外，陈光中先生还承担着中心创新团队即中国特色社会主义司法基本制度研究创新团队建设任务。该团队有成员 30 余人，承担科研项目 30 余项，出版著作教材 40 余本，发表论文 200 余篇，提交咨询报告 10 余篇，研究成果获省部级奖近 10 项，专业学会奖 10 余项。该团队承担的法律援助工作者（律师）业务培训任务，在全国各地共举办培训班 22 期，培训人数近万人。该团队与德国马普所刑法研究所合作成立了司法文明协同创新中心第一个海外研究机构，即中国法律研究中心，并建立了共同研究合作基金。2013 年以来，分别在德国弗莱堡和北京召开了 5 次学术研讨会，近 20 余名中国教授和法律实践者短期访问马普所，举办近 20 场学术讲座。

施鹏鹏 *

大师
——为陈光中教授九十华诞而作

除了"大师"二字，我实在想不出其他更贴切的表述来概括先生的成就。

读本科时，刑事诉讼法老师便极力推荐阅读先生所著的教材。课后，我在书店里买了两本书，除了先生所著的《刑事诉讼法》外，还买了一本先生所主编的《刑事诉讼法实施问题研究》。可以说，我大学时代对刑事诉讼的认识和理解均源自于先生的著述。此后，我选择了刑事诉讼法作为研究方向，对先生的学术思想和理念有了更深的理解，在一个"重实体、轻程序"的年代里，先生的思想就像是一束光，凝聚而有穿透力，为后一辈的学人们指引着方向。中国刑事诉讼近几十年来对正当程序、人权保护的日益重视，先生的贡献无人能及。

而真正有机会认识先生，却是在法国巴黎。2007 年 5 月，先生带领一个代表团访问法国，巴黎是第二站。我当时还在法国艾克斯攻读博士研究生学位，中国人民大学的魏晓娜教授联系了我，问我可否担任法国之行的翻译。我感到非常荣幸，有机会和大师面对面，这是毕生的荣耀。因火车晚点，再加上所订的宾馆较为偏远，先生一行人到达巴黎之时已是凌晨两点。尽管风尘仆仆，但先生依然神采奕奕，一进门就握住我的手，直说"不好意思让你们久等了"。我紧张得有点无所适从，包里还藏着两本先生的书，都忘了要拿出来签名。

因行程较远，第二天早上 5 点，我们一行人便前往巴黎第二大学法学院。中、法双方的教授们在先贤祠对面的一个会议室里进行了学术交流。先生与法方教授介绍了中国刑事诉讼的新近发展，尤其是在人权保护方面的努力。先生的发言简洁、完整而清晰，获得了法方教授的高度赞誉。当时法国学界正在声讨《贝尔本二号法律》，认为当局以反恐为名损及正当程序，先生对正当程序的解读引发了强烈的共鸣。在后面的茶歇中，有一位法国教授很严肃地对先生说，应该请您到波旁宫（国民议会）给那帮无知的人讲讲正当程序。

中午，法国著名的法学家戴尔玛斯·玛蒂教授宴请了先生。玛蒂教授涉猎极广，在法学基础理论、欧盟法和刑事法领域均属权威，所指导的中国留学生现在多数已成为行业内的翘楚。玛蒂教授和先生是多年好友，所涉猎的学术主题也颇为广泛，两位顶级学者的对话让我受益匪浅。后来我翻译了玛蒂教授的一些学术作品，并刊登在先生所主编的刊物上，玛蒂教授的部分观点便是在这次会面中形成。

---

* 中国政法大学教授、博士研究生导师。

在返回住所的车上，先生对我说，"我们对职权主义国家的刑事诉讼有很多误解，你精通法语，要多做研究，给我们提供更准确的信息"。正是先生的勉励，让我在比较刑事诉讼领域持续坚持。2014年，我在《中国法学》刊发了《为职权主义辩护》一文，先生第一时间便给我打了电话，说我看到你的文章，有些观点我很赞同，但也存在一些问题，还需要再作论证。很难想象一位年近九旬的教授，逐字逐句地阅读了文章，还提出了非常精辟的批评意见，包括法国的理论可否替代整个职权主义；二战后至今，两大法系相互靠拢，职权主义和当事人主义的区分是否还能如此泾渭分明？先生还邀请我参加德国许乃曼教授的讲座，认为德、法两国之间的刑事诉讼理论还是有较明显的区别。

而为了回答先生的问题，我又花了5年，持续学习了欧陆的多种门语言，并将原先的论文变成了一部同名书稿。书稿完成之日，我很冒昧地给先生发了一个微信，邀请他帮我的新书作序。先生欣然应允，回到，"你把书稿发给我，我在广州开会，一到北京，就开始阅读"。一个月后，先生给我发来了序言，写道，"我在法国进行学术交流时认识了施鹏鹏，他当时正在马赛攻读博士学位。我便鼓励他，将大陆法系刑事诉讼作为重要的研究领域，为中国学术界提供真实、权威的材料、视角和观点。我很欣慰地看到他多年来的坚持，从原先的法国刑事诉讼，扩展至现在德国、意大利、西班牙、俄罗斯等代表性国家的刑事诉讼，没有很高的语言能力、旺盛的学术精力以及十年如一日的专注力，是不可能在如此宽泛的论域内获得显著的成果"。读完序言后，我的眼睛模糊了。没有先生的点化，我在学术道路上可能也只是人云亦云，迎合各种庸俗的评价标准，而不会坚持独立学术之路。我跟先生写道，围绕职权主义代表性国家的刑事诉讼及证据制度专论将多卷本持续推出，以作为这部书稿的观点支撑。先生同道，非常好。

先生对学术的坚持和热情，并没有因为年龄的增长而消退，反而历久弥新。去年6月份，先生凌晨1点给我发了一条信息，说他想将《中国古代司法制度》译成法文，问我可否担纲。我非常高兴，这对于法国了解中国的诉讼传统极有裨益。第二天，我早早来到先生家里。先生并没有直奔主题，而是谈了他新近对一些问题的看法，涉及监察体制改革、刑事诉讼再修改以及再审程序等诸多领域。师母很心疼地说，他经常写到半夜两三点。《检察日报》新近对先生的采访统计，在过去10年里，先生共发表文章（包括合著）123篇，同时还有法治杂谈及访谈94篇。如此高产的成果，即便是年富力强的青年学者也难以达到。先生自嘲，"我这叫老骥伏枥，不敢言志在千里，但至少还得为推动中国刑事诉讼的进步而发声"。我时常感到汗颜，经常因一些琐事而冲淡对学术的热情，对改变中国现状的态度也时而悲观。这或许就是大师与凡人的差距。

保罗·利科写道，"在历史之下，是记忆和遗忘。在记忆和遗忘之下，是生命。书写生命却是另一种历史，永未完成"。是的，不可磨灭的记忆，是历史给大师的终极奖赏。

陈宝成[*]

如沐春风、道不远人，更愿相期以茶

——祝贺陈光中教授鲐背之喜

今天（2020 年 4 月 23 日）是陈光中先生 90 周岁生日。本来应当当面给先生拜寿，但因为新冠疫情持续至今，计划中的各项庆祝活动被迫延期，所以只能在上午致电祝贺，祝福先生健康长寿。

在昌平读书时，和先生并无直接的交往。时过境迁再回首，最清晰的记忆是，曾经听过先生就《联合国反腐败公约》所作的一场讲座。讲座的准确内容需要借助当时的笔记才能记起，但先生的为学风格却因这一机缘有了初步的了解：对当时涉世不深的我来讲，没有令人热血沸腾的豪言壮语，约略有些失望（失之东隅，是为无情）；但先生平和的语调中，针对具体问题的条分缕析，却如一幅长卷，徐徐展开；与此同时，法律思维和法律逻辑则由浅入深、层层推进，如同跃入千山万壑之中，几经辗转往复，直至终局的柳暗花明、豁然开朗，从而让人充分领略了法学大家的专业水准（收之桑榆，是为有情）。所以讲座终了，学到的是先生作为法律人的分析方法和思路，受益终身。"道是无晴却有晴"。诚哉斯言。

"冤枉好人的，永远要平反！这是一个铁的规律！如果确确实实是冤枉了好人，他不仅有个人生命权、自由权，还有名誉权，还影响子孙后代。所以，'还无辜者以清白'永远是司法者的天职，是司法公正的绝对要求。"

上面这段话，是 15 年前第一次采访先生时先生所言。至今读来，先生说这段话时的表情之坚毅，犹在眼前。

那时我刚参加新京报的工作不久。因为"亡者归来"，无辜者佘祥林沉冤得雪，轰动一时。报社命我就此采访先生。这是我从业生涯中，首次面对面独立执行重大题材的采访报道，而且是面对"高山仰止、景行行止"的大师级采访对象：论做官，先生担任过中国政法大学校长；论学术，先生是中国政法大学的终身教授之一；论社会贡献，整部《中华人民共和国刑事诉讼法》都有着先生深深的烙印。而我，只是刚从事新闻行业的年轻人，因此心中未免忐忑，担心问题过于肤浅，所以采访提纲做得格外认真。

采访当日，为了给我"壮胆"，同事和领导艾君老师陪我一起来到先生府上。落座后简单介绍，采访开始。从佘祥林案暴露出的侦查错误的表层原因到传统刑事司法"有罪推定"思维的深层弊病，从刑讯逼供的预防监督到诉讼过程中举证责任的分配，从"疑罪从

---

[*] 财新记者。

无"的理念转型到立法制度的修改完善，先生一口气讲了近两个小时，录满了整整3盘磁带。

采访过程中，先生的专业水准一如既往自不待言，而且不时流露出对受害人命运的深切同情，以及对冤案成因"有节制"的愤怒。这显示出先生作为法律人的深层人文关怀。至于采访之前我内心的紧张和忐忑，则在开场不久，就因为先生的平易近人而跑到九霄云外去了。

先生的严谨认真、一丝不苟，同样令人难忘。这次采访结束后，我花了两天时间，自认"认真"地做了文字整理，并在见报前按照先生要求，再请先生过目。但当我看到先生准时反馈的修改稿时，不由得大吃一惊：从标点、文字，到语法、句法，再到行文结构，先生都一一过目；哪怕是个别细微之处的疏忽，都被先生的"火眼金睛"一一圈点。如果说，前面的采访是先生的"言传"，那后面的修改就是先生的"身教"了：严谨认真，一丝不苟，这样的道理是人人皆知的；但具体怎么做，先生给了我一个实例。所以后来我带年轻记者的时候，也会强调如何让文本严谨、准确、客观、全面反映被采访者的情况和观点。

对先生的采访，作为新京报评论部主办的"时事访谈"栏目创办后第二期内容见报，再度引起了社会公众对冤假错案的广泛关注和业内人士的积极讨论，取得了较为理想的社会效果，甚至有实务部门的专家学者专门就先生的看法投书我们，表达观点。这样的交流互动，如同高手过招；而作为初出茅庐的报人，我由此收获了更多的知识、友谊和鼓励。因为这次成功的采访，而与先生结缘至今。

和先生的交往中，最让我难忘的，是在此7年后《中华人民共和国刑事诉讼法》再修改过程中结下的情谊。现在回望，2012年可谓"中国拐点"之年，其中《中华人民共和国刑事诉讼法》的再修改则是法治领域的一件大事。众所周知，《中华人民共和国刑事诉讼法》有着"小宪法"之称，现行《中华人民共和国刑事诉讼法》创制于改革肇兴的1979年，并在1996年经过第一次全面修正，2012年则是其再次全面修正。由于多种因素限制，1996年的《中华人民共和国刑事诉讼法》首次修正留下了不少遗憾；两次修法之间，诸如聂树斌、佘祥林、滕兴善等冤假错案的高密度曝光，已经让冤假错案成因的进一步探讨、"疑罪从无"入法等成为当时媒体议论的焦点；特别是因为2004年"人权入宪"，加强人权的司法保护日益深入人心，并凝聚起了社会共识；期间多部《中华人民共和国刑事诉讼法》修正的专家建议稿面世；经过多次博弈，《中华人民共和国刑事诉讼法》再修正终于列入官方议事日程——2011年下半年起，《中华人民共和国刑事诉讼法修正案（草案）》就在全国人大常委会历经一读、二读，并计划在2012年春的全国人大会议上三读通过。

对于2012年这次修法，先生寄予了极大的期待。我记得，先生当时曾向我说："我已经80多岁了，下次《中华人民共和国刑事诉讼法》修改，可能我就等不到了。所以希望这次能有个令人满意的结果。"（2018年《中华人民共和国刑事诉讼法》进行了一次技术性修改，笔者注）先生说这话时眼睛湿润，更如重锤击鼓。因此，从2011年起，每次《中华人民共和国刑事诉讼法》再修正有个风吹草动，特别是下半年全国人大常委会会议讨论时，我就要根据最新的进展向先生请益，有时甚至拿到最新的法案不是回单位先研究，而是直接去先生府上，先请先生一一过目，改日再当面或电话约访。就这样，经过一读、二读，一切看似波澜不惊地进行着，对先生的采访也按部就班地发表在《南方都市报》上，大家都心照不宣地等待着来年全国人大会议最后的通过。期间的艰难繁复，不一一尽言。

但修法进程并非一帆风顺，特别是最后时刻的"风云突变"，更增加了变数。2012 年的全国人大会议召开前，我就隐约感到了变化：原先热议的法案逐渐降温。而按照会议安排，3 月 8 日就要上会，此后安排代表委员讨论，最后大会表决通过。一旦上会文本中夹杂了某些"私货"，很可能这次修法将徒劳无功。

就在上会前一天的 3 月 7 日晚上，我突然接到了先生的消息说，有要事相商。原来，上会讨论的法案中，确实出现了与"人权保护"和法治精神背道而驰的内容，但此前没有引起舆论足够的重视。有人希望先生能就此发声：一是特殊案件报请有司批准后可不受审限限制；二是证人出庭作证的主导权重心转向有司决定；三是死刑复核阶段法官会见被告人由"应当"改回"可以"。

因为受大会的时间和议程限制，围绕这三个问题，先生要言不烦，根据此前讨论的文本变化，一一加以阐释，分析其中的各方利害及现实问题，指出理想化且富有操作性的改革方案。他说，希望有全国人大代表和全国政协委员能及时关注、讨论这些问题，争取在最后时刻，《中华人民共和国刑事诉讼法修正案》相关条款朝着有利于人权保障（律师权益保障）、防止冤假错案的方向改善。

后来几经努力，稿子在第二天辗转见诸媒体。也如先生所愿，此后几天，多位出身法律界的全国人大代表、全国政协委员纷纷在会上就此发言，先生的观点终于产生了共振效应。最终通过的《中华人民共和国刑事诉讼法修正案》以"三取一"的方式部分采纳了先生的观点，将死刑复核阶段法官会见被告人由"可以"重新改为了"应当"。

"取乎其上，得乎其中；取乎其中，得乎其下"。立法过程中区区两个字的改变，在旁人看来微不足道，但背后却凝聚着体制内有识之士、全国人大代表、全国政协委员等多方人士的合力，从而为此后死刑复核案件的当事人增加了最后一线向最高司法当局当面求生陈情的机会，为最后时刻狙击可能发生的人头落地的冤假错案提供了制度保障。其中先生斯时斯地地振臂一呼，起到了至关重要的作用。不过鲜为人知的是，就在先生此次发言之前，有司已经通过相关渠道征求了先生的意见，并委婉地希望先生能为法案顺利通过保持沉默；但在专业理性、公共精神和现实利害面前，先生毅然给出了自己的答案。

在中国，检验读书人道德水平的标准之一，是看他如何处理专业与权力之间的关系，特别是在权力面前是否能保持"独立之精神，自由之思想"。刑事诉讼关乎人的自由和生命，刑事诉讼学者既要参与现实层面的立法和司法，又要保持独立的学术品格和人格，在当下中国绝非易事。

就先生而言，他曾经身体力行地参与到刑事诉讼制度的建立和完善中，并致力于在打击犯罪中更加强调人权保护，这一点广为人知。

中国传统学术品格中，有"道不远人"的说法，即用超越世界的"道"作为批判现实世界的标准，并期待以此改变不合理的社会现实；而超越世界与现实世界并非截然两分，而是不即不离。在和先生的交往中，我对这一点也有着切身体会。早在多年前，先生就曾当面向我说："我年纪大了，以后要多关注一些事情，多说一些话，多和你们媒体合作。"

　　近些年，不时有业内师友当面向我表示，越来越注意到先生对社会问题的公共发言，常常极为精当。其实先生虽然年事渐高，但思维极其活跃，甚至一点不输年轻人。他每天通过手机互联网等媒体获取最前沿的信息，保持着对社会现实问题和专业领域的最新认知。先生不是好放大言之人，却善于将理想精神倾注于专业的制度设计，犹如群山万壑中的河流，百折不挠，于九曲回环中东流入海。因此向先生的每次请益，都能获益良多。

　　就学问而言，先生是法相庄严的法学大师；就为人而言，先生是慈祥和善的邻家老人。和先生交往，如沐春风，道不远人。适逢先生鲐背之喜，撰文祝贺，更待相期以茶。

李 蒙*

祝贺陈光中教授九十寿辰

2020年4月23日，是陈光中先生的90寿辰。

我在今年1月中旬收到过一封电子邮件邀请函，告知我4月份会举行陈光中先生的90寿辰庆典，邀请我参加。收到这份邀请函，在意外惊喜之余，又颇有受宠若惊之感。

我从来没有接受过一天的正规法学科班教育，只不过是在中国法学会民主与法制社供职的一名记者，虽然因为工作原因报道过不少司法案件，忝列为法治报道媒体人，但至多算是个"高级法盲"，于法律是七窍通六窍——一窍不通，而陈光中先生是法学泰斗、中国刑诉法学奠基人、中国政法大学前校长，他的九十寿宴，自然应该是法学精英云集的盛会，怎么会轮得到我去参加呢？我猜，与张志超案有关。

张志超曾是山东临沭二中分校高一24班班长，被指控在教学楼洗漱间强奸并杀死一名同校女生。2006年，张志超被山东临沂中院以强奸罪判处无期徒刑。2011年，沉默6年的张志超突然开口喊冤，称自己遭到刑讯逼供，请求母亲为其找律师申诉。其申诉先后被临沂市中级人民法院、山东省高级人民法院驳回。2015年夏，媒体大量报道张志超案，我也参与其中，山东省人民检察院决定对该案立案复查。

2016年4月中旬，山东省人民检察院复查张志超案的6个月时限快到了，张志超案代理律师李逊、王殿学和我都担心山东省人民检察院驳回申诉，也担心会延期审查，心里没底。3人商议，再组织召开一次学术研讨会，请更多的专家学者前来研讨，把张志超案研究得更透，为下一步的申诉工作做准备。

我尝试着想邀请德高望重的中国刑事诉讼法学泰斗、原中国政法大学校长、85岁高龄的陈光中先生参与研讨。之前，我加了陈光中先生的微信，但没有任何私交，担心陈老是否还记得我。抱着试一试的态度，把张志超案的材料通过微信发给了陈老，并发出了与会邀请。

邀请发出后，当天没有回应。两天之后，陈老回应了一行字："材料我看了，你们的研讨会我可以参加。"

看到这一行字，我欣喜若狂，没想到邀请他老人家会这么顺利这么简单。

王殿学律师也带来好消息，他邀请到了中国人民大学陈卫东教授和清华大学张建伟教授。之前曾经参与张志超案的李奋飞、陈永生、李轩等老师都是一口答应，让我们很感动。

---

* 《民主与法制》杂志社采访部副主任。

　　这些专家学者中，陈卫东、张建伟都是陈光中教授当年的博士研究生，李奋飞是陈卫东教授的学生，也就是陈光中先生的再传弟子，这样算下来，这场研讨会请的一大半是陈门弟子。

　　在这次研讨会上，陈光中教授表示，"张志超案比聂树斌案还要明显"。即使是聂树斌案，他当年也只是表态"是一个高度疑似的冤案""认为达到了再审的条件"；而对于张志超案，他直接说，"不仅达到了再审的条件，而且达到了平反的条件"。

　　陈光中先生是中国刑诉法学奠基人，从1954年开始就根据组织决定担任刑事诉讼法学的教学工作，参与编写司法部组织的第一本中国刑事诉讼法学教学大纲和中国刑事诉讼法学教材，惜乎未出版。1986年他成为全国第一位诉讼法学博士生导师，主编全国刑事诉讼法学教材。可以说，在中国接受过法学教育的人，没有没学过陈光中教授主编的刑诉法教材的。以他在中国法学界、司法界的泰斗地位，他为平反张志超案发声，自然有他人难以企及的推动力量。

　　此后，陈光中先生一直关心张志超案的进展，记得2019年年底，新京报采访陈光中先生，他还特意提及张志超案，希望报道他时能提及这个案子。为此，采访他的记者王昱倩也联系了我，将张志超案写进了报道。可惜，报道发表出来的时候，"张志超案"还是变成了"一份冤案"。但也给我带来了一份荣耀——该报道除了采访陈光中本人外，提及的采访者还有卞建林教授和张建伟教授，再就是我了。由此可见，张志超案在先生心目中占据了什么样的分量。

　　2020年1月13日，张志超案平反昭雪。陈光中教授在接受《封面新闻》采访时表示，冤案平反不能完全靠法院、检察院自错自纠。这在客观上存在困难，且在司法责任制严格实施的背景下，纠正冤案对当年的办案人员更是雪上加霜，完全依靠法院、检察院自我纠错，存在较大阻力。因此，陈光中建议设立类似于平反委员会的中立机构，为冤案平反创造条件，"这类机构应由党委领导，成员为社会人士及人大代表等，独立于法院、检察院，能促使疑似冤案的申诉案件进入再审程序"。

　　多年以来，陈光中先生一直关注和推动冤假错案平反，在聂树斌案的平反中还发挥了他的巨大的他人难以企及的作用，建立冤案平反委员会也是他多年的主张。他希望司法机关能一揽子解决掉积压的冤假错案，而不是让律师和媒体去一个个地推动。

　　推动平反冤假错案，只是陈光中教授法治思想的一个侧面，他几十年如一日地推进中国法治进程，作出了许多难以磨灭的贡献。在1996年《中华人民共和国刑事诉讼法》修正的时候，他就致力于推动"疑罪从无"和"非法证据排除"入法，多次向王汉斌副委员长陈情。那次修法，"疑罪从无"被写进去了，"非法证据排除"似乎没有列入。后来"非法证据排除规则"的制定，与陈光中先生不断地推动是分不开的。

　　长久以来，陈光中持续呼吁的推动程序正义的主张，基本得到了实现——包括明文确立证据裁判原则、证据法定程序原则、质证原则；对死刑案件明确了最严格的证据标准；明确规定非法取得的言词证据一般会被排除。2012年《中华人民共和国刑事诉讼法》自颁布以来的第二次大规模修改，将"尊重和保障人权"写入了刑诉法总则。"不得强迫被告人证实自己有罪"也写了进去，可惜"沉默权"和"律师在场权"还未写入。

　　记得2016年聂树斌案平反后，我曾想请陈光中先生参加一个聂树斌案的研讨会，陈先生说，他要去德国讲学，如果参会必须等从德国回来后。当时，陈先生已经是85岁高龄，还能坐飞机长途旅行，可见身体还很健康。听完之后，我很高兴。

现在 4 年过去了，陈光中先生已经年届九旬，身体依然还很好，他还想把近年来的一些著述出版成书展现给大家。不仅是刑诉法的著述，还包括《中国古代司法制度》《中国近代司法制度》这样刑诉法领域之外的法制史大作，实在是令人惊喜。以陈光中教授在刑诉法领域的成就，他编撰的《中国古代司法制度》，一定有其独特的视角，能与刑诉法无缝对接，展现出独到的魅力。

> 如月之恒，如日之升。
> 如南山之寿，不骞不崩。
> 如松柏之茂，无不尔或承。

这是《诗经》中《小雅·天保》的几句诗，不知为什么，一想起陈光中先生即将到来的九十大寿，我的脑海里就会自动跳出这几句诗，似乎没有别的词语，可以表达我激动的心情！

用这句古诗来祝贺陈光中先生的九十寿辰，也是恰如其分的，陈先生不仅是中国刑诉法学的奠基人，有无人堪比的法学成就，也有深厚的古文功底，教过中国法制史和中国通史，还曾受命编写中学历史教材，1978 年统一中学教材的《中学历史》第一册，就出自他的手笔。

用这句诗来为陈光中先生祝寿，我其实也想表达，陈光中先生的健康长寿，对于中国法律人、尤其是刑事法律人来说，具有重要的意义。就像面对新冠肺炎疫情，90 岁高龄的英国女王的讲话可以鼓舞英国人民，陈光中先生也一直用他的著作、话语和行动，在鼓舞、激励着中国法律人。有陈先生在，我们就会觉得还有依靠，还有温暖，还有前行的力量源泉！

因受新冠肺炎疫情影响，陈光中先生九十寿辰的庆祝聚会被迫推迟了，但对陈光中先生的祝贺，我早已按捺不住了！

祝陈光中先生健康长寿，您的著述星光灿烂，您的事业山高水长，您的品德垂范后辈！

李　阳[*]

年年春风里，岁岁吐芳华
——访我国著名诉讼法学家、中国政法大学终身教授陈光中

时至暮春，草木繁盛，万物竞发。

接连刮了几日大风，4月23日，北京晴空万里。

这一天是法学泰斗、中国刑事诉讼法学奠基人、中国政法大学终身教授、原校长陈光中先生的90寿诞。

在法学界，这实在是一个喜庆的日子。遗憾的是因为疫情，原计划的祝寿宴不得不推迟。电话、微信、邮件，隔着屏幕祝福雪片般纷至沓来，师生微信群异常活跃。

这位90岁的老人给自己的微信取名"钟鸣老人"，他希望自己能像铜钟一样，常撞常鸣，鹤鸣九皋。

一、如水之明——迈向现代化司法的立言者

陈光中喜欢看新闻，手机里装了几个感兴趣的新闻App，"热点事件我都会同步知道。"2001年，陈光中被中国政法大学聘为终身教授。此后的近二十年，他的生活里就没有"退休"二字。

尽管这几年腰椎不好，视力下降，耳朵离不开助听器，但他依然思维敏捷，忙着讲课、带学生、参加各种会议，晚上经常看书工作至12点，始终对国家的法治建设保持着敏锐观察和准确判断。

2017年5月27日，备受关注的于欢故意伤害案二审在山东省高级人民法院公开开庭审理。

庭审中，控辩双方充分还原案件事实，法庭平等、充分保障各方当事人权利，无论是哪一方代表，都可以充分发言与辩驳。十几个小时的庭审，吸引了无数网友"围观"。

当日在现场旁听庭审的百余人中。有一位耄耋老人，两鬓斑白，但精神矍铄。他就是著名刑诉法专家陈光中先生。头一天，他坐了一个多小时的火车，从北京专程赶到济南。

"二审在程序公正方面做得非常到位。"法庭对事实和证据的"较真"得到了这位刑诉法学界泰斗的认可。

"于欢的行为造成了一死二重伤一轻伤，这样严重的危害后果本应判刑更重，但是法院考虑到于欢有被侮辱情节等一些因素，综合各方利益考量，平衡各方利益，最终判了他5年实刑，做到了罪责刑相适应。"二审宣判后，陈光中发表了自己的见解。

＊《人民法院报》记者，原文载于《人民法院报》2020年5月1日，第5版。

"法治的灵魂是公正。"在陈光中看来，公正司法是实现社会公平正义的最重要手段之一，也是体现社会公平正义的最重要的一个窗口。他多次撰文指出，"一个国家的法治必须从程序正义起步，才能落实实体正义。"

聂树斌案、张志超案、陈满案，一个个名字、一份份判决，在当代司法史上刻下了清晰的痕迹，这背后都凝聚了陈光中的关注。分析案情，组织专家讨论，提出意见建议……疑罪从无、证据裁判、审判独立，长久以来，他持续呼吁的推动程序正义的主张，在司法审判中基本得到了实现。

"惩治犯罪与保障人权要并重，程序公正与实体公正要并重。"刑事诉讼是个矛盾的集合体，如何正确对待和处理这些矛盾事关重大。这一充满平衡色彩的价值观来源于陈光中的"动态平衡诉讼观"，亦是他多年来诉讼法学思想的总结和概括。

作为我国刑事诉讼法学的开创者和重要奠基人，陈光中一生都在研究刑事诉讼法，并几十年如一日地致力于推动中国司法的进步。

1999年1月，陈光中被聘为最高人民法院首批特邀咨询员，连续任期3届至2015年。"特邀咨询员不单单是我的社会兼职，而是我的学术生活本身。"陈光中说。

党的十八届三中全会后，一场迈向现代化司法的改革大幕拉开。这位八十多岁高龄的老人身体力行完成了两个试点项目。

走遍7个省份的10个城市，2014年，历时一年多的调研成果《非法证据排除规则实施若干问题研究——以实证调查为视角》问世。其中，确立重复供述排除规则，采取"同一主体排除"等一些重要观点直接被2017年"两高三部"联合发布的《关于办理刑事案件严格排除非法证据若干问题的规定》所吸收。

顾不上休息，2014年10月，陈光中带领他的团队又开始了为期两年的"庭审实质化与证人出庭作证实证研究"项目调研。

敏锐的问题意识和强烈的现实关怀是陈光中治学的特点。持续数十年的理论研究，大量的实地调研令他陷入对司法改革实现路径的深层次思考，于是提出了系统的改革主张：完善辩护制度、刑事诉讼原则和证据规则、司法责任制及认罪认罚从宽制度，关注科技时代刑事司法的发展。他倡导的"以审判为中心"的诉讼制度改革，更是在全国政法系统引起积极反响和广泛认同。

现在，只要有机会，他依然在为司法改革发声：解决法官的待遇和各种保障问题，法官收入要比一般公务员高，中央要逐步加大司法经费的拨款力度，为以后进一步改革铺路……

二、如日之升——法治文明进步的推动者

北京西北四环一座静谧的小区里，绿树成荫，花香满径。

陈光中租用的办公室就在这里。其客厅被布置成了一间小型会议室，用来指导学生进行学术研究。书房在最里面，朝南，光线很好。

现在，他的世界多集中在书房里。一张被书籍和报纸铺满的小书桌前。可他的世界又很大。房间里摆满了关于中国社会、经济、文化方面的书刊，还有大量中外法律书籍。

"刑诉法是门实践性很强的学科，做学问不能只在书斋中坐而论道。"要"博而后精、学以致用"。陈光中如是说。

总结一生的成就，陈光中说自己只做了两件重要的事：参与刑诉法的修改，对诉讼价值观的探讨和坚持。这位鲐背之年的长者亲切、谦逊、睿智、和蔼，不擅长包装自己，出人意料的坦率。

"把我国建设成一个现代化的民主法治国家，这是我年轻开始学法律时梦寐以求的理想，也是我一生治学的指针。"实践中，陈光中善于将理想精神倾注于专业的制度设计中。

第一部《中华人民共和国刑事诉讼法》诞生于1979年。1993年，中国改革开放进入了第15个年头，社会发展日新月异，这部带有"应急"色彩的《中华人民共和国刑事诉讼法》，其理念与模式已落后于时代，呼吁尽快修改完善的声音逐渐多了起来。

那年10月，陈光中收到了一份由全国人大常委会法工委发来的函，请他组织起草一份刑事诉讼法修改建议稿。当时身为中国政法大学校长、全国诉讼法研究会会长的陈光中，接到函件"既感到兴奋光荣又觉得千斤压顶。"

他立即组织起学校里的骨干力量，在调研、考察的基础上，起草出了《修改建议稿》。

"《修改建议稿》最重要的建议有三条：一是改革审判方式，增加辩方的话语权；二是律师在案件侦查阶段可以介入；三是确定疑罪从无的原则。"在回顾这段往事时，陈光中说。刑事诉讼法涉及公权和私权的再分配、司法资源的合理配置，相比于属于实体法的刑法，属于程序法的《中华人民共和国刑事诉讼法》修改困难可想而知。"涉及多方权益的'疑罪从无'辩论激烈。反对者的顾虑就是怕漏掉有罪的人。"陈光中回忆道。1996年，经过各界反复讨论修改的《中华人民共和国刑事诉讼法修正案（草案）》审议通过。陈光中牵头完成的修改《修改建议稿》中三分之二内容被吸收，其中就包括他力主的"疑罪从无"。

"疑罪从无的入法，毫不夸张地说，他（陈光中）厥功至伟。"中国刑事诉讼法学研究会会长卞建林曾对媒体感叹。在很大程度上，"疑罪从无"原则对防止冤案的产生起到了重大作用。陈光中说这是自己学术生涯中最引以为傲的事情之一。

经历过去的一些运动，陈光中先生更深切感到中国要繁荣富强，必须加强民主法治建设，走依法治国之路。"我们的法治应该是以公正作为生命线，公正意味着要加强人权保障，这是非常重要的事情。"

"陈老师关心民瘼，他的学术主张充满了人文主义的张力。"陈光中的学生、清华大学法学院教授张建伟说。取消收容审查，律师在侦查阶段介入，审判方式要吸收当事人主义，扩大法官的独立裁判权等，这些主张都被后来通过的《中华人民共和国刑事诉讼法修正案》所采纳。"中国刑事诉讼法学之所以能成为改革法学，成为进步的法治之学，陈光中先生贡献巨大。"四川大学法学院教授、院长左卫民撰文表示。

如今，身为中国法学会刑事诉讼法学研究会名誉会长的陈光中再次提出修法的主张：完善分工负责、互相配合、互相制约原则，完善证人、鉴定人出庭作证制度，严格实行非法证据排除规则，完善法律援助制度等。

学术研究没有止境。以超前的敏感性、透彻的洞察力，这位诉讼法学的先驱者将再次推动中国法治文明的制度变革。

三、如松之茂——法治人才培养的躬耕者

从某种意义上说，陈光中作为一个真正意义上的法学教育家的生涯，从46岁开始。那是1976年以后，国家进入了新的历史时期，陈光中"也开始了人生道路上崭新的历程。"

1983年，中国政法大学在北京政法学院基础上成立，陈光中被调回任研究生院副院

长，随后被评为教授。3 年后，第一个刑诉法博士点在中国政法大学设立，他当之无愧地成为全国第一位刑事诉讼法博士研究生导师。几十年来，他为国家培养了大量法律高级人才。有的成为政法部门的骨干，有的成为卓有成就的学者。

2020 年春节前夕，中国农业农村法治研究会副会长李忠诚去看望老师。

不大的房间里，桌上和沙发上摆满了资料和论文。看到先生有些倦意，李忠诚一问，才知道老师患了带状疱疹，当时是忍着病痛指导研究生的博士学位论文。

"先生学风宽容，为人谦逊，治学严谨。"北京师范大学刑事法律科学研究院院长助理彭新林记得，他当时有一篇论文，自认为写得还可以。但是，陈光中看过后，一个字一个字地修改，如此反复不下 5 遍。"这对我今后的治学产生了非常大的触动。"

去年读博士的唐露露对这种"严谨的"门风传承有更深刻的感受。"先生会细细地修改论文的脚注、标点，有时熬到凌晨 2 点。"

陈光中培养学生，除了在品德和学习上对他们严格要求外，还注重培养他们的独立思考、勇于创新的精神。主持每一次诉讼法年会时，他总要在开幕词中强调解放思想、勇于探索、百家争鸣。

"我觉得只有对本专业古今中外的知识大体上了解了，才能使自己视野开阔，见解高屋建瓴，具有前瞻性。"

1978 年，改革的春风拂面而来。随着对外开放的不断扩大，中外学术交流逐渐在更大范围开启了破冰之旅。陈光中也迎来了自己学术生涯的"第二春"。从那时起，他就积极与有关国家的科研机构、学术团体开展交流，学习和借鉴国外先进的法律文化，推动中国的民主法治建设。直到 3 年前，陈光中还坐飞机赴德参加学术会议。

"老师始终关注学术前沿问题，他立足本土兼顾国际法律文化的借鉴与吸收等学术主张，让我们终身受用。"李忠诚说。

不待客的日子里，陈光中喜欢独自坐在起居室的沙发上沉思。看书写字累了，就听几首古典音乐。年轻时的一些体育爱好因为年纪增长，不得不舍弃。回想这十年来的经历，他常感慨说，自己"体力上逐渐衰退，但学术上仍孜孜以求，不敢有所懈怠。"

2010 年 4 月，先生 80 岁，推出三卷本《陈光中法学文选》。

2020 年 4 月，先生 90 岁前后，已推出《司法改革与刑事诉讼法修改》[《陈光中法学文选》（第四卷）]、《中国古代司法制度》、《中国现代司法制度》，主编教材 4 本，发表文章（包括合著）123 篇，法治杂谈及访谈 94 篇。《中国近代司法制度》也即将付梓。"人生难百岁，法治千秋业。"进入人生的第 90 个年头，老人给自己许下了愿望：九旬之后，能再为国为民作最后一点贡献，则此生足矣！

陈恩田*

正道大法，光耀中华
——贺光中教授九十华诞

　　2020年，中国政法大学老校长、终身教授陈光中先生迎来了九十华诞，我因身处海外不能回京为光中先生祝寿，在征求"'一带一路'国际日基金会"同意后，我特意撰写了一幅《正道大法，光耀中华》的书法作品，希望敬赠光中先生作为贺礼。

　　光中先生是中国政法大学教授，而我并没有进入中国政法大学的求学经历。我以光中先生为师，要从两个方面说起：一是我曾经梦想做一名国际大法官，一生渴望研究法学，希望为法治建设作贡献；二是光中先生是陈氏家族长辈，在法学知识和道德品格上，乃陈氏弟子学习之楷模。故以陈氏后生晚辈向光中先生拜师。我对光中先生说，等我有了成就，我一定告诉世界，光美先生是我的国学老师，光中先生是我的法学老师。

　　除了我这个宗族弟子，光中先生桃李满天下。去年11月，光中先生与最高人民法院副院长高憬宏、最高人民检察院副检察长陈国庆等人，以及大量弟子抵达广州，出席中国刑事诉讼法学研究会年会。巧合的是，我也刚好从海外回到香港，以"'一带一路'国家政法研究中心主任"名义出席一个国际会议。当光中先生在微信上告知我，他在广州时，我想时光匆匆，与先生见一面很不容易，很快安排从香港前往广州，并陪同他直到会议闭幕。

---

　　* "一带一路"国家政法研究中心主任。

　　会议结束后，我与广东外语外贸大学法学院党委书记王则唐教授一道，送光中先生前往机场。那天光中先生看着我的眼神，让我联想到爷爷光美先生，突然非常怀念 20 世纪的某些往事。我知道，作为陈氏家族长辈，光中先生和我爷爷光美先生一样，希望我能成为陈氏家族的骄傲。

陈卫国[*]

　　先生出生在永嘉楠溪江畔，村名白泉，村口有棵四百多年树龄的银杏王，在风霜雨雪中，顽强而蓬勃生长，每到深秋初冬，叶叶金黄，绚丽灿烂。

　　先生少小离家求学治学，曾以"伏生九旬传经学，法治前行终生求"明志。年逾九秩，仍初心不忘，笔耕不辍，诲人不倦，犹如银杏树王，端直庄重，嶙峋洒脱，落叶无声，老而弥坚。

　　恰逢先生华诞荣寿，永嘉晚学以故里文杏为题、瓯塑为艺作画，聊表晚学崇敬之礼，以慰先生眷乡之情。有曰，"先生鲐背之喜，白泉文杏来贺"。

＊ 中国政法大学 1988 级校友。

学生贺文

卞建林*

文一　闪耀着法治光芒的大家之作

陈光中教授是我国著名的法学家、法学教育家、中华人民共和国刑事诉讼法学的重要奠基人，他一生从事法学教学科研工作，在诉讼法学特别是刑事诉讼法学领域取得了卓越成就。在八十华诞庆贺会上，先生曾吟诗"风雨阳光八十秋，未敢辜负少年头。伏生九旬传经学，法治前行终生求"。八旬之后，先生已耄耋之年仍孜孜以求，笔耕不辍，活跃在诉讼法学前沿，又取得了丰硕成果。十年来仅论文就发表了多达123篇。如今，作为九十华诞的纪念新作《司法改革与刑事诉讼法修改》[《陈光中法学文选》（第四卷）]已经面世。著作对先生近年发表的有关我国当代司法制度改革、刑事诉讼法律修改的代表性论作进行汇集，并加以系统分类。著作由综论、证据制度、辩护制度、刑事诉讼程序、监察制度改革与其他、法治杂谈与案例评析六部分构成，内容丰富，思想深邃，观点创新，清晰地展现了其十年来的理论思想脉络与学术研究轨迹，闪耀着法治光芒，对于司法改革与刑事诉讼法修改而言，具有很高的参考价值。笔者将从以下四个方面对著作进行重点介绍。

一、关于刑事诉讼法学的基本学术思想

先生近年来对刑事诉讼法学的基础理论问题持续深入思考，理念更加透彻成熟，特别是针对刑事诉讼这一矛盾的集合体，遵循刑事司法规律进行了科学总结。创新性地提出了"动态平衡诉讼观"的哲理性概括。先生认为，刑事诉讼中的"动态平衡"应当包括五组内容：第一，刑事实体法和刑事程序法相平衡。既不能重实体轻程序，又不能倾心于程序法的优先性。第二，惩罚犯罪与保障人权相平衡，两者是刑事诉讼法目的的两个方面，不可偏废。鉴于现实重打击犯罪倾向，我们应该更注意保障人权，特别是被追诉人权利保障。第三，客观真实与法律真实相结合，真相是公正的基础。必须坚持依法定程序追求客观真相，否则将无法最大限度地准确认定案件事实与惩罚犯罪。法律真实在司法活动的价值冲突中起到了平衡器的作用，也是刑事诉讼不可或缺的一部分。第四，控辩对抗和控辩和合相统一。刑事诉讼结构并非一味强调控辩双方的激烈对抗，和合因子的比重同样也在增加。第五，诉讼公正与效率的合理平衡。应当坚持公正优先，兼顾效率，这是指一般情况而言。上述矛盾的平衡并非静止不动，而是时刻基于不同因素做出合理调整的动态过程。"动态平衡诉讼观"是先生对刑事诉讼法学基础理论研究的重要成果，是其一以贯之

---

* 陈光中教授指导的1987级博士研究生，中国政法大学诉讼法学研究院名誉院长，教授，博士研究生导师，中国刑事诉讼法学研究会会长。

的基本理念和思想标志，更为我国刑事诉讼的立法和司法提供了指导性思想。

保障人权是先生学术研究重点关注的领域。我国诉讼中的人权保障从立法到司法明显不足，须大力加强和改善，"尊重和保障人权"被写入《中华人民共和国刑事诉讼法》便有先生带头呼吁的功劳。著作鲜明主张在我国确立无罪推定原则，认为这是保障被追诉人人权的逻辑前提。无罪推定原则具有被刑事指控者在被证实有罪之前应被"推定"无罪，证明应达到排除合理怀疑以及存疑案件的处理应有利于被指控人三项基本内容。其中，存疑有利于被告人并不等同于疑罪从无，"罪重罪轻存疑从轻"也是其应有之义。上述对无罪推定原则的深入研究有助于进一步在我国逐步落实该原则思想。著作深入研讨了不被强迫自证其罪原则，《中华人民共和国刑事诉讼法》在规定该原则的同时又规定了犯罪嫌疑人如实回答义务。著作指出，这在法理上是矛盾的，应当删除后者的规定，并创造条件确立相对沉默权制度。

法治建设是先生终身追求并为之奋斗的事业，著作体现了其对法治的独到见解。法治是依据法律治理国家，是制度之治、规则之治与程序之治，最重要的价值就是把权力关在制度的笼子里。法治必须与民主相结合，并以民主为前提。民主需要在作决策中采取民主决策的方式，完善民主集中制。法治以公正为灵魂，社会的公平正义是人类追求的首要价值目标，公正司法更是实现社会公平正义的最重要手段之一。为此，从制度层面到实践层面，我国都应在保障司法公正方面多多着力。

二、关于证据法学理论与制度的独到见解

证据是司法公正的基石。著作关于证据法学理论与制度的研究，不仅充分探讨了我国古代诉讼的证据问题，对于世界范围内的证据制度也进行了广泛的考察与借鉴，促进了我国证据法学理论的拓展和证据制度的进步。

证据裁判原则是现代法治国家在刑事诉讼中认定犯罪事实时必须遵循的原则，著作对此有着丰富而独到的阐释。首先，认为证据裁判是证明方式演进的一个现代化阶段，证明方式的演进历史应被划分为神明裁判、口供裁判和证据裁判三个阶段。这一科学划分创新性地突破了欧洲大陆的地域限制，将视野扩展至世界范围，体现了人类对诉讼的认识由非理性走向理性的过程。其次，证据裁判原则要求以口供以外的证据作为定罪的主要根据，这样才能最大限度地准确认定犯罪事实、避免冤枉无辜。最后，坚持证据的三个属性为真实性、关联性、合法性，不赞成两性说。最后，"事实清楚，证据确实、充分"是主客观相结合的证明标准，其中"事实清楚"是主观标准，"证据确实、充分"是客观标准。我国"排除合理怀疑"标准不宜简单搬用西方解释，理应包含结论唯一性和确定性之解释。

关于我国非法证据排除规则的研究是著作的重要内容。2010年两高三部《关于办理刑事案件排除非法证据若干问题的规定》出台之后，先生便对此规则的确立、界定、证明与排除作持续深入的研究。为了检验非法证据排除规则在我国的实施效果，自2012年10月起，先生率队在全国7个省份10个城市广泛调研，并顺利完成了"非法证据排除规则"的试点实践。经由本次实践调研，明确通过"威胁"被讯问人所获取的证据应当予以排除。对于重复供述的可采性问题，在谨慎考量惩罚犯罪与保障人权之间的平衡后，主张采取"同一主体排除"的观点，并强调讯问时必须有正式告知程序或者侦查阶段得到辩护律师帮助。上述观点一经刊出，便得到学术界的广泛认同，更被2017年两高三部《关于办理刑事案件严格排除非法证据若干问题的规定》所吸收。

三、关于刑事诉讼制度与程序的完善建议

刑事诉讼制度与程序是司法公正的具体承载。著作以实践中的突出问题为导向，立足国情，博采众长，引导我国刑事诉讼制度与程序朝着更加科学、民主化的方向迈进。

作为实现司法公正不可或缺的保障手段，辩护制度的完善首当其冲。著作作出"完善的辩护制度是国家民主法治发达的重要标志"的论断。力倡推进刑事辩护法律援助全覆盖，主张对于可能判处三年有期徒刑以上刑罚的案件，应当对其提供刑事辩护法律援助。对于可能被判处死刑的案件，公安司法机关在任何阶段都应当为其指定法律援助律师。对所有死刑复核案件，应当提供刑事辩护法律援助，并保证援助律师高质量的有效介入。《推进刑事辩护法律援助全覆盖的建议》一文是对上述观点的凝练，被选入《教育部简报（高校智库专刊）》。关于明确侦查阶段辩护律师的取证权以及辩护律师的人身安全保障等主张，也均存后续的辩护制度研究中产生了较大反响。

死刑复核程序是判处死刑的最后一环，承载着实现司法公正的重任。一旦错杀，后果将无力扭转。著作对死刑复核程序作多番强调，着墨颇多，形成了系统的死刑复核制度完善路径。基于对历史与现实的考量，作为一项特别审判程序，死刑复核程序应在现有框架内稳中求进，无需改为三审制而走程序诉讼化的路径。在证据方面，对死刑案件的证明必须坚持"唯一性"的标准，深刻体现了先生慎之又慎的死刑理念。对于死刑复核案件的裁判，认为现行最高人民法院对绝大部分不予核准死刑的案件发回重审的做法值得商榷。建议除对"原判决认定事实不清，证据不足""原审程序违法可能影响公正审判""出现影响定罪量刑的新证据或新事实"的三类案件不予核准并发回重审外，对其他不核准的死刑案件原则上应予改判。

先生对司法改革动向抱有极高的敏锐度。在《关于深化司法改革若干问题的思考》一文中，先生便率先提出以审判为中心的主张，后被党的十八届四中全会《中共中央关于全面推进依法治国若干重大问题的决定》所吸收。面对关于以审判为中心纷纷不一的认识与解读，著作认为其内涵应具有三个维度。首先，审判中心是从最终认定被告人是否有罪这一权力由人民法院行使的角度来讲的。其次，审判中心要求庭审实质化并起决定性作用。最后，审判中心意味着，起诉阶段为审判做准备，其对事实认定和法律适用的标准应当参照适用审判阶段的标准。为推进以审判为中心的诉讼制度改革，应特别强调完善证人出庭制度的必要性，这不仅是贯彻直接言词原则的必由之路，更是审判中心的决定性因素之一。

对于认罪认罚从宽制度，著作始终主张认罪认罚从宽案件的证明标准不能降低，坚持"案件事实清楚，证据确实、充分"的证明标准，强调犯罪嫌疑人、被告人认罪认罚的自愿性与辩护权保障，这也是如今学界的主流观点。另外，著作中还有对公诉制度、刑事和解制度、强制医疗程序、监察制度等制度与程序的详细与精到的论述，切中问题要害，观点引人瞩目。

四、关于冤案预防与纠正的鲜明立场

著作指出，冤案是严重的司法不公，既残酷地侵犯了无辜者的权利，也极大损害了司法机关的公信力，对于冤案，根本要求应为"最大限度地预防，最有力地纠正"。先生坚信，只要理念先进、制度完善、办案人员素质高、防止冤案的决心大，冤案发生的概率就会降到最低程度。就最大限度地预防冤案而言，应当重点把握四点内容：第一，应当树立

无罪推定原则意识，摒弃"疑罪从轻，留有余地"的判决。第二，杜绝刑讯逼供。刑事诉讼法的预防刑讯逼供的措施体系仍存在漏洞，变相刑讯逼供时有出现，必须更进一步堵塞。第三，保障辩护权的有效行使，这是避免冤案的有力保证。第四，正确处理公检法三机关的关系，使其分别在各自职责范围内独立负责。最后便为严格掌握证明标准，坚决贯彻疑罪从无。

先生不仅在理论上呼吁冤案的严防与力纠，而且高度关注司法实务中的冤案，为推动依法改判付诸实际行动。聂树斌案的最终平反，与其背后所付出的努力密不可分。在司法机关对是否立案态度不明的关键时刻，先生及时发声，撰写了《聂树斌案五大疑点已撕裂原证据证明体系》。随后，组织召开专家会议，就本案中的专业法医问题进行分析对论，所形成的《聂树斌案法医问题咨询交流会内容纪要》提交最高人民法院相关领导内部参考。此外对念斌案，张氏叔侄案等近来引发社会热切关注的冤案，先生也持有人文主义关怀，积极接受媒体采访，对冤案的产生与纠正进行深刻的剖析。并且呼吁，对申诉不止的案件，一定要重新审查。对已生效裁判的申诉立案门槛，也可以适度降低，从案件"确有错误"放宽到"有相当大的错误可能性"。

先生刚贺鲐背之寿，祝在迈向期颐之年中，身体安康，为国家的法治建设、法学繁荣作出更大贡献！

文二 陈光中教授动念平衡诉讼观之要义

陈先生德高望重，是我国著名的法学家和法学教育家。在我们刑事诉讼法学研究和刑事诉讼制度构建方面，陈先生是中华人民共和国刑事诉讼制度的重要奠基人和诉讼法学的领头人，是泰斗，是大师。作为动态平衡的诉讼观，从先生的报告和大家的发言可以看到，首先它是一个重要理论，是一个学术思想，是不断发展、不断丰富、不断升华的，是一种理论创新。先生是从五个大的方面来阐释动态平衡诉讼观的，这也是他学术思想的精华。一是实体法与程序法的平衡、二是惩罚犯罪与保障人权的平衡、三是客观真实与法律真实的平衡、四是公正与效率的平衡，五是不太为大家所了解的概念，就是控辩对抗与控辩和合的平衡，这是一个新概念。诉讼的特征就是三方参与，争议双方和居中裁断一方，但过去理解刑事诉讼，往往把它看成是国家单方面查明犯罪惩罚犯罪的活动。在这样一种诉讼观念下进行诉讼，尽管我们努力按照三方构造来设计程序，但实际上只有追究与被追究一方，即国家和被追诉人，所以我们要清醒地认识到为什么很多好的制度设计在执行中走了样，在实践中行不通，就是因为把刑事诉讼本质理解为追究被告人的刑事责任，犯罪嫌疑人、被告人就是一个被追究的对象。诉讼和合与控辩和合就不一样了，它是要充分尊重被追究的人诉讼主体地位，注意发挥被追诉人的程序选择权。这在过去是难以想象，如1996 年《中华人民共和国刑事诉讼法》修正增设简易程序，根本就没有想到要征求一下被告人的意见，但2012 年《中华人民共和国刑事诉讼法》修正情况就大不一样了，《中华人民共和国刑事诉讼法》规定采用简易程序需要征求被告人的同意。那现在开展认罪认罚从宽制度更是在这样一种理念指导下来推进的。

下面我想对大家达成的共识，或者是我理解的动态平衡诉讼观谈一点个人意见。第一，我觉得动态平衡诉讼观首先有个前提，就是我们必须承认或允许多元诉讼观的确立，包括多元的诉讼目的和多重的诉讼价值。在没有多元价值观的情况下，就没有平衡，这是个基本道理，也是一个前提。所以我们现在从惩罚犯罪与保障人权的关系、实体与程序的关系、程序的工具价值与独立价值的关系，等等，慢慢拓展到多元了以后才有平衡。第二，我们讲究平衡，在表达上就是提并重，或者是兼顾，但是谈并重或兼顾，是从宏观层面和整体意义上讲的，我们要惩罚犯罪与保障人权并重、实体与程序并重、结果与过程并重，但与此同时，我们要清醒地认识到，完全的并重、绝对的兼顾是不可能的。这一点过去先生就教导过我们了，这不符合对立统一规律。毛泽东同志当年就说过，要注意区分主要矛盾和次要矛盾，矛盾自身还要注意区分主要方面和次要方面。主要矛盾或矛盾的主要方面是确定事物的质的规定性的，也就确定了你的特征以及与其他事物的区别。

以非法证据排除规则为例，它本质上属于程序正义的产物，是程序制裁的制度设计，基本道理就是不能允许执法机关知法犯法，执法违法。执法机关应当带头执行法律，遵守程序。如果违法办案，除了追究实体责任如纪律责任、行政责任、民事责任、刑事责任以外，在程序上也得有制裁手段，基本的道理就是无效，就是干了白干，反映在非法证据排除上就是本可以作为定案根据的，由于收集的手段非法，特别是达到了严重损害司法公正严重妨碍相关人的基本权利的时候，那就不能把它作为定案根据，特别是作为认定被追究人有罪的根据。所以非法证据排除规则的定位和功能非常清楚。尽管在设计非法证据排除规则时要考虑多种因素，也就是说要平衡，要考虑惩罚犯罪与保障人权并重，确定排除范围时要适当，我们排除的重点是采取刑讯逼供等非法手段取得的被告人供述，采取暴力威胁手段取得的被害人陈述、证人证言等，不能把凡是收集手段有问题的证据一律排除，但非法证据排除的程序制裁性质是毋庸置疑的，就是不能允许侦查机关执法犯法，一旦严重影响司法公正，一旦严重侵犯人权，那就坚决排除。否则程序正义就无从体现，人权保障就无法落实。但我们现在说到非法证据排除，更多的是强调对冤假错案的源头预防，侧重认定案件事实的正确性。其中的逻辑是这样的：案件为什么会出错，是因为认定案件事实错了；认定案件事实为什么会出错，是因为轻信或偏信了被告人的虚假认罪供述；被告人为什么要作虚假认罪供述，是因为收集口供的手段、程序有问题，特别是采取了刑讯逼供等严重的非法取证方法。因此，我们现在要防范冤假错案的发生，就要加强对冤假错案的源头预防，就要规范侦查讯问行为，并且排除以非法方法获取的证据。这看起来还是在谈非法证据排除，但是为什么要排除非法证据的理由完全变了，初心忘了。原先要排除是因为它以非法方法收集的，现在要排除是因为是虚假的。大家想一想，假的证据能作为定案根据吗？当然不能，证据的审查判断首先是鉴别真伪，什么时候发现虚假什么时候把它剔除。去除虚假证据需要借助非法证据排除规则吗？当然不用。有人争辩说，两者并重不好吗？既体现程序正义，又防范冤假错案，不是两全其美吗？其实不然，非法证据排除的本来就是可能真实的证据，而且这种真实性是得到验证的，比如根据供述发现了被害人尸体，根据供述提取了赃款赃物，根据供述发现了作案工具，通过实物证据、客观证据验证了供述的真实性。但是，获得口供的手段是严重违法的，比如说通过刑讯逼供获得的。这才是需要较真的时候，如果采信为定案根据，那么该证据是通过非法手段获得的。如果不采信，要排除，那么已经侦破的案件可能要发生逆转，定了的案件又不能定了，不能定的后果就可能是放纵坏人。这个时候能谈兼顾吗？能够并重吗？真要兼顾并重那就是和过去一样，实事求是，一分为二。

所以我们要牢记，平衡是相对的，是动态的。平衡是一门艺术，是一门高超的艺术。但不能把它搞成高高在上，形而上学的东西。要避免把平衡只是停留在纸面上，停留在口头上，变成永远正确但难以实施的空谈。法治国家、法治政府、法治社会总体发展趋势是规制公权力行使，加强对个人权利的保障。我很赞成龙宗智教授发言中所提到的，就是不管怎么平衡，一定要注意到有一个不可逾越的红线，有人称之为"底线正义"。当然你这个红线必须确当，必须适中，这也需要很好的平衡。否则什么好的措施也出不来，出来了也做不到。我个人认为也许这是动态平衡诉讼观最核心的东西。我们要秉持和发扬光大动态平衡诉讼观的核心理念，要用这种理念来推动刑事诉讼法学研究，要用这种理念来指导程序制度设计，也就是通过修法和改革不断完善我国的诉讼法律制度。更重要的是，要用这个理念来指导司法实践。作为司法实务工作者，因为掌握了动态平衡的诉讼观，才能够对法律条文的立法本意或者真谛有更加全面准确的理解，才能更好地处理纷繁复杂的各类案件，更好地实现和维护司法公正。

巩富文[*]

智如泉涌，行可以为仪表者
——恭祝恩师陈光中先生九十华诞

陈光中先生是我的恩师，先生尽瘁学术一生，其学养毅力，为后来年轻学者的楷模。

他从事法学教育至今已有 69 年，桃李遍九州。我在中国政法大学攻读硕士、博士学位以及作为中组部"西部之光"访问学者深造期间，有幸 3 次均师从先生学习，得以聆听他的教诲，感受他的品格，耳濡目染、切身体悟，受益于他的思想和精神。先生深厚的造诣、尊贵的人格、赤忱的情怀在我心中早已凝聚为一座令人仰望的高山。

我和先生的缘分可以追溯至我还是十几岁的懵懂少年时。当时的我痴迷于中国历史，而历史课的教材就是先生编写的《中学历史》第一册，那时先生还在教育部教育科学研究所工作。这本教材连同先生的大名一起镌刻进了我年少的心灵。1987 年秋，我如愿以偿考上了中国政法大学刑事诉讼法专业硕士研究生，历史的痴迷和法学的梦想终于得以交汇。而更让我欣喜若狂的是，能得先生成为我这一生学术研究路上的领路人。

先生对中国古代法制史和诉讼法史都有着深厚的功底，尤其对中国古代司法制度研究精深。在大学里偏好向域外寻启发求正解的时候，他独树一帜地从中国古代司法制度和本国历史资源中汲取营养，力求从中找寻当代政治发展和司法改革的灵感与传承。他建议我将中国古代法官责任制度作为硕士学位论文的选题，并告诉我："法官责任是中国古代诉讼中的传统特点之一，10 年以后中国必将会实行司法责任制度的，你现在研究这一问题，肯定会对未来我国诉讼法治建设产生启迪和借鉴作用。"在先生的悉心指导下，我完成了《中国古代法官出入人罪的责任制度考析》硕士学位论文，毕业后继续对此问题进行研究，并出版了专著。

回想先生 20 世纪 80 年代初就推出了《中国古代司法制度》一书，是中华人民共和国成立后最早系统研究古代刑事诉讼的专著。我在先生的指引下，对中国古代司法制度中的法官责任制度进行了专门研究，何其有幸成为了他众多弟子中，为数不多的传承和延展这方面学说的一个。走出校园，进入高校，再进入检、法两院工作。从高校教师到司法官员，阅历增长、身份转变，我经历和见证着我国法治的发展。先生 33 年前关于中国司法责任制度的论断不断得到印证，令我对他思想的敏锐性和前瞻性无比敬佩。而我作为一名司法官员，在履职过程中对于司法责任的最初认知，就形成于求学期间先生的教诲。随着

　＊ 陈光中教授指导的 1987 级硕士研究生，2003 级访问学者，2007 级博士研究生，陕西省高级人民法院副院长，全国政协委员，农工民主党中央委员。

职务的变迁，从省级人民检察院副检察长到省高级人民法院副院长，这种认识历久弥新。可以说，先生一直都春风化雨、潜移默化地影响、引领我后来的学术研究和履职尽责，使我受益终生。

先生是学术路上永远的年轻人。作为我国刑事诉讼法学的开创者和重要奠基人，先生对学术研究坚持不懈。尤其是党的十八届三中全会之后，先生已八十多岁高龄，但在司法大变革、社会科学大发展的时代中，他仍然勇立潮头，激情和活跃不输年轻人。他带领研究团队完成了多个司法改革试点项目，调研形成的一些重要观点直接被国家最高立法机关和最高司法机关在制定的相关法律、司法解释中吸收。持续数十年的理论研究和大量的实地调研，令他的治学兼具强烈的问题意识和现实关怀。每当向他请教，他超前和敏锐的判断，对问题深邃和独到的见解，总是令我自叹弗如。如今，值鲐背之年，先生新作《司法改革与刑事诉讼法修改》［《陈光中法学文选》（第四卷）］已经面世了，先生八旬之后笔耕不辍取得的丰硕成果悉数集结其中。可见，年龄的增长从未拖累他走在学术前沿和时代前列的步伐，先生和他的学术研究始终都具有与时俱进的时代精神。

先生有着中国传统知识分子"为天地立心，为生民立命，为往圣继绝学，为万世开太平"的理想和抱负，是将立言、立德、立功三者完美结合并集中体现的一代法学宗师。他为学不尚空谈，一贯教育我们，不能单纯地为学问而学问，要将学问用于国家的民主法治建设。他也是身体力行这么做的。他从 20 世纪 80 年代开始先后担任了多种社会兼职，并被最高人民法院、最高人民检察院聘为首批特邀咨询员和咨询委员会委员，活跃在我国法学学术研究和立法司法实务研讨的多个平台上，为中国的法治进步发挥了巨大的推动作用。2012 年《中华人民共和国刑事诉讼法》修正，很多法律问题都受到激烈争论。耄耋之年，先生仍走出书斋，针对疑罪从无原则、证据裁判规则、律师辩护制度、公诉制度改革、二审再审程序改革等许多关键问题发表意见、撰写文章。改革和完善中国刑事司法制度，加强刑审司法人权保障，是他坚定不移的追求。防范公权力滥用、纠正防范冤错案、保障公民权利等问题是他孜孜以求的关切。在他身上，我同时看到了法学大师的理想情怀和法律改革家的务实笃行。回顾《中华人民共和国宪法》《中华人民共和国国家赔偿法》《中华人民共和国刑事诉讼法》《中华人民共和国律师法》等诸多法律的制定修改以及劳动教养制度的改革历程，先生每次都倾情倾力投入。如他自己所言，"夜以继日地工作，恨不得把前二十年蹉跎的岁月都弥补回来"。在他心中，国家的法治建设事业更须时不我待，只争朝夕。多年来，他不知疲倦地为民主、法治、人权鼓与呼，不遗余力地推进我国司法体制改革和现代法治建设。卓越的贡献成就了"国际认可的大家"的盛誉。

先生一生最不重虚名浮利。他身负盛名却时常主动无私地为同情弱者而直言，为平反冤错而奔走。对于遭受冤狱的无辜弱势群体，他始终保持着一份博爱怜悯之心。聂树斌案的最终平反，与其背后付出的巨大努力密不可分。几次关键时刻，先生都及时发声呼吁，组织专家分析讨论关键证据，并将意见提交给最高人民法院相关领导。对于引发社会热议的念斌案、张氏叔侄案等冤案，为推动案件纠错进程，先生积极接受媒体采访仗义执言。还有张志超案、陈满案、于欢案，也凝聚了他的关注。这些社会热点案件中的言行做派铸就了先生大写的人格。冤错案被纠正后，他更进一步持续呼吁冤错案的预防、司法救济途径的畅通以及公民权利和被追诉人人权的保障制度建设。对弱者的悲悯、对正义的匡扶，最终化为先生心系国家立法和司法进步的家国情怀。我相信，为了"把我国建设成为一个民主法治国家"的赤子之心，先生会"钟鸣"不已。先生九十华诞，可喜可贺，特以小文致敬！文拙情深，衷心祝愿恩师陈光中先生安康长寿！

李忠诚 *

宽厚长者，学术楷模
—— 贺陈光中教授九十华诞

　　1989 年 9 月，我考取了中国政法大学诉讼法专业刑事诉讼研究方向的硕士研究生，1991 年符合提前攻读博士学位条件，我有幸考取中国政法大学博士研究生，成为陈光中教授的学生，继续攻读诉讼法专业刑事诉讼方向的博士学位。在中国政法大学攻读博士学位期间，我在诉讼法学界泰斗陈光中教授的精心指导下，经过刻苦努力，顺利完成博士学业，获得博士学位。他的高贵品格、宽广胸怀、驾驭全局的能力，特别是对学术研究的孜孜以求，始终关注学术前沿问题，主张立足本土兼顾国际法律文化的借鉴与吸收等方面的学术主张都为我们树立了榜样，激励我们不断地学习和工作，具有一种活到老学到老的强大影响力和推动力，让我们终身受用。

一、报名插曲

　　我在博士研究生考试报名的时候曾经出现过一段插曲，从另一侧面反映了陈光中教授爱才惜才的品格。1991 年我硕士研究生的课程学习已经结束，进入毕业论文的设计撰写阶段。中国政法大学研究生院教务处根据我每门功课成绩都分别在 90 分以上，符合提前参加博士研究生入学考试规定的条件，通知我可以提前参加博士研究生考试。我也下定决心不放过这次难得的机会，放手一搏。当我去报名的时候，研究生院的老师对我说："好像陈校长已经内定了。"我作为八几级硕士研究生班的班长，跟研究生院的老师都比较熟悉，所以老师才这样说。原来陈光中教授曾提出要破格免试录取某大学的一位科研成果丰硕、科研能力强、年轻有为的副教授。因为研究生院没有免试录取的先例和规定，研究生院提出了不同意见。所以，研究生院老师的话不是空穴来风，确实事出有因，但对其他报考者都形成了巨大的心理压力。我当时就问还考不考试？还让不让报名？研究生院的老师说，还要考试，当然让报名。我当时给自己壮胆说，"让人打死也不能让人吓死。"不服输的性格鼓起了我的斗志，报名后，我投入到更加努力的复习备考当中，决心不畏强手，奋勇拼搏，志在必得。报上名之后，我一心一意复习，在考试时间快到了的时候，同寝室的同学就问我，你报名后和导师见面了吗？我说："没有，还要和导师见面？""那当然的！"同学们肯定地回答。我就去中国政法大学学院路校区联合楼找陈光中教授。通过校长办公室

---

　　* 陈光中教授指导的 1991 级博士研究生，最高人民检察院原反贪污贿赂总局二局副局长（正厅级）；现任中国农业农村法治研究会副会长、中国人民大学法学院法律硕士专业学位研究生导师、北京师范大学兼职教授、中国政法大学司法理念与司法制度研究中心研究员、北京睦邻法律服务中心志愿者。

的老师得知陈光中教授当天在学院路联合楼办公，但是当时他去校医院取药了。我就走下二楼到校联合楼的门口等陈光中教授。我和陈光中教授没有单独见过面，没有交谈过。我站在联合楼大门口一直望着楼西头的校医院方向，这时有一位老师问我在等谁。我说等陈光中校长，他说校医院方向走过来的那位就是陈光中校长。我迎上前去，主动和陈光中校长打招呼，"陈校长您好！我是中国政法大学研究生院八九级诉讼法专业硕士研究生李忠诚，今年报考了您的博士研究生，我想向您汇报一下我的情况。"陈光中校长说："好吧，到我的办公室来。"到了陈校长的办公室，陈校长坦诚地对我说："去年（1990年）招收了行政诉讼研究方向的马怀德，今年准备招一个民事诉讼研究方向的博士研究生，民事诉讼法教研室的陈桂明副教授也报了名，他是青年骨干教师，业务能力很强，科研成果也很多。刑事诉讼研究方向只有一个名额，有的报考者科研能力很强，科研成果颇丰，还出版了自己的学术专著。"陈光中教授没有隐瞒自己的观点和想法，而且明确告诉我只有一个招生名额，虽然没有指明某大学的青年才俊已经在考虑之中，但可以推测确有内定之事。听了陈光中教授的"招生形势教育"后，我并没有怯场，也简单介绍了自己的情况："我早年插队当过生产队长和知识青年点的点长，回城后当过工人、警察，1985年辽宁广播电视大学法律专业毕业后，到基层人民检察院工作，搞过经济检察（反贪污贿赂）和审查起诉（公诉）。1989年以同等学力考取了中国政法大学诉讼法专业刑事诉讼研究方向硕士研究生，师从周士敏教授，因为每科成绩都在90分以上，符合提前攻读博士学位的条件，才允许报名考试。"我简单介绍一下我的经历和学历。陈光中教授问我的科研成果，我说："1990年在《辽宁广播电视大学学报》公开发表了证人不出证的原因对策的文章《试论刑事诉讼中应当采取的对策》、在《犯罪与对策》杂志上发表了反腐败的文章《现象与犯罪》。"在此我还真得感谢辽宁广播电视大学的张永芳老师和《犯罪与对策》杂志的编辑，他们收到我的投稿，立即就刊发了，没让我在科研成果上"剃光头"。不然的话，我今天拿什么向陈光中教授汇报？听了我的简单汇报，陈光中校长说："听了你的情况，看来你也挺有竞争力的。不过，既然考试，还是要看考试的成绩。"陈光中校长的这番话虽然给我一些压力，但是更多的还是给我带来了信心和希望。就压力而言，只剩一个名额了！不是之一而是唯一，看来某大学的那位实力雄厚的副教授确实已经在陈光中教授的考虑之中。信心和希望是还要看考试，只有考试结果是相对公平公正的。向陈光中教授汇报后，我把压力变成动力，争取用事实说话，用成绩征服内定赢得胜利。

天道酬勤。博士研究生笔试后，进入面试。我以为面试人会少一些，但我印象中参加笔试的人几乎都参加了面试，"强手如林"，因为参加博士研究生考试的绝大多数是高校的青年教师，这也给博士研究生的录取又增加了选择的机会和激烈竞争的难度。当时主持面试的是陈光中教授，参加面试的主考官还有严端教授和杨荣新教授。我发扬连续作战的精神，不畏强手，沉着冷静，准确应答，顺利通过面试，最后，终于挤过独木桥，成为陈光中教授的博士研究生。

2006年，我在甘肃省人民检察院挂职副检察长期间，陈光中教授为了深入实际、了解基层情况，不辞辛苦，带队到甘肃省进行学术调研。蔡宁检察长让我陪同陈光中教授到基层调研，在陪同陈光中教授期间，有一次在闲暇的时候，我顺便问起当年要免试录取某大学一位副教授的事，陈光中教授直截了当地说，确有其事。接着陈光中教授显得激动地说，研究生院出题的老师出的刑法题有问题，出几道题考几道题，没有多出一些可供选择的题，没有选择余地。好像当时的刑法题是关于禁毒罪的规定的解读。看来陈光中教授对这位青年才俊确实情有独钟，爱才惜才之情溢于言表。

博士研究生考试报名插曲已经过去将近三十年了。回想起来，感恩陈光中教授客观公正地对待每一位考生，感恩陈光中教授惜才爱才，感恩陈光中教授为我们树立了遵守规则的榜样。

二、参与立法

1991 年至 1994 年我在攻读博士学位期间，有幸参加了陈光中教授主持的《中华人民共和国刑事诉讼法〈修改建议稿〉》的起草工作。1993 年 10 月，全国人大常委会法工委正式发函委托中国政法大学陈光中教授率领专家团队，对 1979 年《中华人民共和国刑事诉讼法》进行修改，提出《修改建议稿》。陈光中教授接受任务后，立即组织教授、专家和学者，积极开展《修改建议稿》的起草和论证工作。为 1996 年《中华人民共和国刑事诉讼法》第一次修正做出了巨大贡献，推进了刑事诉讼法的民主化和科学化的进程。

陈光中教授接受全国人大常委会法工委的正式委托后，积极组织教授、专家、学者开展工作。陈光中教授召集会议，分兵派将，有关教授、专家、学者承担相关的研究内容。陈光中教授让我结合博士学位论文《刑事强制措施制度研究》的撰写，承担刑事强制措施部分《修改建议稿》的写作工作。当时，中国政法大学的教授、专家、学者都有明确的分工，章节条文到人，责任到人，拟增加的章节也有人负责，大家都以强烈的使命感和责任感，投入巨大的人力和物力，收集资料、调查研究、归纳整理、分析借鉴，每一个条文都精雕细刻，字斟句酌。陈光中教授高瞻远瞩，极力倡导推进刑事诉讼的民主化和科学化，大家热情高涨，《修改建议稿》对 1979 年《中华人民共和国刑事诉讼法》提出重大修正，除条文的修改和增加外，还提出增加特别程序，如未成年人案件程序、涉外案件程序、司法协助程序等，力争将刑事诉讼民主化、科学化大大向前推进。全国人大常委会法工委对中国政法大学教授专家学者的热情和专业素养、敬业精神给予了充分的肯定，但是这样大的步伐，在改革开放初期的历史条件下，确实难以让人们接受。因此，全同人大法工委和刑法室的领导专程到中国政法大学，看望并和陈光中教授等参加《修改建议稿》起草工作的教授、专家、学者座谈，在座谈会上，时任全国人大常委会法工委副主任胡康生同志讲："这次《中华人民共和国刑事诉讼法》的修改，不是大改，当然也不是小改，而是有什么问题解决什么问题。" 全国人大常委会法工委的领导确定了问题导向的修改思路。大家要全面修改《中华人民共和国刑事诉讼法》的积极性受到了一些影响。在这种情况下，陈光中教授鼓励大家，抓住机会，寻找问题，充分论证，注重说理，尽力向前推进，能向前推进一步就推进一步，能有多大进步就争取多大进步。在《修改建议稿》的起草修改过程中，陈光中教授多次召集大家开会讨论，先由每个参与修改建议起草的人对自己承担的部分，汇报条文修改的方案、增加条文的方案和论证理由，如果有两种以上方案的要分别表述和论证，并进行比较，提出倾向性意见。陈光中教授对自己的修改建议稿部分也听取大家意见。每个条文的讨论后都由陈光中教授最后拍板定夺，一锤定音。1996 年修正的《中华人民共和国刑事诉讼法》，由 1979 年《中华人民共和国刑事诉讼法》的 164 条增加到 225 条。在一些重大问题上有了突破性的进步。限于篇幅和文章的主旨，我不能一一叙述，只能选几个印象比较深的内容介绍给大家。

1. 积极推动取消"收容审查"。为了取消收容审查，适当延长刑事拘留时间、降低逮捕条件，明确取保候审中增加财产保、细化监视居住条件。这是一个系统工程。正如全国人大常委会法工委原主任顾昂然在《中华人民共和国刑事诉讼法修正案（草案）》说明中指出的那样，"收容审查是一种行政强制手段，对查明罪犯，特别是查消流窜作案和身份不明的犯罪分子，起了积极作用。但是，收容审查羁押时间较长，而且不经其他司法机关，由公安机关决定，缺乏监督制约机制，不符合刑事诉讼法的有关规定。为了进一步加强社会主义民主和法治建设，更好地保护公民的人身权利，将收容审查中与犯罪斗争有实际需要的内容，吸收到刑事诉讼法中，对有关刑事强制措施进行补充修改，不再保留作为行政强制手段的收容审查。主要是，对不讲真实姓名、住址，身份不明和有流窜作案、多次作案、结伙作案的现行犯或者重大嫌疑分子，过去公安机关可以收容审查，现在改为公安机关可以先行拘留。并规定，这几种对象的拘留期限，可以延长至三十日。"其实，为了防止取消收容审查给社会控制带来不必要的影响，强制措施的修改就显得特别重要。延长拘留时间，适当降低逮捕条件，取保候审中财产保的完善。监视居住适用条件的具体化并使之与拘留、逮捕措施相协调。

2. 引进无罪推定的合理内核。从理论上讲，无罪推定原则包含三层含义：一是定罪权归法院。被法院依法定程序定罪前应当视为无罪。二是罪疑从无。不能证明被告人有罪的情况下，应当作出对被告人有利的解释，视为无罪。三是被告人应当有沉默权。证明责任由控诉方承担，被告人没有证明自己有罪或者无罪的义务。在起草《修改建议稿》时，陈光中教授主张引入无罪推定的合理内核，在我国刑事诉讼法中最大限度体现无罪推定的精神，尽量写进法律条文，虽然"无罪推定"的名称可能不会被接受，也要有在法院审判前视为无罪的规定。其实，陈光中教授坚持无罪推定的思想由来已久，早在20世纪80年代初，陈光中教授就认真思考过无罪推定问题，在《法学研究》1980年第4期上撰文《应当批判地继承无罪推定原则》。陈光中教授在这篇文章中斩钉截铁地指出，"我们应当确认，第一，任何人在被法院宣判有罪以前，不能被认定为是犯罪的人；第二，被告人被证明有罪之前，应当推定为无罪，即不能证明被告人有罪，被告人就是无罪。"［参见中国政法大学刑事诉讼法教研室1984年5月编辑的《刑事证据学参考资料（无罪推定问题专辑）》第78页。］正是陈光中教授这种一以贯之的无罪推定思想，在《中华人民共和国刑事诉讼法》的修改过程中发挥了巨大的作用。法院的定罪权、罪疑从无，都有体现，沉默权反应强烈不好表达，《修改建议稿》采用回避的原则，没有写沉默权，但是取消了1979年《中华人民共和国刑事诉讼法》第64条规定的"……被告人对侦查人员的提问，应当如实回答。但是对与本案无关的问题，有拒绝回答的权利"的内容。这也是知识分子的"智慧"，为实现无罪推定原则全面入法而做的最后努力。当然，立法机关在实现社会控制的利益平衡上，没有接受沉默权，也没有让犯罪嫌疑人的如实回答权。所以，最后全国人大常委会法工委原主任顾昂然在《中华人民共和国刑事诉讼法修正案（草案）》的说明中指出，"未经人民法院依法判决，对任何人都不得确定有罪。在人民检察院提起公诉以前，称为犯罪嫌疑人。同时规定，经人民法院依法审判，对证据不足、不能认定被告人有罪的，应当作出证据不足、指控犯罪不能成立的无罪判决。"无罪推定的合理的重要的内核在修改的《中华人民共和国刑事诉讼法》中得到体现。当然，1996年的《中华人民共和国刑事诉讼法》第93条还明确地写着"……犯罪嫌疑人对侦查人员的提问，应当如实回答……"所以"沉默权"没有能写进刑事诉讼法，无罪推定原则还没有完全到位，不能不说有些遗憾。当然，刑事诉讼法作为公安司法机关在刑事诉讼中的权力分配之法，有关机关肯定会强调同犯罪做斗争的需要而不会轻易放弃自己原有的权力，立法机关也会平衡各方利益与需要。沉默权没能尽早入列也就在情理之中。相信随着诉讼民主与科学的不断进步，一些现在被认为是不可能规定的内容将来会大放异彩。

此外，《修改建议稿》还在"修改律师参加诉讼的时间，保障犯罪嫌疑人、被告人的合法权益，保障被害人的诉讼权利，完善庭审方式，对职能管辖、免予起诉等作了修改，扩大不起诉的范围，不再使用免予起诉。加强对刑事诉讼各个环节的监督"等方面都作出了重要的修改，极大地推进了我国刑事诉讼法治建设的步伐。正因为如此，陈光中教授和严端教授主编的《中华人民共和国刑事诉讼法修改建议稿与论证》一书分别荣获1996年度"北京市第四届哲学社会科学优秀成果奖"特等奖和1998年度教育部"普通高等学校第二届人文社会科学研究成果"法学一等奖。毫不夸张地说，陈光中教授是功不可没的！

三、学业指导

陈光中教授虽然身兼数职，但能统筹兼顾，抓住重点，不疏不漏，游刃有余，体现了出色管理者的领导能力和学者的严谨态度。作为一校之长的陈光中教授在处理好大学日常管理工作的同时，对我们博士研究生的教学、科研的指导也是严肃认真，一丝不苟。他课前布置作业，指定书目，提出问题，明确题目，课中要求我们汇报学习体会和心得，并围绕题目进行相互讨论，然后对同学们的讨论观点进行归纳分析，提出自己的学术见解，特别是对传统理论、学术前沿，陈光中教授都能够驾轻就熟，并有自己独到的见解，每次听陈光中教授的授课，都会有如沐春风，豁然开朗之感。

学校的管理工作千头万绪，有时候上课时间和学校的有关会议、活动冲突在所难免。在这种情况下，陈光中教授都及时加班补上，有的时候，实在时间紧张，我们就到陈光中教授的家中汇报学习情况，聆听他的教诲。往往一讲就忘记时间，常常太晚，影响他和家人休息，我们都不忍心，尽管如此，陈光中教授仍然诲人不倦，循循善诱。有的时候余兴未尽，还送我们下楼，送到大路上，在路上还谈他的学术观点和主张，我们深受感动。

毕业论文是3年博士学习的结晶和最后的汇报成果。正所谓"编筐织篓全在收口"。在博士学位论文的选题、开题都凝聚了陈光中教授的心血，陈光中教授认为我来自司法实际部门，了解司法实践的情况，应当结合司法实践的问题来做博士学位论文，这样可以发挥我的优势。我当时在刑事诉讼主体论和刑事强制措施制度研究的两个选题面前左右徘徊，犹豫不决。陈光中教授认为我可以选刑事强制措施制度研究，一则与司法实践联系紧密，二则更具应用性，有实际操作的价值，特别是可以和《修改建议稿》的起草结合起来，相互促进，相得益彰。我确定博士学位论文题目后，就一头扎进图书馆收集资料，翻阅文献，做读书笔记，为撰写博士学位论文做准备。我当时就暗下决心把博士学位论文按照一本专著来写的，因为毕业后就不可能有完整、充裕的时间来写作，资料也难收集。另外，涉猎广泛，也会为博士学位论文答辩做全方位的准备。实践证明，我的思路是正确的。毕业论文答辩通过不久就出书了。当然，博士学位论文的写作对于我这个"从基层摸爬滚打上来的人"（陈光中教授语）来说，确实是一个脱胎换骨的历练。记得当年在辽宁广播电视大学法律专业读书的时候，我把日记当作文章写作来练习，几乎每天一篇文章，后来大学语文作文作业没有让老师失望，我的写作能力有了很大的提高。尽管如此，博士学位论文的写作要求高，字数多构造复杂，需要有较好的文字基础，我不敢马虎，认真写作，遇到一些关键问题，我就向陈光中教授请教，随时得到他的精心指导。功夫不负有心人，博士学位论文初稿完成后，我兴致勃勃地交给陈光中教授，心想最好一次过关。要知道，我当年写博士学位论文的时候，没有电脑，没有打字机，都是用笔手写，我先在笔记本上写，然后抄写在稿纸上，再通读改一遍，最后让我爱人一笔一画地抄在稿纸上。博士学位论文送上去后，我静听佳音，心想应当没有问题，这些年来，我一边读书学习，也一边研究写作发表文章，特别是从1991年起担任中国政法大学《研究生法学》主编后，我组稿、审稿、改稿，力求锻炼自己的文字能力。我在满怀信心地等待陈光中教授说我的博士学位论文可以交付印刷时。他的批改意见下来了：第二章刑事强制措施历史发展重新写，问题是没有写出特点和规律，都是历史资料的堆砌。对历史的总结分析是必要的，也应当对刑事强制措施的发展趋势有一定把握。陈光中教授对其他章节也提出了修改意见，有的是直接改过来的，有的是提出修改思路和意见。一看到这些，我的心一下就凉了。重写！写出特点和规律，还要预测未来，谈何容易！事物的特征是一事物区别他事物本质属性。规律是客观事物之间内在的本质的必然联系。这些概念我可以朗朗上口，但是要在中国法治的历史长河中，在浩如烟海的历史资料中寻找刑事强制措施发展的特点和规律，并预测未来，谈何容易！我还真有点犯难。更重要的是快要到毕业论文答辩的时间了，时间紧任务重。陈光中教授态度坚决不容置疑，我只好重新思考，点灯熬油，夜以继日地思考分析研究，调整思路，在纷繁复杂的历史资料中，寻找共同点，辨别差异性，同时分析这些共同点和差异性的历史背景和原因所在，从而分析刑事强制措施的历史联系，透视其发展规律性，当然，这些学术问题往往见仁见智。另外，我当年对刑事强制措施的发展趋势也做了两点预测："注重人权保障，限制羁押措施；引进科学技术，强化监管和强制功能"。现在看来这些预测还比较准确。我的博士学位论文经过多次修改，终于可以交付答辩了。得到陈光中教授的认可，这只是第一步，还要经过专业匿名评审、答辩委员会的答辩。毕业论文答辩那一天，在开放的教室中有很多人旁听。答辩结束后，有的同学问我，为什么陈光中教授还给你提问题，在他们看来比较难回答。我说答辩委员会的老师都要提问，陈光中教授的提问是想让我展示我的功力，他知道我的底细，想让我更好地锻炼。其实，这对我后来在工作中的帮助很大，在各种新闻发布会上应对记者的提问，同样需要胸中有数、审时度势、繁简得当、随机应变，才能稳操胜算。

正是陈光中教授的悉心指导，严格要求，我不敢怠慢，认真对待，精心写作，我的博士学位论文《刑事强制措施制度研究》答辩通过不久就顺利出版，并于1997年获中国法学会颁发的"全国第二届中青年诉讼法学优秀科研成果"二等奖，1999年获最高人民检察院颁发的"全国检察机关首届精神文明建设金鼎图书奖"三等奖。这里凝结着恩师陈光中教授的智慧和心血。

四、执掌学会

陈光中教授除担任中国政法大学校长、教授（现为终身教授）、博士生导师职务之外，还曾兼任中国法学会副会长、中国法学会诉讼法学研究会会长等社会职务。陈光中教授总是充满朝气、满怀热情、不知疲倦、全身心地投入到工作之中去，对兼职的学会工作同样认真负责、呕心沥血，凭借其人格魅力、学术影响力和巨大的凝聚力、亲和力，充分调动各方面的积极性、主动性，创造性地开展了中国法学会诉讼法法学研究会的工作。我1994年博士研究生毕业到最高人民检察院刑事检察厅工作后，每年也参加中国法学会诉讼法研究会的学术活动，有机会帮助陈光中教授做些诉讼法学研究会的工作，如整理年会的综述，先后担任过副秘书长、常务理事等职，在陈光中教授的领导下参加了学会工作，得到了锻炼，更加深刻感悟陈光中教授的人格魅力、宽广胸怀和驾驭复杂事务的能力。

中国法学会诉讼法学研究会虽然是一个学术团体，但它却是一个由司法实际部门、教学科研单位、律师群体等人群组成的。这个组织中的人员思想活跃，独立性强，聚短离长，充分准备，瞬间爆发的理论观点碰撞，往往也有火药味。记得1995年在厦门鼓浪屿讨论《中华人民共和国刑事诉讼法》修改的问题时，关于免予起诉的讨论就相当激烈，主张保留与主张废除免予起诉的两种观点针锋相对，互不相让。当然最后《中华人民共和国刑事诉讼法》还是用不起诉代替了免予起诉。记得很多年以后，我和一位极力主张废除免予起诉的教授谈起不起诉的问题时说："其实，侦查终结的案件，在提交审判的过程中，确实有些案件不需要或者无法交付审判，现在刑事诉讼法规定的酌定不起诉和存疑不起诉，不就是免予起诉的内容吗？"这个教授当时就说："忠诚，你今天才和我暴露你的思想。"其实，我认为，有些社会现象是客观存在的，诉讼制度必须反映和适应这种客观存在，这是不以人们的意志为转移的。我们没有必要面红耳赤地争，而应当脚踏实地地干。在这个问题上，陈光中教授为我们树立了榜样，在广泛听取意见的基础上，陈光中教授思路清晰、意志坚定，明确表示刑事诉讼在起诉阶段，必须进行审查，对于不符合起诉条件的案件不能强制起诉，不能把"皮球"踢到法院，这不仅浪费有限的诉讼资源，不符合诉讼经济原则，更重要的是不利于保护当事人的合法权益。当领导不容易，当没有行政权的学会领导就更不容易。记得最高人民检察院的一位老领导曾经对我说过："当领导一定要多方听取意见，但是你自己一定要有主意。"当学会的领导自己更应当有主意了，这个"主意"应当是由深厚的理论修养和超凡的决策力铸就的。

学会成员都来自不同的领域和岗位，思想活跃、个性强，一般都有较强的表现欲，所以学会的研讨会不愁没人发言开成闷会，就怕控制不住发言，更怕信马由缰，出现跑题的情况。因此，陈光中会长每年在年会召开前的一定时间里都召集诉讼法学研究会的领导开会，研究年会的议题，然后发出通知，让研究会成员相对集中议题准备文章，提高讨论的效果。当然，诉讼法学研究会确定的议题，都是紧跟时代的步伐，服务经济社会发展和民主法治建设的大局确定的，这一点充分反映了陈光中教授的政治智慧和大局意识。

学术研究的持续发展，离不开对青年学子的培养，中国法学会诉讼法学研究会，在陈光中会长的带领下，通过多种形式奖励后学，起用年轻人。在陈光中会长的倡导下，中国法学会诉讼法学研究会建立了"中青年诉讼法学评奖制度"，表彰诉讼法学领域中做出贡献的青年学者，极大地调动了青年学者的科研积极性和创造性，推进了诉讼法学的健康发展。中国法学会诉讼法学研究会改选时，许多年轻的学者走上诉讼法学研究会副会长的岗位，诉讼法学研究会的领导层更加充满活力。陈光中会长由会长转为名誉会长后，我也从副秘书长晋升为常务理事。直到2019年11月最高人民检察院政治部推荐我去中国农村农业法治研究会当副会长为止。

中国法学会诉讼法学研究会是由从事刑事诉讼法学、民事诉讼法学、行政诉讼法学三大诉讼法学学科教学、研究、应用的专家、学者和实务部门的同志们组成的。为了充分尊重各学科的协调发展，在陈光中会长的倡导下，中国法学会诉讼法学研究会分别成立了刑事诉讼法学专业委员会、民事诉讼法学专业委员会和行政诉讼法学专业委员会。随着各个学科的发展壮大，民、行诉讼法学专业委员会最终独立出去，成立了自己的研究会。其实，民事诉讼法学专业委员会的成员要求独立的想法由来已久，但是考虑到陈光中会长的影响力、凝聚力和人格魅力，这种独立行动没有实施。尽管如此，民事诉讼法学有的教授早就提出诉讼法学会是"刑事附带民事诉讼"，以刑事诉讼法学为主，以民事诉讼法学为附带，对为"辅"的地位很不满意。记得 2001 年中国法学会诉讼法学研究会换届选举时，副秘书长增加到两人，分别列为我和陈桂明，但人民大学的江伟教授在当时的诉讼法学年会的换届大会上宣布时，把副秘书长的排列顺序颠倒，把陈桂明的名字放在前面宣读。别人可能听不出来，但是诉讼法学研究会的领导，特别是陈光中教授心里是清楚的，我当然更明白，可我没有计较这些。这件事也传递出一个重要的信号，民事诉讼法学专业委员会是要独立出去的。后来，在诉讼法学年会上，学弟陈桂明也和我说过，如果陈光中老师不担任会长，他们民事诉讼法学专业委员会马上独立出去，成立自己的研究会。2006 年陈光中会长成为中国刑事诉讼法学研究会名誉会长后，中国法学会诉讼法学研究会画上了句号。这从另一个侧面向我们证明，"领袖人物"的重要作用，证明陈光中会长的亲和力、凝聚力、向心力，证明陈光中会长对中国诉讼法学会发展壮大的重要历史贡献和宽广胸怀。

五、关注时局

陈光中教授作为中华人民共和国刑事诉讼法学的主要奠基人、中国政法大学的终身教授、博士研究生导师、诉讼法学的泰斗，应当说早已经功成名就了，但是他并没有居功自傲，仍然砥砺奋进，不断学习，关注时局，与时俱进。"老骥伏枥志在千里，烈士暮年壮心不已。"用不断追求、不断探索、终身学习，来形容陈光中教授一点不为过。

改革开放之初，随着对外开放的不断扩大，中外学术交流逐渐在更大范围开启了破冰之旅。陈光中教授积极与有关国家的科研机构、学术团体开展交流，一方面宣传中国改革开放和民主法治建设方面的成果，另一方面积极学习和借鉴国外先进的法律文化，促进国际法律文化的交流，推动中国的民主法治建设。如 1998 年陈光中教授带队赴英国，考察英国的司法制度和法学教育，我有幸参加这一活动。作为法学大家，陈光中教授在参观考察中，仍然细心观察、认真思考，不断地提出问题，同时也不失时机地介绍中国法治发展变化和进步的成就。当然他更多的是考虑如何把人类法律文化的共同点把握好，把发达国家的法治文明更好地加以吸收和借鉴，以推进中国的法治建设。当时，已经 68 岁的陈光中教授，克服时差的困扰，飞机落地后就按照当地的时间开展工作，有种"连轴转"的感觉，我们虽然相对年轻，都感觉受不了，但是一看到陈光中教授已经精神饱满地投入工作，我们也时不时地掐一掐大腿，提振精神。

关注时局，把握学术前沿，紧跟时代步伐，用知识服务国家、服务社会、服务中国的法治建设，是陈光中教授学术生涯的真实写照。2006 年，陈光中教授率队到甘肃省考察时，我们刚到敦煌的宾馆，陈光中教授就接到《光明日报》记者的电话，就《中共中央关于构建社会主义和谐社会若干重大问题的决定》的有关问题进行采访，陈光中教授当时在电话采访中侃侃而谈，我当时听得瞠目结舌。电话结束时，我问陈光中老师，我说这个决定刚刚发布不久他们就采访您？也不给您准备时间？陈光中老师笑着拿出刊登这个决定的报纸说，这个决定我正在学习。看到这些，我们后生实在汗颜，学习的热情、紧跟时代的步伐，关注时局的发展变化，陈光中教授都为我们做出了榜样。

经济基础决定上层建筑。经济社会的飞速发展，客观上要求作为上层建筑的法律制度也必须进行必要的变革以与之相适应。司法改革、刑事诉讼法的修改等问题，随着经济社会的发展越来越引起人们的关注。陈光中教授更是全身心投入到司法改革和《中华人民共和国刑事诉讼法》再修改的研究中去。参加司法改革座谈会、《中华人民共和国刑事诉讼法》修改座谈会，提出富有真知灼见的专家修改意见。为司法改革和《中华人民共和国刑事诉讼法》再修改做出了重要贡献。

刑事诉讼活动与人权保障密切相关。刑事诉讼法不仅规范了当事人和诉讼参与人的权利和义务，更重要的是它明确分配了公安司法机关在刑事诉讼中的权力。所以，刑事诉讼法的重要性就在于此。2006年在杭州参加中国刑事诉讼法学研究会年会时，浙江工商大学的于绍元教授对我说，很多老师都很羡慕我们刑事诉讼法学研究会，因为每次年会都有最高人民法院、最高人民检察院、公安部的领导参加会议。我说这是因为刑事诉讼法太重要了。因为公安司法机关在刑事诉讼中的权力都来自刑事诉讼法的授权，他们是来反映执法中的困难和问题，争取学者的理解、帮助和支持的。陈光中教授十分注重在刑事诉讼领域的人权保障。经常参加有关人权保障的国际交流活动。记得2015年在北京钓鱼台国宾馆召开的中美司法制度与人权论坛会议上，陈光中老师作为专家学者出席了会议并做了主旨发言，阐述我国人权事业的发展的巨大变化和显著进步。收到与会者的好评。在会议上我和恩师重逢十分高兴，会议茶歇期间，我拉着陈光中老师的手走到会标前面合影留念。会议安排我和陈光中老师在一个餐桌上用餐，看到陈光中老师在我敬酒时可以喝些红酒，饭量不减，我心里十分高兴，因为"能吃有命！"我真心祝福陈光中老师健康长寿，学术长青。

六、关爱后生

陈光中教授工作中严肃认真，勤勉敬业，学术上孜孜以求，勇攀高峰，在生活中艰苦朴素，淡泊名利的心态，都为我们树立了榜样，对我们影响至深，特别是陈光中老师关心、关爱我们后生，更让我们铭刻在心、温暖如春，虽是往事却记忆犹新，每每忆起总是感慨万分。

我印象中，陈光中教授没有什么体育爱好，没有看到过他挥汗如雨地奔跑在网球场上，没有看到过他跳跃扣杀的羽毛球动作，没有看到过他在游泳池里劈波斩浪的身影，我们经常见到的陈光中教授都是忙碌于工作、指导学生的身影，每当我去看望先生的时候，他总在家里埋头工作，翻阅修改研究生的博士学位论文，或是准备研讨会议的文章。我还专门问过陈先生有什么爱好和健身方法？他说年轻时打乒乓球、游泳，现在忙也都放弃了，只是偶尔散散步，没有什么运动。陈光中老师的书法还是有功底的，2006年我陪同陈光中先生去甘肃省天水市检察院调研，应邀还挥毫泼墨，题字留念，但是我从来没有看到过先生专门练过字，家中也没有练字的迹象。先生虽然已是耄耋之年，仍然精力充沛地工作，这和他心无旁骛，全身心投入工作，心态平和有关。2020年春节前夕，我去看望先生，看到先生有些倦意，我一问才知道先生在患带状疱疹，虽然接近尾声，但还是挺痛苦的，我问先生有药治疗吗？他说有。我得过这个病，知道它的厉害，也为先生捏一把汗。2016年我去山东省菏泽市督办案件，当时我正患带状疱疹，特别疼痛，菏泽市政法委书记李法洪还把自己家祖传秘方配制的浅绿色药膏给我治疗带状疱疹。民间有高手，这药挺管用。先生忍着病痛边用药边指导研究生的博士学位论文，桌上和沙发上都摆满了资料和书籍、论文。真为陈光中老师的敬业精神和对学生负责的认真态度所感动。

记得 1994 年我博士毕业就要离开学校了，涉及就业单位的选择。陈光中老师征求我的意见，他希望我留校工作，可以"双肩挑"做行政工作的同时，还可以兼做教学，给学生上课。陈光中老师说："你可以做学工部的工作，你是博士毕业又有基层工作经验，做学生工作，学生们都会服你的。留你在学校担任这个工作，基本不会有反对意见。"陈光中老师说的是事实，1992 年在时常务副校长王启富教授就问过我："小李啊！你毕业想上哪？你留校吧！"

当时还没有到毕业时间，这个问题不紧迫，我说还没有决定。最终，毕业后，我选择去最高人民检察院，因为我在基层人民检察院从事过侦查和起诉工作，我所学的专业也比较对口。陈光中老师完全理解、支持我的选择，还亲自给我写推荐信，让我十分感动。我与最高人民检察院签订协议后，中国政法大学研究生院的副院长刘庭吉教授找到我，让我留校做学生工作办的工作。我说我已经和最高人民检察院签协议了，他说："那不怕，我们去给你同最高人民检察院说解除协议。"我十分感谢学校的老师、领导对我的信任、挽留，但是最终我还是迈进了向我招手的最高人民检察院的庄严大门。

陈光中老师教书育人，为人师表，总是严格要求自己，谨言慎行，对我们后生言传身教，同时也不忘及时提醒。1998 年陈光中老师带队到英国进行为期 20 天考察法学教育和司法制度的活动，我有幸参加此次活动。我们一行十多人，活动的地点主要是伦敦、伯明翰、考文垂、西莫西亚等地方。我们在考文垂住了一半的时间，主要是在沃瑞克大学培训、研讨。另外，伦敦停留的时间也比较长，伯明翰和西莫西亚时间比较短。我当时精力充沛，喜欢运动，总想探索未知世界，不放过对周围环境的观察与了解。所以，我每天早上都早早起床锻炼，喜欢到外面街上转转，由近及远，慢慢扩大活动范围，增加熟悉程度。同时在大家一起用餐时我就把每天早上锻炼时的所见所闻讲给大家听，有的时候惊险刺激，有的时候激动人心，有的时候不知所措，有的时候怒不可遏。回想起来还真有点刺激。记得有一天早上，我到考文垂公园散步，这里的公园没有保安也不收门票，这是考文垂首屈一指的战争纪念公园，每年吸引了超过 40 万名来自世界各地的游客。公园由战争纪念、体育运动两大区域组成，人们可以在特定的时间来缅怀和纪念战争，也可以在休闲时间来此散步、游玩和运动。公园已经被列为英国二级历史遗产公园。我走进公园，看到远处有一个纪念塔，据说是为纪念二战期间被德国轰炸死去的人们而建的。我正在公园里散步，突然一条像小毛驴似的黑色大狼狗向我跑来，我看到这种情况，马上站住，这个时候千万不能跑，否则它也觉得你怕它，它就会追咬你。这个大狼狗过来用鼻子闻闻我脚，没有发现什么情况，围我转了一圈后和我对视，没有离开的意思。我观察一下周围，因为太早公园里没有什么人，后来看到远处树下有一戴着前进帽的老者在往这边看，他看我发现了他，狗也似乎明白我发现它的主人，没等这个老头发话就转身跑开了。看来想呼吸新鲜空气也不容易。有一天晚饭后，我一个人从住地走到考文垂的一个大商场，可能是被琳琅满目的商品吸引了，转悠的时间长了一些，出来的时候走错门了，不是进来的地方，这时天已经黑了，我必须问路了，我想不能问结伙的年轻人，这时过来一位年龄较大的妇女，我上前用笨拙的英语说："对不起，请问去这个宾馆怎么走？"我拿出兜里宾馆的门卡，这位老妇人一看就给我指明了方向。我说声谢谢！然后按照老妇人的指点找到了来路。经过化解迷路的尴尬，我的胆子更大了。有一天晚上，我约上张军去逛考文垂的商场，回来时挺宽阔的马路我们在一侧路边走，这时马路斜对面的一个高大的醉汉向我们走来，挑衅性地要往我们俩身上撞，我立即和他理论："这么宽的马路你不走，故意拐过来撞人，找打啊！"我情急之下的话，估计这个英国醉汉没有听清楚，张军听明白了，拉着我说："别理他，咱们走。"我们走了，但这口气没有出来！应当说英国海德公园是一个让人出气的地方，你有什么主张和建议、不满都可以在海德公园演讲，真是出气的好地方。我在英国期间特意慕名而来，到海德公园看看，我也只是看看热闹而已，一个人站板凳上演讲着，一群人围着他，不知道他们在讲什么？喊什么？英国伦敦的公交车可以购买周票，就是可以在一周内反复使用。我晚饭后没事就自己坐伦敦的公交车逛，顺便给妻子买衣服，逛完商店出来，想到对面坐公交车回宾馆，结果伦敦的这个公交车回程车站，不在马路对面，是单线运行，不是像北京那样双向运行。还好没有几站地，我顺原路走回宾馆的，当然已经很晚了才到宾馆。我在考察团里的"突出表现"，陈光中老师是看在眼里，有一次他找到我说："忠诚啊，出来的时间不短了，情况也熟悉了，胆子也大了，但是可要注意安全啊！"我明白先生是在为我东奔西跑担心，我说："好的先生，我会注意的。"其实，我这毛病始终没有改，记得2001年参加《中华人民共和国和俄罗斯联邦关于移管被判刑人的条约》谈判，大使馆发出通知："最近，俄罗斯光头党专门袭击外国人，请大家注意安全。"在离开俄罗斯莫斯科前一天，还有半天自由时间，我就问全国人大外事委的一个同志（我印象中他是1957年生人，解放军二炮转业的）我们去坐坐莫斯科的地铁吧！我想莫斯科郊外的晚上是没有时间去看了，总可以坐坐莫斯科的地铁。一拍即合，他也很想去看看，我们从中国驻俄罗斯大使馆出发步行到莫斯科大学地铁站买票乘坐地铁，感觉地铁里的老年人比较多，但上下地铁都有扶梯，比较方便。这次坐地铁印象深刻的是，有几个年轻人穿着好像是军服，有人还挂着拐杖，他们弹琴唱歌要钱，唱一会儿拿着帽子在地铁里的人们面前要钱，然后再到另一个车厢里弹唱。我个人认为古人说读万卷书，行万里路。我理解行万里路，不是说让人光坐车或者低头走，而是要考察所到之处的风土人情，社会政治经济状况，记录所见所闻，增长见识。当然，我十分感谢陈光中老师的提醒，每次我都注意安全，正所谓君子不履险地。

陈光中老师关爱后生的故事说不完数不尽，每每回想起来，都感到很亲切、很温暖、幸福满满。一日为师，终身为父，师恩重如山。陈光中老师是终身教授，更是我们终身学习的榜样、导师。其实，我在工作中时时以陈光中教授为榜样，经常利用业余时间，不断学习，坚持科研，成为最高人民检察院机关首批全国检察业务专家，并在多所大学担任兼职教授和研究生导师。公开发表文章二百二十多篇，出版专著两部，主编、参编多部著作，并有多篇文章和著作获奖。我衷心感谢陈光中教授教诲，衷心祝愿陈光中老师健康长寿，学术长青，继续为中国法学教育事业发展、为国家法治建设的进步和人类法治文明更加灿烂辉煌做出更大的贡献！我们期待陈光中教授百年华诞再谱写新的华章。

熊秋红*

莫道桑榆晚，为霞尚满天
——恭贺恩师陈光中教授九十华诞

2020 年注定是一个不平静的年份，我们尚未迎来春节的喜悦，却陷入到了新冠疫情带来的巨大恐慌之中。整整一个春天在惊诧中蹉跎而过，当盛夏的脚步悄悄走近，宅在家中已久的人们以为可以摘掉口罩，呼吸一口清新的空气了，未曾想"武汉战疫"接近尾声，而北京的疫情却出现反复。缠绵不断的疫情使一切的聚会、庆典都化为泡影，对"陈门弟子"来说，疫情带来的最大影响就是我们的恩师陈光中先生的九十华诞庆典一再改期，直至最近取消，一众弟子失去了当面向先生致贺和致谢的机会，也失去了聆听先生"耳提面命""谆谆教诲"的幸福时光。

先生的生日是 4 月 23 日，本该在先生寿辰来临之际就写好祝寿文章的，由于我的怠惰一拖再拖。后来，接到单位派遣的紧急任务，进入到封闭状态之中，每天从早到晚快节奏地工作，根本挤不出时间、也难以静下心来撰写祝寿文字。大师兄卞建林教授曾经问起，为何迟迟未见我动笔？其实，虽然未见诸文字，我在心中已经无数次祝福先生福寿绵长了，因为在我的生命中，除了父母有生我养我之恩，再就是沉甸甸的师恩了。于我而言，写表达深重情感的文字，是需要沐浴更衣、正襟危坐、屏息静气酌，这种"仪式感"代表了一种圣洁、虔诚和景仰，是我内心对先生最崇高的敬意！

千禧之年先生逢古稀之寿，后来到朝枝之寿，再到鲐背之寿，每一个整数生日都是师门中最隆重的节日！先生高寿是全体弟子之福！从 1986 年先生开始招收第一届诉讼法学博士生开始，到如今博士弟子已逾百人，外加博士后、硕士和访问学者共三十余人，形成了一个人丁兴旺、枝繁叶茂的大家庭。先生建了一个微信群，取名为"陈氏学堂"，先生自称"钟鸣老人"。我未问过先生其中有何深意，在我想来，这些称谓再贴切不过了。1996 年我博士毕业离开中国政法大学（以下简称"法大"）到中国社科院法学所工作，迄今已有二十余载。尽管人到中年，可在先生面前，我觉得自己永远是那个需要在"陈氏学堂"求经问道的年轻学子！当先生敲响上课的钟声，无论我们身在何方，心都会立即飞回那个令我们魂牵梦萦的课堂！

与先生结下师生之缘，源自于我的硕士生导师严端教授的举荐。硕士研究生二年级时，因为全年级只有我一人符合报考博士研究生的条件，严老师建议我报考先生的博士研究生。那时先生担任着法大校长，工作繁忙。李心鉴师兄帮我联系了去拜会先生的时间。

---

* 陈光中教授指导的 1993 级博士研究生，中国政法大学教授，中国社会科学院法学研究所研究员，博士研究生导师。

在学院路办公楼的校长办公室与先生第一次见面，在做了简单的交流之后，我冒昧地问道："先生，听说您不喜欢招女生？"先生听了，有些许愕然，随即回答道："我在考分面前一视同仁"。是年秋季，我如愿考入先生门下。来年春天，随同先生一起去河南、安徽调研《中华人民共和国刑事诉讼法》修改问题，在火车上与先生畅聊，先生告诉我，他对我的第一印象是："这个女孩可真冲啊！"后来才发现我虽然来自小县城，却有着开阔的眼界和豁达的心胸，完全跳脱了他的第一印象。初入师门时，因为前面有那么多优秀的师兄对比，心中压力山大。我临时起意考博，从报名到考试，仅有一个多月时间，虽然靠"临阵磨枪"考上了，但刑事诉讼法专业的知识积累明显不足。好在经过 3 年的努力，我顺利完成了学业。

常言道："良好的开端是成功的一半"，博士学位论文写作通常是年轻学者迈向学术研究之路的起点。博士学位论文选题时，先生建议我对刑事辩护制度进行系统研究。在先生看来，辩护职能贯穿刑事诉讼始终，又是近现代刑事诉讼制度的标志，其重要性不言而喻；而从写作的难易程度看，此题可大可小，如果视野开阔，可进行宏观的理论研究；如果驾驭不了抽象的理论研究，也可就其中的具体问题进行研究。我采取了宏观与微观相结合的方式，对辩护制度的理论和实践进行了较为深入的研究。此后，由点及面，我又展开了对公正审判权的研究。再后来，我逐步具备了对刑事诉讼中的诸多问题进行体系性思考的能力，写论文比较得心应手了。

博士研究生毕业时，先生建议我从事教学科研工作。我对自己在学术之路上究竟能走多远心存忐忑，先生说"我现在还不能断定你能否成为一个顶级学者，但我能肯定你会成为一个优秀学者"。先生的鼓励坚定了我走上学术研究之路的信心。在先生身边耳濡目染，我养成了心无旁骛、潜心治学的习惯。先生少时敏而好学，也许是故乡楠溪江的奔涌和白泉的清澈养育了先生丰富的感受力、透彻的洞察力和强劲的行动力，先生在学术之路上披荆斩棘，攀上了一座又一座高峰。从早年的《中国古代司法制度》《外国刑事诉讼程序比较研究》，到《中华人民共和国刑事诉讼法修改建议稿与论证》《中华人民共和国刑事证据法专家拟制稿（条文、释义与论证）》，再到《联合国刑事司法准则与中国刑事法制》《〈公民权利和政治权利国际公约〉与我国刑事诉讼》，还有四卷本的《陈光中法学文选》，先生始终引领着刑事诉讼法学研究的发展方向，为陈门学子乃至整个法学界树立了治学的标杆和典范。先生暮年，壮心不已，在推出了新版的《中国古代司法制度》《中国现代司法制度》之后，还计划推出《中国近代司法制度》，以完成自己治学生涯的压卷之作。

先生之所以为先生，还在于他温淳、敦厚的人文情怀。从中华人民共和国成立之初关注"替坏人说话"对人权和法治所具有的特殊意义，到关注联合国刑事司法人权保障准则；从呼吁将"保障人权"写入刑诉法，到呼吁国家监察体制改革应当注重法治和人权保障；从聂树斌案向司法高官进言，到为企业家产权保护鼓与呼，先生始终与国家、与民族同呼吸、共命运，展现了"为民请命"的士者风范。以研究刑事诉讼法为志业的先生始终将构建公正和人道的刑事程序作为学者的使命，用"法学家眼中的法"去影响"法律家眼中的法"和"政治家眼中的法"，让专政的工具内涵人道理念和人文关怀，用悲天悯人柔化"以暴制暴"，以实现"天下归仁"的理想图景。"德高为师，身正为范"，先生在漫长的学术生涯中，以身体力行的不懈努力，向我们展示了道德的力量、信仰的力量。

先生常说"一个学生，半个孩子"，在学业上先生对自己的弟子要求极为严格，从来不做拔高评价，宛若严父；但在生活中，先生却是细心、温情、体贴，具有慈母情怀。在先生身边攻读学位时，先生每次出国，都会给我带回礼物；陪同先生出差，本应该照顾好先生，但先生往往反过来照顾我，还和别人说"我这个学生哪方面都好，就是身体有点弱"；我第一次出国，是和大师兄卞建林教授一起去加拿大温哥华，先生怕我经济上困难，还给补贴了几百美金。我入职社科院不久，家里人催着我尽早要孩子，结果没等评上副高职称我就怀孕了。先生知道后，甚是关心，在我临产前还专门打电话问询，并给出了如何联系医生的建议。哺育孩子影响了我的学术产出，与学术上的"拼命三郎"陈瑞华师兄相比，我自感学术上落下了一大截。有一次，与先生聊天，我不经意地说："与陈瑞华师兄相比，我实在太惭愧了，辜负了您的期望"，没想到先生安慰我说："你是女生，不要跟他比，他是全身心投入学术，你事业和家庭兼顾得很好"。从先生的话语中，我了解到先生尽管希望学生能够学术精进，但却不愿给学生增添心理压力。

先生对于后学之爱是大爱。学术界公认，先生没有门户之见、内外之别，对于青年才俊，先生总是不遗余力地提携，助推他们茁壮成长，不少后学自称是先生的"编外弟子"。作为中国法学会诉讼法学研究会的会长。作为中国政法大学的校长，先生眼中所看到的，绝非一众弟子，而是整个法学界的优秀学子。先生心怀天下，设立"中国法学会诉讼法学研究会中青年优秀科研成果奖"、设立"陈光中诉讼法学奖学金"，是为了关爱晚辈，奖掖后学，而非偏重于为自己的弟子"增光添彩"。正是因为他秉持客观公正的评价标准，才使不少优秀学子脱颖而出，成为中国诉讼法学界的栋梁之材，也使他们深切感受到学术研究的责任、使命和尊严！

杨绛先生96岁高龄时奋笔抒怀，写下了《走在人生的边上》一书。在书中，她这样感慨："我正站在人生的边缘上，向后看看，也向前看看。向后看，我已经活了一辈子，人生一世，为的是什么呢？我要探索人生的价值。"她还说，"人的可贵在于人的本身"。我想，今年90岁高寿的先生用自己的道德文章和满门的桃李芬芳对杨绛先生的提问作出了最好的回答——所谓人生的价值，就是竭尽所能，为人类的福祉做他所能做到的一切。台湾诗人余光中与先生同名不同姓，他们都是"江南人"，都是江浙才子，都是饱学之士，江南烟雨、万里长城、万卷诗书都蕴涵在他们的身体里，他们身上所散发的性灵之光，璀璨夺目、光耀中国、与日月同辉！

我有幸忝列先生门墙，人生轨迹与先生有了越来越多的交集。同为北京大学校友，秉承了"因真理得自由而服务"的精神基因；同在位于沙滩北街15号的北京大学旧址——中国社科院法学所工作，先生曾任刑法室主任，而我担任了10年诉讼法室主任；并且在兜兜转转数十载之后，最终决定回到法大工作。尽管在退休进入倒计时之时，做出调动工作的决定颇为不易，但我还是下决心做出了这样的选择，其中最大的动力来自先生——回到母校，陪伴先生的晚年，同报师恩，对我具有非同寻常的意义。法大诉讼法的学科优势凝聚着先生一生的心血，作为弟子，我们的责任是传承、光大师门的学术。"众人拾柴火焰高"，有先生坐镇，师兄弟姐妹们一起努力，就能让"陈氏学堂"一直声名远播！

近年来，先生有时为病痛所折磨，与先生谈话，偶尔听到他表达生命意识，感慨"暮年有志，健康不济，奈何！奈何！"想跟先生说"莫道桑榆晚，为霞尚满天"！先生不老，学术之树常青！我们都等着先生敲响上课的钟声呢！

2020年6月23日夜于西郊宾馆

王万华[*]

跟随先生学习和工作的快乐时光

仁者寿！先生荣升"90 后"，此乃"陈氏学堂"之幸事！先生健康长寿，我们做学生的就总是感觉不到岁月的流逝，当学生的日子恍若就在昨天。1996 年，我考上先生的博士，一晃已经二十多年了。我的专业本为行政法学，却有幸能够投入先生门下，跟随先生学习和工作，真的是要感激老天爷的眷顾。备考时，因为行政诉讼法学方向也要考中国古代刑事诉讼和中国刑事诉讼，而我仅有本科时学的刑事诉讼知识，心里没底，于是收集了刑事诉讼的全部文献，前后八个多月，夜以继日拼命复习。复习期间，有一次在校园里遇到先生，先生很关切问我为什么脸色这么难看？并叮嘱我要注意身体。我没想到先生如此心细亲切，感动得眼泪差点掉下来。考试结束后，先生非常满意我中国古代刑事诉讼部分的答卷，给了我满分。读博期间，先生还数次提到这事，表扬了我几次，给了我莫大的信心。正是得益于博士备考时系统通读了诉讼法学的文献，我对程序法原理有了比较系统地掌握，为我博士学位论文的写作打下了坚实的基础。先生十分重视基本原理的研究，那时经常教导我们学术研究一定要有理论深度和学术创新。但是，有学术深度和学术创新的基本原理研究要做到何其难也！记得当时在读的蔡金芳师姐的博士学位论文选题是《刑事诉讼程序系统论》，写作过程就把她折磨得够呛。我每次在楼道里遇到师姐都要同情地问一声，论文进展还顺利吗？心里一边想着下一个就该轮到自己了。现在回想起来，先生重视基本原理研究的教学和研究思路，虽然当时感觉压力很大，可对学生而言是终身受益的事情。我博一时跟随应老师收集整理外国行政程序法，萌生了将程序法原理扩展至行政领域展开研究的想法。当时国内关于行政程序法研究刚刚起步，可供参考的文献资料很少，写作难度很大。我在写作过程中，坚持努力挖掘行政程序法典化背后的基本原理，论文能够对行政程序法相关的一系列重大理论问题展开一些有价值的探讨，正是得益于先生的治学理念，并影响我至今。

读博士期间，有机会跟先生一起完成了《论诉讼法与实体法的关系——兼论诉讼法的价值》一文，这篇论文发表在《诉讼法论丛》1998 年第 1 期上。这一次跟先生合写论文让我深深体会到先生治学之严谨，这一点，我想每一位与先生合写过文章的弟子都会有跟我一样的深刻体会。先生对每一个用词字斟句酌，每一个标点符号反复修改，引用的每一句话、每一份资料的出处反复核对，不厌其烦，反复修改完善。先生如此认真，做学生的哪里还敢有半点马虎！从先生那里我学到了凡事不分大小均需认真，标了自己名字的东西

　＊　陈光中教授指导的 1996 级博士研究生，中国政法大学诉讼法学研究院教授、博士研究生导师。

拿出去就要经得起推敲。在写作这篇文章过程中，更为重要的是我领略到先生温和而富有建设性的治学思路。先生治学力求创新，但不激进、不偏颇，在敏锐把握国内外前沿理论基础上，深深立足于中国法治建设的实践，深入论证，理性寻求解决中国问题的理论方案。当年诉讼法学界对程序工具主义进行反思，提出了比较激烈的批判意见，倡导程序本位主义，主张突显程序独立价值。先生把我叫去，说他认为过去是重实体、轻程序，现在是重程序、轻实体，存在矫枉过正的问题，主张应当坚持实体公正与程序公正并重，并对诉讼法与实体法的关系作了系统论述。我按照先生的思路形成初稿，经先生数次修改，最后形成《论诉讼法与实体法的关系——兼论诉讼法的价值》一文，系统论述了先生程序公正与实体公正并重的思想。经过二十多年的发展与完善，先生已经形成了系统、完整的"动态平衡诉讼理论"。先生的"动态平衡诉讼理论"以承认诉讼多元价值、多元目的为前提，以承认诉讼系统中存在多元利益冲突为前提，其重大意义在于突破了长期以来过于强调打击犯罪、过于追求社会秩序的单一诉讼目的，提出个人权利保障同样具有重大价值，同样是制度建构中必须予以体现的价值。与之相对应，公权力的行使不能仅仅追求客观法秩序，还需要给予个人权利以保障。多元价值之间不可避免存在冲突，对此，先生提出平衡是一种动态平衡，不是机械、简单强调在多元价值之间进行平衡，而是强调因时、因地制宜，结合具体情况进行平衡，通过动态平衡实现个案正义。先生的动态平衡诉讼理论在一些重要法律，特别是《中华人民共和国刑事诉讼法》的修改和完善中均有体现，先生以他的人文情怀和深邃的学术思想，积极推动了国家法治的建设和发展。

博士毕业后，由于研究方向的原因，参与先生学术活动的机会就少了，但我由于担任了陈光中诉讼法学奖学基金管理委员会的秘书，还是有很多机会跟先生就基金的事务交换意见。在推进基金工作中，我能够深深感受到先生对教育事业的热爱和对培养优秀诉讼法学青年人才的深深关切。先生是一个节省的人，从来不乱花钱，却主动和家人一起拿出积蓄，倡议成立了"陈光中诉讼法学奖学基金"，面向全国，奖励优秀诉讼法学青年学子。基金在先生七十大寿之际成立，历经先生八十大寿、九十大寿不断发展壮大，每次先生都毫不犹豫拿出自己的积蓄给基金增资。卞老师劝先生把钱给自己留着养老，不要拿了，但先生还是坚持捐给了基金。基金成立 20 年来，奖励了一批又一批优秀的刑事诉讼法、民事诉讼法、行政诉讼法的青年学子，有的获奖者已经成长为高校的骨干教师、学科带头人，有的获奖者成为实际部门的业务骨干。每每看到获奖同学上台领奖时年轻面庞上绽开的灿烂笑容，我想这一定是他们人生旅程中最难忘的时刻之一。先生以他的人格魅力鼓舞着一代又一代诉讼法学子，追求法治理想，实现自己的人生梦想。先生，不仅属于"陈氏学堂"，更属于所有的诉讼法学子！

博士毕业后，我和薛刚凌老师每年的教师节、中秋节和春节都会约好一起去看看先生和师母，这么多年从来没有间断过。每次去，先生会半卧在沙发里，跟我们聊聊他喜欢的女排，会问我们孩子好吗，也会问我们自己好不好，还会叮嘱我们到了一定岁数后要注意身体。师母会跟我们聊聊漂亮的衣服啊、发型啊、怎么管孩子学习啊什么的。我很喜欢这种氛围，虽非家人，却如家人。先生是思想深邃的学术大师，是敢于担当发声的学者，是中华人民共和国法治建设的积极践行者，在我心里，也是慈父般的温和长者。大洋彼岸，寂静深夜里，写下跟随先生！学习和工作的点滴快乐回忆，深深祝福敬爱的先生福寿安康！期待"陈氏学堂"再聚一堂为先生庆祝"00 后"生日！

张建伟[*]

文一 现实观照下的古代司法制度历史图景
——陈光中教授的《中国古代司法制度》

历史是一条巨流河。不同国家的历史巨流河有长有短，有宽有狭。历史悠久的国家，也可能同时是一个历史短浅的国家——剪断历史的文化脐带，造成文化传承的断裂，再悠长的历史也会变得"短浅"起来。如果历史观短浅，让一条历史的"巨流河"在偏狭的历史观之下变得单调而浅薄，当历史变薄了的时候，也容易变质。因此，重视历史文化的传承，并以客观公允的态度对待历史，不但是对过去，也是对现在以及未来负责任的态度。我国司法改革，从域外获得灵感最多，从本国历史资源中获取营养的意识似有不足。有鉴于此，接上历史文化的脐带，并从历史中获得营养，就成为当下学者的一项重要担当。

几年前，陈光中教授表达过一个愿望，就是将早已绝版的《中国古代司法制度》一书，纳入近些年来挖掘出来的新的史料，整理再版。旧版《中国古代司法制度》是1984年群众出版社出版的，共227页，约15万字。近日，新版《中国古代司法制度》一书作为《中国司法制度史》第一卷出版了，篇幅扩充到42万字，共543页。体例与旧版相比，修订增补不少，如旧版第一章为审判组织，如今改为司法机构；第六章法庭审判改为庭审程序，增加保辜制度；增补第十章民事诉讼制度。史料大为扩充，补入插图。一册在手，不看内容，相比旧版已有一种明显的厚重感；探其内容，更觉磅礴大气，其选材精当，史料翔实，观之有汪洋恣肆之感。

陈光中教授作为刑事诉讼法的巨擘，工笔进行古代司法制度历史的描摹，自有其独特视角：大体以司法制度的多个面向来设计其篇章结构，参照诉讼法的体例安排叙述顺序，史料的选材和分析评论，也多体现诉讼法学者的独到眼光，若将本书与刑事诉讼法学教材并读，衔接自然，绝无违和之感，这成为本书的一大特色。

一部优异的史学著作不仅在史料挖掘、整理、运用方面有其独到之处，其对历史事件、历史人物、制度成因和良莠等的分析评论亦应卓荦绝俗，史评往往更重于史料。书中作为代替绪论的，是一篇见解精到的史评，这是一篇题为《中国古代司法制度之特点及其社会背景》的综论，该篇高屋建瓴，清晰勾勒了中国古代司法制度的轮廓，为深入理解我国司法制度提供了指引。陈光中教授指出：中国古代司法制度的特点之一是君主专制司法，其产生和长期延续可归因为以下社会基础和思想根源：一是私有制和家天下之必然产

---

[*] 陈光中教授指导的1997级博士研究生，清华大学法学院教授，博士研究生导师。

物，二是小农经济，三是君权神授的思想基础。重农轻商的儒家思想抑制工商业的发展，与西方启蒙思想中社会契约论的隔膜，成为君主专制得以稳固的条件。在君主专制制度下，君主掌握着最高司法权，司法从属于行政，施行纠问主义，这种诉讼模式倚重被告人口供，刑讯成为合法的取供方式。除君主专制司法外，陈光中教授将中国古代司法制度的特点概括为贵贱尊卑不平等、仁政德治、治吏监察发达、注重公正、和谐息讼、重刑轻民。其中谈及"法中求仁"，赞赏其慎刑思想，古时为防止错判错杀并使冤错案件得到平反，进行了一系列制度设计，包括控制死刑、实行"罪疑惟轻"处理原则、矜悯老幼、实行恤囚和录囚制度、亲亲相隐。这些制度体现了天命和儒家思想，无疑是一些值得珍视的良意美法。对于古代司法制度，陈光中教授的态度始终是持平公允的，他肯定了制度的优良面："四千年的中国古代司法制度史，是一部司法文明发展史，彰显明德慎刑，公正断狱，强化治吏监察，重视教化调解，凝聚着古代统治者运用司法手段治国理政的智慧和经验"；同时，他中肯地揭示古代司法制度的弊害："中国古代司法制度史又是一部服务于君主专制统治的历史，纠问制诉讼，刑讯逼供，供重于证，浸透着血腥气味。"

陈光中教授的历史态度和学者情怀，体现为本书贯穿始终的基本精神："我们必须以历史唯物主义的观点来研究古代司法制度，既要珍惜和传承优良的司法文明，又要批判和摈弃某些不文明的司法糟粕，鉴古观今，古为今用，以助推今日中国特色社会主义现代化民主化法治化司法制度的宏伟建设"。这体现了作者的情怀——在进行古代制度叙述时眼界不局限在旧制度中，力求为当代的司法发展进步提供启迪。书中记述和阐明的一些重要内容，契合当前政治发展和司法改革的重大决策和重点内容，可以为这些发展和改革提供灵感和助力。

培根谓："读史使人明智。"我国古代司法制度可以为当下的司法改革提供灵感，某些制度也可古今对比观察，如直诉制度与如今的上访制度便似有血缘关系。以当代的眼光观察，古代司法制度固然存在不少缺憾，但也有一些制度即使置于今日，也未尝不可誉之为优良，如死刑复核与复奏制度就是值得称道的制度。美国学者 D. 布迪和 C. 莫里斯在《中华帝国的法律》一书中赞叹："从现代西方人的观点来看，中国古代司法制度中有很多内容是值得商榷的。例如，法律体制中权力一元化，不实行分权制；没有私人法律职业；保留两千年以前的一些古代制度；古代法家所创立的拷讯制度；受儒家思想的影响，在法律中明确规定人与人之间在个人身份和社会地位上的不平等。然而，上诉制度，尤其是有关死刑案件的上诉制度，可以说是人类智慧的结果。"从本书相关内容的介绍中，我们也可以体会这两位美国学者的评价："中国古代的上诉制度比较复杂，其某些规定过于烦琐，其形式化的因素较多；而且这一制度的实施肯定要耗费较多的人力。尽管如此，中国古代司法制度毕竟创建了一种'正当程序'（这一正当程序与西方世界的正当程序不是一回事），而这种'正当程序'是值得中国人引以为骄傲和自豪的。"

值得国人骄傲和自豪的，不仅是死刑案件的复核制度，还有其他一些饱含智慧的制度。例如，在中国司法制度中，法官责任制度也有设计精当之处，值得当下法官责任制度设计者潜心研究并予以借鉴。有些早已失传的制度，掸去灰尘，能够重新认识其光彩，保辜制度就是这样一项制度。这一制度"既可以作为定罪量刑的一项标准，也可以作为调解息讼的一种方式"，指的是"在殴伤人未至死的情况下，于法律规定的期限内，加害人对被害人积极治疗，待期限届满，依据被害人的伤亡情况对加害人进行定罪量刑的制度。"

这项制度体现了儒家"体恤慎刑"的伦理思想和"德主刑辅"的法律观念，给加害人补过机会，对于缓和及消除矛盾大有裨益，也减少了被害人伤亡的几率，为当今的刑事和解和恢复性司法提供了可供借鉴的经验。我们当下进行司法改革，应有足够的智慧认识到古老制度的优点并进行创造性的改造，使一项制度能够完成现代转型。

对于司法制度是否包含监察制度，陈光中教授指出：古代监察制度与司法密切相关，难以分割，且独具特色，追溯该制度的起源和发展，可谓"历史源远流长，体系严密完备"，法律制度健全。古代监察机构职能广泛，乃至"无所不监"，权重而独立，对于古代监察官，陈光中教授予以正面评价："古代监察官能纠弹比自身品秩更高的官员，不畏权贵，一方面是由于各朝皇帝的重视，另一方面也因其被赋予了一定的独立地位与特权，并具有威严的形象，因此官吏有所畏惧。这种'位卑权重'的状态在一定时期内发挥了良好的作用，使位高者有所顾忌，不敢妄为，位卑的监察官又因无所顾忌而可以竭忠尽力。"不过，古代监察官权力过重，在特定条件下也会产生弊端："在政治昏暗和无法律制度保障的情况下，监察官权重的后果也造成了权力的膨胀，逐渐向更多的行政权力靠拢，在一定时期成为地方割据势力的推手，不仅没能发挥监察地方的作用，反而破坏了中央集权，造成国家的分裂，不得不让人反思。"古代监察制度，要害是"为君主专制中央集权服务。君主依赖监察官监督中央与地方官员，并以监察官为'耳目'，了解全国各地方的情况。监察官在皇帝支持下实施监察活动，所纠弹的问题最终由皇帝裁决。"封建时代的监察机关与我国新监察机关性质不同。不过，古之监察对于今之监察仍有其他制度上的借鉴意义。古之监察机关的职能为何，除监察百官之外，对于司法和法律有无监察作用，书中皆有详细和精准的描述。我国当前中央巡视制度与古代监察机关的巡察制度，都可做耐人寻味的对比。

《中国古代司法制度》足可为研究、阐述古代司法制度的传世之作，也是陈光中教授研究我国诉讼制度的扛鼎之作。我国诉讼法学研究对象包括本国现行诉讼制度、古代和近代诉讼制度，以及域外诉讼制度。如今学者热衷于研究域外诉讼制度，谈起域外某些制度乃至如数家珍，对于本国司法制度和诉讼传统却不甚了了。这本关于古代司法制度的大作，不但可以嘉惠士林，也可以给学术晚辈提供一个启迪：为学问者，需要打破学科藩篱，切不可自我限囿，形成学科研究中的五代十国现象；专业化不是专业窄化，专精之外应求博洽，上下五千年，纵横八万里，焉有涯际？吾人有志于学，不但要中西兼容，还要古今贯通，才有希望成为学术大家乃至巨匠。

文二 九十不辍医国手，学术生涯再编年：
陈光中教授的法学生涯

吾师陈光中教授年已九旬，虽自觉体力、精力不如从前，但思维仍然敏捷，对于刑事诉讼法学、证据法学和国家监察法学始终抱着探索精神，不断有新的观点和论著问世。近年来，除了一些有分量的论文结集为《陈光中法学文选》（第四卷）外，《中国近代司法制度》也在陆续出版中，真可谓笔耕不辍，老当益壮。

陈光中教授是我国著名法学家和著名法学教育家，是中华人民共和国刑事诉讼法重要奠基人，也是中华人民共和国社会主义法学开拓者之一。今年4月23日是陈光中教授90岁生日，我套用辛弃疾《水龙吟》为先生写下祝寿词：

"细思古往今来，谁人曾是医国手。砚田心事，历经多少，雨疏风骤。神州几度，沧桑变幻，乌飞兔走。到如今再看，云起龙骧，此功业、几人有？

虽是文章山斗，探新知、岂甘株守？笔底波澜，胸中丘壑，著成佳构。华诞九十，剑书未老，镜心依旧。对春朝，四海同日奉酒，为先生寿。"

要概括陈光中教授的情怀、事业和成就，仅凭这一首百字令是远远不够的。

一、少年一举龙门跃，尘世多违感慨多

1930年4月23日，陈光中教授出生于浙江省永嘉县白泉村。

陈光中教授曾经充满感情地谈起他的家乡——白泉村位于著名的楠溪江风景区，这里溪曲峰叠，景色迷人，有诗云："南川山水甲东嘉，十里澄潭五里沙。""溪山第一溯珍川，渠水潆洄出白泉。"相传白泉村内有井，水白如玉，因而得名。

陈光中教授年少时天资聪慧，学习成绩常名列前茅。上小学时，白天就读于课堂，晚上由堂伯父（清朝秀才）教读古文、古诗，到小学毕业时，不少古文古诗已朗朗成诵，《四书》也已熟读在胸。

陈先生少年志高，认为一个人不应当碌碌无为，虚度一生，应当在"立功、立德、立言"上有所建树。1942年春，他以第一名的成绩毕业于白泉小学。1945年春初中毕业时，又以第一名的成绩考入永嘉县立中学。1946年春，转学到闻名全国的省立温州中学。

在少年时代，他性格开朗，爱好广泛。抗战时期，他身处穷乡僻壤，除学习外，业余时间喜欢阅读《水浒传》《西游记》等古典小说，也喜欢下棋、游泳、打乒乓球和拉胡琴。从高中开始，他更加努力学习，不断写一些小文章。高中二年级时，牛刀小试，他写的一篇《读古诗词杂感》在当地日报发表。

1948年夏，陈光中先生以奖学金名额（占考取名额的20%）考取了清华大学、中央大学（今南京大学）法律系，并就近入读中央大学。1950年夏，他通过考试转学到北京大学法律系，1952年夏季毕业。在北京大学学习虽只有短暂的两年，但此时的北京大学，追求民主、科学的气氛浓厚，爱国主义的传统和勤奋治学、自由探讨的学术气氛，深深地感染着陈先生，这种影响伴随他的一生。

在北京大学毕业时，时任法律系主任、著名的国际私法专家费青教授找他谈话，希望他留在系里当助教。当时优秀学生才能留校，留校是一种荣誉，他愉快服从了组织上的安排。随后全国高等学校进行院系调整，北京大学、清华大学、燕京大学以及辅仁大学的法律系、政治系和社会系合并成立北京政法学院。著名法学家、北大法学院院长钱端升教授担任北京政法学院首任院长。陈先生随同北大法律系的全体师生告别北大，来到新成立的北京政法学院，参加了学院的创建工作。2002 年，中国政法大学 50 周年校庆，他荣获"元老教授"的称号。

在北京政法学院，从 1954 年开始，陈光中先生根据组织决定，担任刑事诉讼法学的教学工作。从此与刑事诉讼法学结下了不解之缘。这一年，经过勤奋努力，他在业务上开始崭露头角，在《政法研究》（当时政法界唯一的国家级刊物）上连续发表了两篇论文，参与编写了司法部组织的第一本中国刑事诉讼法学教学大纲和中国刑事诉讼法学教材（教材未出版），并于 1956 年被评为讲师。

正当年青才俊的他想大展宏图成为青年法学家时，1957 年夏季的整风反右运动开始了。陈光中先生远离了政治性强的法律业务教研室，他只能去教中国法制史和中国通史。幸好他古文功底扎实，又爱好历史，倒也自得其乐。即便在这时，他还写了一篇中国刑法沿革的文章在《政法研究》上发表。

对于这段经历，他感到惋惜的是，年轻时曾努力学习的英语和俄语、并都达到了能阅读原文书籍的水平，却因后来条件所限、又不得不花大量精力去钻研古代的文献而放弃了，这等于舍弃了一座宝山。

1966 年陈光中先生被下放到安徽濉溪县"五七干校"劳动。由于北京政法学院被整体撤销，全体教师或自找出路或在安徽就地分配，他被调往广西大学主讲近代史和中国哲学史。他讲课很受学生欢迎，被评为全校优秀教师。在那个年代，在大学里有安身之处，已属幸事；但当时世事多违，壮志难酬，他的心境不免戚戚难安。

1976 年 10 月以后，国家进入了新的历史时期，陈光中先生曾经叙写他这个阶段的心情和机遇：

"我也开始了人生道路上崭新的历程，这时期，我心情舒畅、精神焕发，夜以继日地工作，恨不得把前 20 年蹉跎的岁月都弥补回来。我个人的才能和学识积累也得到了充分发挥，从而使我在事业成就上登上了巅峰。"

1978 年国家恢复职称评定，陈光中先生被广西大学评为副教授，同年调回北京，任职于直属教育部的人民教育出版社，编写中学中国历史教材。全国恢复统一中学教材的《中学历史》第一册就出自他的手笔。

1982 年秋，陈光中先生被调到中国社会科学院法学研究所任刑法室主任。

1983 年中国政法大学在北京政法学院基础上成立，是年秋，他又被调回中国政法大学任研究生院副院长，随后被评为教授。1986 年经国务院学位委员会批准，他成为全国第一位诉讼法学博士生导师。1988 年任中国政法大学常务副校长，1993 年任校长，1994 年卸职，继续担任教授、博士生导师至今。

有人说，任何一种行业既可看成职业，也可看成事业。工作忙碌而没有乐趣和满足，这是职业的痛苦；事业却不然，往往唯恐不忙，越忙越起劲，越感到快慰。陈光中先生担任研究生院和校领导十余年，肩负重任，不敢稍有懈怠。卸任后，除了忙于学术研究和法学教育工作，他还担任了多种社会兼职，主要有：国务院学位委员会法学评议组成员，国家哲学社会科学研究"八五""九五"届法学规划小组（评审组）副组长，中国法学会副会长，中国法学会诉讼法学研究会会长，最高人民法院特邀咨询员，最高人民检察院咨询委员会委员，教育部人文社会科学研究专家咨询委员会委员等。

美国耶鲁大学中国问题研究中心主任葛维宝教授曾经以钦佩的口吻赞扬陈光中先生，称他为中国刑事诉讼法学的发展和中国刑事司法制度的改革做出了重大贡献，"是一位有国际影响的中国法学家"。在国内，陈光中教授的成就是世所公认的。作为中华人民共和国刑事诉讼法学的奠基人之一，他从事学术研究和法学教育近半个世纪之久，著述丰硕，具有广泛的影响力；传道授业，培养了一批法学高级人才。中国政法大学鉴于陈光中先生的学术成就和海内外的影响力，2001年10月决定授予他和江平先生、张晋藩先生三人"终身教授"的称号，并赞誉他们是"学界公认的大师级专家教授"。

二、平生著述与身等，一语惟求能兴国

陈光中先生在谈到治学经验时曾说："一个人在事业上要有所成就，特别在治学的道路上要成为一个大学问家，必须具备三个条件：天赋、勤奋、机遇。但是，天赋不由个人决定，机遇变数很大，只有勤奋完全取决于自己。"古人说："小时了了，大未必佳"，一个人可能就是因为天赋很高，但是并不勤奋或者时运不佳，因此没有取得应有的成就。勤奋应当从少年时代开始，并且一生持之以恒。

许多教师在过去的运动中浪费了许多时间。陈光中先生深感光阴如白驹过隙，感喟："生命对于一个人来说只有一次，时不再来，时不我待，浪费时间是最大的浪费。"

运动结束后，他废寝忘食地拼命学习、工作和写作，虽然陈光中先生担任的领导职务占用了大量的时间，但他还是利用晚上和节假日的时间从事研究工作。他相信，一个人只要珍惜时间、勤于积累，一旦机遇到来，就必然有所成就。至今，陈光中教授仍然习惯于在夜深人静时坐在书桌前读书和著述，那情景，恰如米尔顿所言："一灯荧然，独坐静思，探索新的观念和意境。"

陈光中先生对于学术孜孜以求，笔耕不倦。20世纪50年代前期，他把学习苏联与推进我国的民主法治建设结合起来，于1955年公开发表的第一篇学术论文就是介绍苏联的辩护制度，在这篇文章中，他明确提出我国要建立辩护制度，并以无罪推定原则作为建立辩护制度的根据。

接着，陈光中先生又写了一篇关于无罪推定的文章，寄给上海《法学》杂志，基本上赞同黄道的观点，主张在我国实行无罪推定原则，只是在提法上应该更加科学和符合国情，后来这篇文章他本人撤回了。

在研究中国古代司法制度时，他推崇古代司法制度中的一些优秀的遗产，如慎刑制度、注意现场勘查等，同时深感我国专制主义的历史很长，流毒至今远未肃清，如刑讯逼供、以供定案等，他认为研究古代的司法制度可以比较透彻地了解这些不文明、不科学现象的根源。

在陈光中教授的著作中，有的是与外国的研究机构合作完成的，如1998年出版的《联合国刑事司法准则与中国刑事法制》一书，是由他和加拿大刑法改革和刑事政策国际中心主任丹尼尔·普瑞方廷共同主编的，此书对我国批准加入《国际人权公约》有重要的参考价值。他撰写的文章中有 10 篇在外国或中国港澳台地区报刊上发表，如 1995 年在法国《刑事法律与犯罪比较研究》杂志上发表的《中国刑事诉讼制度改革之展望》在欧洲引起了广泛的注意。

长期以来，我国法学研究的主要方法是比较研究方法，在学术研究和立法过程中，主要依靠借鉴、吸收外国法学理论和法律制度进行学术探索和制度设计，译书便几乎成为第一要务，而组织、翻译外国法典，对于促进法制进步和学术研究当属功德无量。陈光中教授于 1995 年组织成立了刑事法律研究中心，并由中心组织翻译、出版了德、法、意、美、加、日、俄、韩等国的刑事诉讼法典。

嫁衣一件件做就，他为之欣喜不已。他曾经谈到："我始终注意本专业国外资料的收集，注意掌握外国刑事诉讼法的最新动态。我觉得只有对本专业的古今中外的知识大体上了解了，才能使自己视野开阔，见解高屋建瓴，具有前瞻性。改革开放以后我关于诉讼制度改革的主张，很多是得益于外国立法的借鉴。如关于我国应当建立刑事赔偿制度的主张，就是我在研究外国刑事诉讼程序时注意到的。西方的法治国家早就规定有这一制度，它是现代法治和尊重人权的体现，我国为何就不能实行？因此，我从 20 世纪 80 年代中期开始，就提倡我国应当借鉴外国的经验，建立符合中国国情的刑事赔偿制度。1994 年我国终于公布了《中华人民共和国国家赔偿法》，事实证明我的见解是正确的。"

"学以致用"是陈光中先生一贯的治学方针。他认为诉讼法这门学科的应用性很强，应当通过基础理论和实务的研究，直接或间接地服务于促进诉讼法治建设，有利于推进依法治国、建设中国特色社会主义法治国家。陈光中先生十分重视参与立法工作，曾多次参加各种立法咨询和征求意见的座谈会。1999 年 3 月通过的对《中华人民共和国宪法》的重要修正（如增加规定"实行依法治国，建设社会主义法治国家"等），事先由全国人大主要领导人主持召开法学家征求意见座谈会，他是参与座谈会的十多位法学教授之一。

陈光中先生在立法中发挥重要作用的一次，是参与 1996 年对《中华人民共和国刑事诉讼法》的修正。1993 年 10 月，他受全国人大常委会法工委的委托，牵头组织了《中华人民共和国刑事诉讼法》修改研究小组。该小组在进行国内调查、国外考察的基础上，拟出了《修改建议稿》，报送全国人大常委会法工委供参考。该《修改建议稿》的指导思想不是以打击犯罪为主，而是主张惩治犯罪与保障人权相结合，强调加强人权保障。

次年，《修改建议稿》经论证后正式出版，书名为《中华人民共和国刑事诉讼法修改建议稿与论证》。该书出版后，陈光中教授将其分送给了中央有关立法、司法部门的领导和同行专家。全国人大常委会法工委在征求政法实践部门意见并参考《修改建议稿》的基础上，经反复讨论修改，提出了《中华人民共和国刑事诉讼法修正案（草案）》，最后被全国八届人大第四次会议顺利通过。

据统计，《修改建议稿》中约有 65% 的修改建议被新《中华人民共和国刑事诉讼法》所采纳，其中包括吸收无罪推定的精神，加强被告人、被害人的人权保障，律师提前到侦查程序就介入，完善强制措施、取消收容审查，以及改革死刑执行方法、使之更加人道主义化等。《中华人民共和国刑事诉讼法》的成功修正，使我国刑事司法制度进一步科学化、民主化，得到国内外的一致好评，陈光中先生也因他在推动刑事诉讼制度民主化、科学化方面做出的杰出贡献，被海内外舆论尊称为"中国新刑事诉讼法学之父"。陈光中先生坦言："这一称号我不敢当。就我个人来说，适遇此次修正《中华人民共和国刑事诉讼法》盛事，并能尽绵薄之力，实为荣幸之至。"

在《中华人民共和国刑事诉讼法》修正完成以后，他立即着手研究联合国刑事司法准则在中国的适用问题。他期望通过这个专题的研究，推动我国的刑事司法作进一步的改革。这个项目的专著《联合国刑事司法准则与中国刑事法制》面世之日，正是我国政府签署联合国《公民权利和政治权利国际公约》之时。这仿佛是巧合，但实际上是他从事理论研究力求能顺应时代进步潮流、具有洞察力和前瞻性的表现。

2002 年，他又主编了一本研究联合国公民权利和政治权利的著作，在这本著作里，他收录了由他拉出提纲，学生具体执笔，最后经他逐字逐句修改的《关于我国加入联合国〈公民权利和政治权利国际公约〉的建议书》，他希望通过这本书和这个建议书促进我国早日批准和实施《公民权利和政治权利国际公约》，促使我国人权状况进一步改善，促进中国的刑事司法文明程度的进一步提高。

学术研究是没有止境的，学者需要有超前的敏感性、透彻的洞察力、强劲的号召力才能引领、带动学术研究的潮流。当黄钟大吕叩开新世纪大门的时候，中国的法律人带着对法治的全部憧憬进入了新的世纪。

陈光中先生敏锐地认识到，刑事证据法律制度不能适应司法实践的需要，亟需加以改革完善，他随即着手组织并主持进行了刑事证据立法的研究项目。我国法律秉承大陆法系的传统，在各诉讼法内均以专章对证据问题作出规定，司法机关还根据司法实践的需要就证据问题制定了一系列司法解释，但总体上却远未形成系统完备的证据制度体系，证据制度中的一系列重要问题，立法都没有做出具体、明确的规定，甚至根本没有做出规定。

为此，近几年来，陈光中先生不断呼吁完善证据立法，并身体力行，牵头组织教授起草《中华人民共和国刑事证据法专家拟制稿（条文、释义与论证）》，此稿既立足于国情，继承我国刑事证据法的优良传统，又满腔热情地推进我国刑事证据制度的现代化改革，主要体现在明确规定无罪推定原则、确立沉默权和非法证据排除规则等，这一拟制稿对我国司法实践中长期存在的一些突出问题，提出中肯的立法建议，以促进我国刑事证据法律制度的完善。

由于陈光中先生在学术上作出了杰出的贡献，1991 年他荣获国务院对有突出贡献专家的政府特殊津贴。1996 年他成为中央电视台《东方之子》采访报道的第一位法学家。2000 年 12 月 30 日《法制日报》把他选定为"中国二十世纪的大法学家"之一加以介绍。

三、弘道无求唇舌省，崇法何辞鞋履磨

陈光中先生曾经慨言："坚持改革、坚持民主法治，需要毅力，更需要勇气。"在述说自己的学术思想轨迹时，他说："把我国建设成一个现代化的民主法治国家，这是我年轻开始学法律时梦寐以求的理想，也是我一生治学的指针。我力图通过自己的法学学术活动，促进我国的民主更加发展，法制更加健全，人权更有保障。"

这种历史的使命感推动着陈光中先生、鞭策着他不断地为改革开放、民主法治做不懈的努力。陈光中先生关心民瘼，他的学术主张里充满了人文主义的张力。在 20 世纪 80 年代，他较早地主张建立国家赔偿制度，反复倡导疑罪从无的原则，力主取消收容审查，呼吁把无罪推定原则的精神规定在刑事诉讼法中，并实行疑罪从无的原则，力主律师要在侦查阶段就介入，强调要加强被害人权利保障，力主审判方式要吸收当事人主义的做法，同时应当扩大法官的独立裁判权，还主张把死刑执行方式改革得更文明、更人道等。这些主张都被后来通过的《中华人民共和国刑事诉讼法修正案》所采纳。

还有一些主张，例如实行非法证据相对排除规则，实行相对的沉默权制度，改革死刑复核制度等，尽管这些建议最终并未被刑事诉讼法的修正案所吸收，但他坚信："夫弹痤者痛，饮药者苦，为苦惫之故，不弹痤饮药，则身不活，疾不已矣。"他乐观地预言：要解决我国刑事司法中存在的弊端，提高我国刑事司法的文明程度，必将确立这些制度，实行这些改革只是一个时间问题。

陈光中先生注重探讨刑事司法的规律，他认为，没有客观规律，就无真理可言，就不可能成为科学。从事社会科学研究，就是要寻找本学科研究对象的内在规律，研究刑事诉讼法学就是要去探索、掌握刑事司法的客观规律。符合客观规律的法才是起推进社会进步作用的善法。相反，违背规律就会阻碍社会前进，就是恶法。

他力求以此作为改革刑事司法制度的一个根本标准。在多篇文章中，他指出，司法独立是司法的特点和内在规律决定的，只有真正实行司法独立，才能确保司法公正。他从1993年开始撰文指出，我国职权主义的诉讼结构存在着明显的缺陷，需要吸收当事人主义的模式加以改革。他指出，在刑事诉讼中，控辩双方平等对抗，法院居中裁判，才能发现事实真相，保证公正司法，这是一条重要的司法规律。

他不仅自己努力探索刑事诉讼法学的基本问题，始终关注域内刑事诉讼制度的过去、现在和未来，为我国刑事诉讼制度的完善献计献策，也带动刑事诉讼法学研究同仁进行相关探索和付出努力，并加强与域外同行的学术交流，形成国际性的影响。

自1984年中国法学会诉讼法学研究会成立至今，陈光中先生已经连续4届被推选为会长。每一年年会，他都会亲自抓热点，定题目，组织综述。诉讼法学研究会的工作与立法活动密切结合。《中华人民共和国刑事诉讼法》的修正、《中华人民共和国民事诉讼法》的修正，以及其他与诉讼法有关的法律的制定或修改，立法部门的领导和工作人员都结合年会向与会的教授、实务部门专家征求意见。特别是从1991年到1997年，诉讼法学研究会在陈光中教授的主持之下，每年均把《中华人民共和国刑事诉讼法》的修改和实施问题列为年会的中心议题。他还注重奖掖在研究领域取得成绩的青年学者，经他倡议，诉讼法学研究会每两年评选一次青年优秀科研成果并对优胜者予以奖励。

随着国内学术地位的提高，陈光中教授从20世纪80年代前期开始经常出国，到法国、德国、意大利、荷兰、英国、美国、加拿大、日本等国家讲学、考察和参加国际会议。他主持的中国政法大学刑事法律研究中心，先后与加拿大刑法改革和刑事政策国际中心、德国马普刑法研究所、美国耶鲁大学中国法研究中心和英国华威大学法学院建立了合作关系，在国内举办过多次国际研讨会，特别是1994年举办的首次刑事诉讼法国际研讨会和2002年举行的首次刑事证据法国际研讨会，分别邀请了一些国家和中国港台地区的教授、专家与会，对正在酝酿的《中华人民共和国刑事诉讼法》的修正和刑事证据法律制度的改革，在改变传统保守观念上起着一定的作用。

海峡两岸久隔绝，坚冰需要消解。1992年10月，应中国台湾东吴大学校长章孝慈的邀请，陈光中教授率领法学家代表团一行11人赴中国台北参加海峡两岸法学学术交流会，这是1949年以后大陆法学家的足履第一次踏上美丽岛，他们的到访被认为有着特别的象征意义，人们希望通过海峡两岸的学术交流、对话促进两岸的共同进步，学者的到访在中国台湾宝岛引起了轰动性的反响。个子不高、顶已半谢的章孝慈先生笑容满面地接待了陈光中教授一行人。陈光中先生一下飞机，刚进入下榻的宾馆，记者已经云集那里，他席不暇暖，立即神采奕奕地接受了中国台湾媒体的采访，此后当地电视台和报纸每天对两岸法学交流活动进行报道，气氛热烈，令人难忘。

次年，陈光中教授又以中国政法大学校长的名义，在北京主持召开了大型的海峡两岸法学学术研讨会，章孝慈率领了百余人的代表团与会，真可谓日月之行，若出其中；星汉灿烂，若出其里。这两次会议盛况，空前有力地促进了海峡两岸法学的交流，成为一时的盛举。

四、泛海能知天地阔，为学从来推敲多

陈光中教授给人留下最深印象的，一是大家风范，登高瞩远，眼界与众不同。他的大气，恰如严端教授的一句评语："陈光中老师很大气，看问题站得比别人高，看得比别人远，这个特点几乎无人能敌。他在诉讼法学界获得公认的权威地位，是事有必至、理有固然的，换句话说，是实至名归。"二是胸怀宽广，有容乃大，有着一种豁达兼容的气度。在多次研讨会上，他主张"学贵坚持，学贵兼容，真理面前人人平等"，不管同侪，无论师生，皆应公平对待、平等对待。陈光中教授本着坚持真理的精神，直率地表达自己的观点。尽管他年长资深，对于与他观点不同的，无论同辈、晚辈，抑或自己直接指导过的学生，他都以宽容、平和之心相待，不会因学术观点的不一致而心存任何一点芥蒂，更不会因学术争鸣而结下一丝一毫的个人恩怨。

一位西方哲人曾经说过："如果他是正确的，他不可能太激进；如果他是错误的，他不可能太保守。"陈光中教授在学术上既非激进也非保守，他的稳健来源于他对学术认真、严谨的态度。据笔者观察，年龄与他相仿的著名学者，出言往往谨慎，对于未经确证的资料和没有把握的观点，不会随意言之。陈光中教授也是如此。他反对"重实体，轻程序"的学术观念和司法习惯，但也警惕矫枉过正，又走向"重程序，轻实体"，他认为后一种观念也许比前者更加有害，会导致以形式的正义掩盖实质的不正义。曾经有人以罗尔斯的名著《正义论》为依据，提出程序至上的观点。陈光中教授没有仔细读过这本书，为了搞清楚这个问题，他特意让学生复印了有关章节来研读，后来又买来这本书细读，他读后发现，从罗尔斯的著作中并不能找到他主张程序至上的证据，真是"傍岸方知水隔村"。他在给博士生授课时，以此为例，告诉他的学生要求实求信，不能草率行文，这是做学问人的应有态度。

在各种场合，陈光中教授愿意提出自己的观点供大家讨论，他提出的观点往往经过深思熟虑，经得起推敲和辩难。一些学者对英美国家的认识相对论观点颇有兴趣，甚至对"不可知论""可不知论"大表赞赏。陈光中教授基于学术和司法实践领域的深刻的体察，对此怀有一种隐忧。他认为，固然不应当把可知论绝对化，在诉讼中人的认识受到各科，条件和诉讼规则的限制，但也不能抛弃可知论，转而拥抱不可知论。只有在可知论的指导下，我们才能制定一系列科学的证据规则去查明案件事实真相；同时才有可能去研究运用许多有利于迅速侦破案件的科学检验方法。因此，在诉讼中，特别是在刑事诉讼中，应当在遵循可知论的前提下有条件地适用"可不知论"，才真正符合诉讼的规律，而且是保障人权的正确之路。在客观真实发现方面，学术界退一尺，司法实践部门就可能会退一丈，因此他对将"事实清楚，证据确实充分"的定罪证明标准改为"排除一切合理怀疑"持

怀疑和批评态度。

对于学术，陈光中教授鼓励不同的声音，他主持每一次诉讼法年会，总要在开幕词中强调解放思想、勇于探索、百家争鸣。他培养硕士生、博士生，除在品德和学习上对他们严格要求外，还注重培养他们独立思考、勇于创新的精神，几乎每一个经他栽培过的学生都印象深刻地记得他说过的这样的话："你写学术论文，有些观点如果与我的观点相左，只要言之成理，论之有据，我并不要求按我的观点修改，我鼓励你们拥有自己的观点。"笔者有幸忝列门墙，得到陈光中教授的教诲颇多，作为学术界的后生晚辈，总是被陈光中教授的人格魅力强烈吸引。这不是作为受业弟子免不了的一种亲近感，实际上，在陈光中教授出现的场合，在场的人对陈光中教授都表露出一种发自内心的敬意。

陈光中教授在学术上的稳健、豁达和杰出贡献，以及极具人格魅力的领导艺术，使他在诉讼法学领域成为众望所归的掌门人，成为诉讼法学这艘学术大船的船长的不二人选。他曾经两次提出从诉讼法学研究会会长的职位上退下来，一次是在他担任中国政法大学常务副校长期间，他提出书面报告，提出一身兼任两个重要职务，两头皆难兼顾。法学会征求大家意见，可否由其他教授出任这一职务，经过再三斟酌，中国法学会仍建议挽留。

之后，诉讼法学会又到换届，陈光中教授年逾古稀，他提出一定要从这个岗位退下来，并且研究了接任的人选问题，但在常务理事会上常务理事们表示反对，他们一致主张陈光中教授再任一届会长。在随后召开的诉讼法学会新一届理事会上，陈光中教授以全票再次当选诉讼法学研究会会长，人们以热烈的掌声表达了对这位德高望重的法学家的拥戴。

这样的掌声曾经在许多讲堂中响起，曾经在许多会议上响起，也曾经在许多人的心中响起……

陈光中先生甘为孺子牛，将自己的学术思想毫无保留地传授给他培养的硕士生、博士生，他主讲中国刑事诉讼法、中国古代司法制度、外国刑事诉讼法专题。在讲课和个别指导中，他有着"要把金针度予人"的热切愿望，他将自己的治学经验传授给他们："广博的知识要通过博览群书、长期积累才能获得。古人有诗云：问渠哪得清如许，为有源头活水来。这个'源头活水'，就是多读有价值的书，多调查研究社会实际问题。尽管我自己在这方面所做的努力还不够，但我相信博而后精是治学成功之路。"

他手植桃李，将自己的学术生命传递给年轻一代。在陈光中先生直接指导的历届诉讼法学博士生、硕士生中，不少已成为教授、知名青年学者，有的泅渡过许多思想的奇海，卓然成为学术大家；还有的，已成为政法部门的重要骨干。陈先生还利用自己在国外广泛的人脉和所享有的盛誉，为一些学生争取到国外著名学府进修学习的机会。他送出国门到域外学习、进修的人数之多，在中国政法大学中无人能及。

五、九十不懈医国手，著述百万药石言

陈光中教授书案劳形，用最明澈的语言表达着最深邃的思想。他慷慨陈词，为中国刑事诉讼法制的进步而呼号。

千禧年春，陈光中教授70岁，出版了《陈光中法学文集》一书，这是他古稀之年志庆之集。在书中，先生自谓："如苍天保佑，假以时日，我愿在80岁时再出一本文集，为推进依法治国、建设社会主义法治国家再做一点贡献。"

转瞬十年矣，先生年届八秩，又推出三卷本《陈光中法学文选》，这是他为耄耋之年志庆之编。先生自熹兑现诺言，又感十年光阴未曾虚掷，心情做一番踏青天气。诸士人得此嘉惠，想必更如春风先上小桃枝。在陈光中教授八十华诞之时，他曾经思考这样一个问题："80 后"之路怎么走？陈光中教授谓："人生难百岁，国事虑千年。颐养天年非我愿，老树新芽慰我心。但自然规律无法抗拒，我现在听力下降，视力衰退，伏案写作已难持久。所幸身体基本健康，头脑还清醒，思维尚活跃，如果有人当助手，希冀有所作为。"

如今 90 岁，他又推出不少重量级的学术研究成果。其中，《中国古代司法制度》（夏商至清末）、《中国近代司法制度》（清末至民国）、《中国现代司法制度》（中华人民共和国）三部曲，是这个时期陈光中教授最重要的学术成就，也是一件最值得关注的诉讼法学盛事。陈先生在新出版的《陈光中法学文选》（第四卷）中，他感慨："人生难百岁，法治千秋业。倘若九旬之后，能再为国为民做最后一点贡献，则此生我愿足矣！"

20 世纪 80 年代，陈光中教授曾对我国古代司法制度作过专门研究，与沈国峰先生合著《中国古代司法制度》一书。

陈光中教授近年来对刑事诉讼法学中的一些基本问题和我国司法制度的一些基础理论进一步深入研究，形成动态平衡论的见解。他认为，刑事诉讼法学上的动态平衡至少包括实体法和程序法相平衡、惩治犯罪与保障人权相平衡、客观真实与法律真实相结合、抗辩对抗和抗辩和合相统一、诉讼公正与诉讼效率相平衡五个方面，以上五对关系在平衡与不平衡之间循环往复推动了刑事诉讼制度的发展。程序是保护实体正义的手段，同时具有独立价值，既要反对程序工具论，也要反对唯程序论；惩治犯罪与保障人权要因时因地制宜；客观真实绝对化在很多情况下难以达成，要追求法律真实，但不能放弃和否定客观真实；控辩平等对抗并非激烈对抗，控辩统一于公正的审判；公正是法治的生命线，效率以公正为前提，追求公正的同时应努力兼顾效率。

随着我国司法改革继续向纵深发展，《中华人民共和国刑事诉讼法》在 2012 年和 2018 年又进行了两次修正，新的国家监察制度也建立起来，陈光中教授对于《中华人民共和国刑事诉讼法》修正中涉及的新的原则、制度和程序都有研究和呼吁，他的一些意见成为《中华人民共和国刑事诉讼法》修正的内容。他对当前我国司法实践中出现的新问题持续予以关注，如对于人工智能对于刑事司法的影响问题，产生研究的兴趣。

近年来，陈光中教授对于国家监察制度也在进行系统研究。在研究中，他不仅重视当代监察制度的理论和实践，也注重将传统监察制度纳入研究的视野。他追溯我国古代监察制度的历史，

陈光中教授始终关心国家政治改革，对国家政治大事和改革方向有着自己的思考。他有着士人传统的情怀和先忧后乐之心，精神世界里有着林则徐"苟利国家生死以，岂因祸福避趋之"一样的深情。他认为政治与法治密不可分，政治决定法治，法治体现政治。我国 30 年改革，政治改革有所进步，但又明显滞后于经济改革，并成为制约法制改革的瓶颈。作为国内有影响力的著名学者，他对于我国政治如何进步、政治改革从何着手，他牵挂于心，慨乎其言："对此，我情系之，我心思之，甚或忧之，进而愿表达一点发自肺腑之言，成效如何在所不计。"

刑事诉讼法学研究仿佛一艘船，先生以其道德学问和稳健务实的学术风格和无人企及的人望，成为这艘巨轮的"船长"。这船能够在航行中稳稳向前，学术观点稳健务实，不守旧也不冒进，必不可少。陈光中教授的许多学术观点，正是这艘船的压舱物。已经出版

的煌煌四巨册《陈光中法学文选》，是陈光中教授个人诉讼法学以及其他相关理论几十年科研成果总的汇集和展现，是他毕生心血的结晶。这些思想深邃、明晰的论著，高屋建瓴，描摹出中国刑事诉讼理论与司法实践状况的理想与实际，展现了他对刑事司法制度法治化的殷切期待。90岁的陈光中教授仍然壮心不已，将继续为法治与民主鼓呼，以医国之心著述不辍。那言语谆谆，笔力遒劲，也将一如既往——"若将词笔论青兕，端合旌旗拥万夫"。

卫跃宁*

陈光中教授九十华诞赞

陈氏光中先生者，东南永嘉人也，吾授业之恩师，法学群贤之魁长。

先生诞于民国庚午之年，长于桐川耕读世家，及弱冠，负笈南北，求道法学。建国之初，先生即执教于北京政法（今为"法大"），讲授刑诉之学，迄今六十有八年矣。中逢动乱，大学倾覆，先生徙于粤西。后复校还职，计卅六载。先生一生，十之六七，付于弘道，至于著作等身，桃李满园，功名著于春秋。

先生专于刑诉之学，其业也精，著为文章，其书也丰，于此学派，有烛照之力，筑基之功，故立言于世，蔚为大宗。

中国旧制，以刑罚为治之具，严刑峻法，以弱黎庶，均平不昭，人权不彰。先生言："天下为公，生民为本，刑制之要，在于人权。"故数陈"兴辩护，慎刑杀，罪疑从无"之议，咨于两会，立于刑典。先生援西哲马氏之理，创"动态平衡"之说，以清吏治，兴民权，惩奸邪，安邦国。

西学东渐，诸儒以"法律真实"之论非"客观真实"之说。先生怀忧，寻坠绪之茫茫，独旁搜而远绍。陈言"客观真实"说，能辨人事之纪，别嫌疑，明是非，定犹豫，善善恶恶，王道之大者也。今中央政法，均重真相之追求，与先生之见融合。

古人云："刑罚世轻世重。"先生以为然，刑罚者治之具，而非致治清浊之源也。世事木振，天下之网尝密，非武健严酷，恶能胜任，尤救火扬沸；清平之时，虽破觚为圜，斫雕为朴，网漏于吞舟之鱼，而黎民艾安，故曰："宽严相济"。

邓公新政初立，法制废弛，先生补敝起废，数草律典，尤以乙亥刑诉修正之律为著。泰西之儒皆言："乙亥律之修正，先生之功至巨。"

泰西诸邦，法治文明之滥觞。欧陆大国，贵于求真，英伦岛民，重保民权。后出纳粹之政，现兵祸之灾，致人权隳圮。故列国盟誓，重申人权之义，避倾覆之辙。先生效沈氏、伍氏先贤，含英咀华，博采众长，引精魄而补沉疴，著作面世，国人阅之，豁然开朗。

先生好古而不崇古，尝言："以古为鉴，可为今用。"故不惜耄耋之龄，著《中国司法制度史》，上称汉唐，下道共和，中述明清，以刺世事，明法理之广崇，治乱之条贯。

先生为师，懿范嘉行，纤馀为妍，卓荦为杰。诸生孳孳学术，其经承先生为文词者，悉有法度可观。闾巷之人，欲砥行而立名者，非附青云之士，有大贤焉而为其徒，则亦足

---

* 陈光中教授指导的 1998 级博士研究生，中国政法大学教授，博士研究生导师。

恃矣。

柳宗元言："凡大人之道有三：'一曰正蒙难，二曰法授圣，三曰化及民。'"先生一生行止，实具兹道。

桃李无言，下自成蹊。先生华诞，海内共寿。
雁荡苍苍，瓯水泱泱，先生之风，山高水长！

愚生跃宁庚子年蒲月于昌平果岭小镇

陈海光*

新修订《法官法》：
法官队伍职业化建设的重要里程碑

写在前面：1999~2002年，我在先生指导下攻读博士学位。当时，因为志在司法体制改革，先生为我选定的博士学位论文题目是《中国法官制度研究》。17年后，乘着中央司法体制机制改革东风，我终于完成心愿，先后参加《中华人民共和国人民法院组织法》《中华人民共和国人民陪审员法》和《中华人民共和国法官法》（以下简称《法官法》）的修订工作。遥想当年先生治学严谨，师德高尚，耳提面命，谆谆教诲，抚今追昔，不胜感慨。特将关于新修订《法官法》的拙文，为先生九十华诞致贺！

全面依法治国是国家治理的一场深刻革命。党的十八届四中全会通过的《中共中央关于全面推进依法治国若干重大问题的决定》（以下简称《决定》）指出，全面推进依法治国，必须着力建设一支强有力的法治工作队伍。法官队伍是建设中国特色社会主义法治体系的重要组成部分，是建设中国特色社会主义法治国家的重要力量。实现全面依法治国的总目标，需要打造一支高度职业化的法官队伍。《法官法》作为我国法官制度的"总章程"，其立法质量高低，实施效果如何，直接决定着法官队伍职业化建设的成效，直接影响着司法审判的质量和效果。2019年4月23日，第十三届全国人大常委会第十次会议表决通过了新修订的《法官法》，并于同年10月1日正式施行，这标志着我国法官队伍职业化建设取得了新的重大进展。

一、《法官法》的修订是审判体系和审判能力现代化的重要成果和保障

在法治运行诸环节中，司法裁判承担着保障法律实施、调处矛盾纠纷、维护公平正义等重要职责，具有教育、评价、指引、规范等重要功能，是国家治理体系的重要环节。推进国家治理体系和治理能力现代化，审判体系和审判能力现代化必不可少。习近平总书记指出："深化司法体制改革，建设公正高效权威的社会主义司法制度，是推进国家治理体系和治理能力现代化的重要举措。"最高人民法院原院长周强也强调，审判体系和审判能力现代化，是国家治理体系和治理能力现代化的重要组成部分，是全面依法治国的重要基础。审判体系和审判能力现代化，归根结底是法院队伍的现代化。司法体制改革和智慧法院建设的深入推进，为干警的能力素质带来一系列挑战。比如，推进司法责任制改革，实行"让审理者裁判，由裁判者负责"，法官的办案能力水平能不能适应新的审判权运行机

---

* 陈光中教授指导的1999级博士研究生，新疆维吾尔自治区高级人民法院党组成员、副院长，高级人民法院生产建设兵团分院党组书记、院长。

制？推进以审判为中心的刑事诉讼制度改革，主要是解决庭审实质化问题，法官是否具有高超的庭审驾驭技巧？这都要求大力加强法官队伍建设，打造适应审判体系和审判能力现代化要求的高素质法院队伍，使广大干警思想、理念、能力真正进入新时代，切实提高队伍整体素质和依法履职水平。

1. 修订《法官法》，是贯彻落实中央全面推进依法治国战略的重要举措。全面依法治国是"四个全面"战略布局的重要方面。习近平总书记在中央全面依法治国委员会第一次会议上指出，当前我国正处于实现"两个一百年"奋斗目标的历史交汇期，坚持和发展中国特色社会主义更加需要依靠法治。强调要更好发挥法治固根本、稳预期、利长远的保障作用。法官作为厉行法治、守护正义的一支重要力量，在全面依法治国中发挥着非常重要的作用。而《法官法》是构建我国法官制度的专门法律，是加强法官队伍管理、完善法官职业保障的基本依据。可以说，《法官法》能否及时修订，如何进行修改，修改的效果如何，直接关系到中央司法体制改革重大部署的贯彻落实，直接关系到中国特色社会主义司法制度的全面发展，直接关系到中央全面依法治国战略的深入实施，意义重大而深远。

2. 修订《法官法》，是深化司法体制改革的重要任务。党的十八大以来，中央对深化司法体制改革、保障司法公正作出一系列决策部署，司法体制改革取得重大成果。修订《法官法》，对全面落实司法责任制等重大改革任务，巩固司法体制改革成果，进一步提高审判质量效率和司法公信力，具有十分重要的意义。此次《法官法》修订，调整法官范围、明确法官员额制度、完善法官单独职务序列管理、完善法官选任条件和遴选制度，充分体现了司法人员分类管理改革要求；明确法官履职保障、完善法官工资福利制度、完善法官退休养老制度，则充分体现了司法职业保障改革要求。此外，此轮司法体制改革推行的司法责任制、省以下人财物统管改革，在《法官法》修订上均有明显体现。

3. 修订《法官法》，是推进法官队伍正规化专业化职业化革命化建设的客观需要。原《法官法》颁布 20 多年来，人民法院的审判工作和司法环境发生巨大变化，建立在法官法基础上的法官队伍在职业素养、管理模式、职业保障等方面已经难以适应司法审判工作新要求。修订《法官法》，对保障法官依法履行职责，适应新形势新要求，全面加强法官队伍建设，落实"五个过硬"总要求，具有重要意义。

二、新修订《法官法》更加突出对法官的政治性要求

全面推进依法治国，必须坚持党的领导、人民当家作主、依法治国有机统一，坚定不移走中国特色社会主义法治道路。当前，"中国之治"与"西方之乱"形成鲜明对比，中国特色社会主义司法制度在新时代不断发展完善，焕发出蓬勃生机。推进法官队伍职业化建设，修订完善《法官法》，也必须坚持走中国特色社会主义道路。一是坚持党的领导。《法官法》在修订中坚持不断改进和完善党对司法工作的领导，无论是在总则中规定"保障人民法院依法独立行使审判权"的立法目的，还是在法官的遴选、任免、管理及监督等章节中贯彻党管干部原则，都体现了坚持和加强党的全面领导的根本要求。二是尊重宪法精神。《中华人民共和国宪法》是我国的根本大法。习近平总书记指出："依法治国，首先是依宪治国；依法执政，关键是依宪执政。"《法官法》修订工作深入贯彻宪法精神，严格在现行宪法框架下进行，切实维护了宪法权威。新法在第 1 条立法目的中强调"……根据宪法，制定本法"，在总则第 3 条中要求"法官必须忠实执行宪法和法律……"，并将"严格遵守宪法和法律"作为法官应当履行的第一项义务，在法官的任职条件中也专门规定法官应当"拥护中华人民共和国宪法",突出了宪法的地位和权威。此外,为贯彻落实宪法要求,新法第18条第4款规定"地方各级人民法院院长由本级人民代表大会选举和罢免,副院长、审判委员会委员、庭长、副庭长和审判员,由院长提请本级人民代表大会常务委员会任免",第19条规定:"法官在依照法定程序产生后,在就职时应当公开进行宪法宣誓。"这都充分体现了对宪法精神的尊重和遵循。三是重视法官政治素养。把政治建设摆在首位,是由政法机关的政治属性决定的。习近平总书记指出,每一种法治形态背后都有一套政治理论,每一种法治模式当中都有一种政治逻辑,每一条法治道路底下都有一种政治立场。中外法治实践也充分表明,法治当中有政治,没有脱离政治的法治,更没有超越政治的法治。我们国家的政法机关首先是政治机关,人民法院当然也首先是政治机关,政治机关就必须把政治建设摆在首位。一段时期以来,有的法官只注重自己的职业身份而忽视自己的政治身份,有的对坚持党对人民法院工作的绝对领导存在模糊认识,对中国特色社会主义司法制度缺乏充分自信,抵制西方"三权分立""司法独立"等错误思潮影响不够坚定自觉,甚至推崇西方的法治理念和司法制度。这与人民法院的政治属性是不相符的,实际上也背离了司法公正的应有之义。《法官法》修订过程中,按照习近平总书记关于"要旗帜鲜明把政治建设放在首位,努力打造一支党中央放心、人民群众满意的高素质政法队伍"的要求,在立法目的中增加"为了全面推进高素质法官队伍建设",以更好地体现对法官队伍政治、业务等各方面素质的全面要求。同时,在法官任职条件中,增加"拥护中国共产党领导和社会主义制度";在法官培训中增加了政治培训的内容,进一步强化了对法官政治素质的要求。

三、新修订《法官法》确立了司法人员分类管理改革成果

新《法官法》第25条、26条分别规定法官实行员额制管理及单独职务序列管理,建立了不同于其他人员的管理制度。法院人员的分类管理不仅是法官职业化的应有之义,而且是法官职业化建设的前提,是建设高素质司法队伍的制度保障,在深化司法体制改革中具有基础性地位。所谓法院人员分类管理就是将法院工作人员分为法官、审判辅助人员和司法行政人员三类,三类人员各司其职、各负其责、各得其所,其中最为核心的内容就是法官员额制改革。

第一,法官员额制改革是本轮司法体制改革的一项重要内容。之前的《法官法》中均未涉及法官员额制度。2019年1月1日正式施行的《中华人民共和国人民法院组织法》(以下简称《人民法院组织法》),对法官员额管理制度作出了专门规定。实际上,法官员额这一概念与法官职业相比,出现较晚。2001年,全国人大修正《法官法》,增加了有关法官员额的规定,提出"最高人民法院根据审判工作需要,会同有关部门制定各级人民法院的法官在人员编制内员额比例的办法"(新《法官法》已无此规定),从而明确提出了法官员额的概念,也使得法官员额制有了明确的法律依据。法官员额制改革是按照司法规律配置司法人力资源,实现法官专业化、职业化的重要制度。在本轮司法体制改革之前,司法人员多年来实行与综合管理类公务员基本相同的管理模式,没有体现司法人员的职业特点。一方面,一些法官为了晋升行政职级离开办案一线去做管理,造成了人才浪费。另一方面,绝大多数法官助理、书记员职业发展的方向都是法官,法院出现了法官人数多、书记员少、一线办案法官少的现象,难以应对案件数量快速增长的客观现实,难以提升审判质量和效率。因此,必须遵循司法人员配置规律,研究建立以法官员额制为核心

的分类科学、结构合理、职责明晰、管理规范的分类管理制度，增强司法人员的职业荣誉感和使命感，不断推进法官队伍正规化、专业化、职业化建设。截至 2017 年 6 月，全国法院经过严格考试考核、遴选委员会专业把关、人大依法任命等程序，从 21 万余名法官中遴选产生 12 万余名员额法官。此后，随着审判工作和队伍建设的发展，各地法院又相继开展了第二批、第三批员额选任工作，员额选任工作逐步走向常态化、制度化、规范化。

第二，法官建立并实行了单独职务序列管理制度。本轮改革中，中央提出建立法官单独职务序列，主要是出于两方面考虑：一方面，审判权具有不同于行政权的内在属性。行政权从本质上讲是管理权，行政人员上下级之间是领导与被领导的关系，讲究下级服从上级。而审判权是对案件事实和适用法律的判断权，具有亲历性、中立性、终局性等特点，要求对法官实行不同的管理模式。另一方面，法官具有不同于其他公务员的职业属性。法官的等级主要代表职业资历的深浅，并不意味着职位的高低，法官依法行使办案职权，对案件自主作出判断，并对自己的判断负责，不依等级高低分配判断权。就具体案件审理来说，等级不同的法官组成合议庭，权力平等、共同担责，不存在"谁级别更高，谁审批把关"的问题。因此，建立法官单独职务序列，是遵循司法规律、体现法官职业特点的必然要求。此次修法将改革试点中行之有效的改革措施上升为法律规定，明确实行法官单独职务序列管理，法官等级分为四等十二级，最高人民法院院长为首席大法官。应当看到，建立法官单独职务序列，不是变相为法官"提职级、加工资"，而是要依托"四等十二级"法官等级制度，在实行法官员额制基础上，实现法官等级与行政职级脱钩，充分体现法官职业特点，实行有别于其他公务员的人事管理制度，从根本上改变一线法官职级低、待遇差、职业尊荣感不强等问题。

四、新修订《法官法》完善了法官的任职条件

过去一段时期，各级人民法院法官基本都遵循由书记员到助理审判员再到审判员的成长路径，助理审判员由本院院长任命。近年来，面对案多人少的巨大压力，有的基层法院招录新人入院后一两年的时间就任命了助理审判员职务，不少法院的助理审判员甚至成为主要的办案力量。这种法官"速成"模式其实并不符合法官的成长规律和职业养成。根据习近平总书记关于"要求司法人员具有相应的实践经历和社会阅历"的要求，此次《法官法》修正对担任法官的条件进行了重大调整，取消了助理审判员设置，其目的就是要提高法官的任职条件，延长法官的成长周期。

1. 年龄条件。法官任职年龄问题一直广受关注，修法过程中有观点认为应将法官任职年龄从年满 23 周岁提高到 28 周岁。诚然，从办案过程中的分析判断、逻辑推理以及事实认定等方面来看，一个资深法官相对于年轻法官的确更有优势。但从世界范围看，由于自身情况和司法传统等不同，各国、各地区对法官任职年龄的要求也不尽一致，大陆法系国家初任法官的任职年龄普遍低于英美法系国家。

新《法官法》对法官任职年龄未作硬性规定，主要是考虑到：一方面，年满 23 周岁仅是法官任职的最低年龄条件，担任法官仍需要满足其他任职条件要求，特别是一般要具有 5 年以上法律工作经历；另一方面，参照《中华人民共和国公务员法》（以下简称《公务员法》），虽然一般本科毕业都会超过 18 周岁，但《公务员法》仍然规定了年满 18 周岁的任职条件。主要就是因为最低年龄条件只是一个下限，并不等同于任职的实际年龄。

2. 学历学位条件。按照党的十八届四中全会关于"建设高素质法治专门队伍"的要求，中央对法律职业人才选拔培养制度作出重大改革，制定印发了《中共中央办公厅、国务院关于完善国家统一法律职业资格制度的意见》，适当提高了对报考人员的学历要求。从理论上说，法官是专司裁判的专业人员，需要特有的知识、技能、思维以及伦理储备，而严格的大学准入考试、系统的法学专业教育，有利于法治思维和法治能力的训练养成，有利于从源头上保证法律职业人员的专业素养和专业能力；从实践中看，随着我国法学教育的不断发展，普通高等学校本科以上法学毕业生不断增加，提高初任法官学历条件已经具备较好基础。据此，新修订《法官法》基本按照《中共中央办公厅、国务院办公厅关于完善国家统一法律职业资格制度的意见》相关规定，提高了法官任职的学历学位条件，要求本科应为全日制高校毕业，并取得相应学位。同时，将条件放宽地区的学历条件由"高等院校法律专业专科毕业"提高为"高等学校本科毕业"，但不要求必须是全日制，即条件放宽地区的成人教育、自学考试、函授本科毕业生等仍然可以担任法官。

3. 法律工作年限条件。本轮司法体制改革明确要求，未来的法官主要从法官助理中择优选拔产生。根据《法官、检察官单独职务序列改革试点方案》等中央文件，初任法官需要任法官助理满 5 年。此次《法官法》修订及时将这一改革成果以法律形式固定下来，明确将从事法律工作满 5 年作为法官任职的一项基本要求。同时，在法官养成中，为了充分体现司法实践经验和更高学历层次的重要性，修订后的《法官法》继续保留了关于获得硕士研究生、博士研究生学位可适当缩减从事法律工作年限的做法。[1] 至于如何理解"法律工作经历"，目前主要适用全国人大常委会法工委曾作出的专门解释。[2] 当然，随着法官队伍职业化的不断增强，可进一步研究将"从事法律工作"的范围限定在从事国家或地方立法、审判、检察以及律师和法学教学研究等与法官工作密切相关的范围。

4. 任职资格。原《法官法》中，将担任法官的法律资格和法官的任职条件分开加以规定，即法官的法律资格要求没有在法官的任职条件中，而是在"法官的任免"部分予以规定。此次修法中提出，担任法官的法律资格要求应是法官任职条件的重要组成部分，将其割裂在不同的章节进行规定，不符合法官革命化正规化专业化职业化建设的内在要求，在实践中也容易产生理解认识上的分歧和争议。据此，新《法官法》将法律职业资格明确写入了法官的任职条件当中，也就是说初任法官应当通过国家统一法律职业资格考试取得法律职业资格。需要说明的是，新法第 14 条第 2 款规定"人民法院的院长应当具有法学专业知识和法律职业经历。副院长、审判委员会委员应当从法官、检察官或者其他具备法官条件的人员中产生。"因而，在将取得法律职业资格明确作为担任法官的条件后，除各级法院院长外，将来未任命过法官职务的人员直接担任法院副院长、审判委员会委员的，都应通过国家统一法律职业资格考试取得法律职业资格。

五、新修订《法官法》健全了法官的选任机制

党的十八届三中全会通过的《中共中央关于全面深化改革若干重大问题的决定》明确

---

〔1〕 获得法律硕士、法学硕士学位，或者获得法学博士学位的，从事法律工作的年限可以分别放宽至 4 年、3 年。

〔2〕 全国人大常委会法工委于 2006 年对 2001 年《中华人民共和国法官法》第 9 条第 1 款第 6 项规定的"从事法律工作"进行了解释，主要包括从事国家或地方的立法工作，审判、检察工作、公安、国家安全、监狱管理，律师，法律教学和研究工作，党的政法委员会以及政府部门中的法制工作等。

提出，要健全法官统一招录、有序交流、逐级遴选机制。十八届四中全会进一步提出，要加强司法队伍建设，完善法律职业准入制度。要提高法官队伍质量，不仅要着眼于法官准入的资格条件，更要关注法官选任的机制问题。

1. 设立法官遴选委员会。法官作为个人品行良好、职业道德优秀、法律素养过硬的司法人员，非经严格、公开、公正考察遴选难以产生，也难以服众。世界各国都对法官遴选设置了非常严格的标准，且一般都设有考核法官候选人的专门机构，如日本的法官提名咨询委员会、德国联邦法院的法官选举委员会等，专门负责对候选人综合素质的审查和把关。以保证法官遴选不受地方影响和干涉，并体现国家对法官选任的重视。新修订《法官法》对我国法官遴选委员会的设置、人员组成、工作机构等作出了具体规定。目前，遴选委员会只分为最高人民法院和省级两个层级。省级法官遴选委员会的职责在于负责初任法官专业能力的审核，其组成人员中法官代表不得少于1/3。因此，除对初任法官专业能力进行把关之外，法院员额管理、逐级遴选、等级晋升等不属于省级法官遴选委员会的职权。

2. 规定法官逐级遴选制度。法律的生命在于经验。按照改革前的法官选任规定，法官任职条件趋同，对法律职业经验的要求偏低，部分审判经验不足、司法阅历较少的人员可以直接担任上级法院法官，未能体现出各级法院的功能差异和任职要求，在实践中也很难让下级法院的法官信服。实行法官逐级遴选，既是完善法官养成机制的内在要求，也是域外法治国家特别是大陆法系国家遴选法官的普遍做法。我国司法传统近于大陆法系，建立法官逐级遴选机制，使法官职业生涯起步于基层法院再通过遴选逐步向上级法院流动，更加符合法官队伍职业化要求。党的十八届四中全会通过的《中共中央关于全面推进依法治国若干重大问题的决定》明确提出建立法官逐级遴选制度，上级人民法院的法官一般从下一级人民法院的优秀法官中遴选。2016年5月，中央组织部、最高人民法院、最高人民检察院印发《关于建立法官检察官逐级遴选制度的意见》明确，地市级以上人民法院法官，一般通过逐级遴选方式产生。新《法官法》第17条规定："初任法官一般到基层人民法院任职。上级人民法院法官一般逐级遴选；最高人民法院和高级人民法院法官可以从下两级人民法院遴选。参加上级人民法院遴选的法官应当在下级人民法院担任法官一定年限，并具有遴选职位相关工作经历。"按此规定，则今后中级以上人民法院的法官选任方式必然以逐级遴选方式为主。

3. 从律师、专家学者中公开选拔法官。本轮司法体制改革中，为深化立法工作者、法官、检察官招录制度改革，中央印发了《从律师和法学专家中公开选拔立法工作者、法官、检察官办法》（以下简称《办法》）。实践中，最高人民法院以及上海、江苏等部分地方法院也相继开展了从律师和法学专家中公开选拔法官工作，取得了较好的效果。应当说，选任范围的拓宽，法官来源的多元，既增加了法律人才间的竞争，又提升了法官队伍的质量。新《法官法》充分吸纳了上述《办法》的具体要求，于第15条第1款明确规定："人民法院可以根据审判工作需要，从律师或者法学教学、研究人员等从事法律职业的人员中公开选拔法官"，同时对律师的执业年限和法学教学研究人员的职称、教学研究年限等提出了具体要求。需要指出的是，随着担任法官条件的调整，即将取得法律职业资格列入法官的任职条件，将来参加法官职位公开选拔的法学教学研究人员也应通过国家统一法律职业资格考试，取得法律职业资格。

六、新修订《法官法》全面加强了法官的职业保障

法官职业保障独立成章，是此次《法官法》修订的一个显著变化。法官对案件的审理和裁决具有终局性和强制性，任何将权益纠纷移交法院裁决的组织和个人，都必须遵从法官的判决。根据权责利相统一的原则，法官作为定分止争的裁判者，必须通过司法责任制对其职业权力予以约束，也必须受到当事人的尊重和信赖，适当提高其政治、经济待遇，完善其职业和生活保障，能够确保法官立场更中立、心态更超脱、裁决更公正。同时由于特殊的职业属性，法官的养成需要漫长的过程，初任法官必须经过国家公务员考试和法律职业资格考试，具有相应的法律工作经历，并经过一定时间的职前培训；法官的履职行为受到严格职业伦理的限制，如法官离任两年内不得以律师身份担任诉讼代理人或辩护人，终身不得在原任职法院担任诉讼代理人或辩护人等。这种更为严格的职业约束，也要求建立与其他公务员不同的薪酬保障制度，既与法官承担的繁重工作和司法责任相适应，也有利于维护法官的职业尊荣感，强化法官的廉洁自律性和道德规范性。

一段时期以来，各地法官受到误解和无端指责的现象有所增多，法官被侮辱诽谤、威胁伤害，甚至流血牺牲的事件也时有发生。党的十八届四中全会通过的《中共中央关于全面推进依法治国若干重大问题的决定》提出，要建立健全司法人员履行法定职责保护机制。2016年7月，中央印发了《保护司法人员依法履行法定职责规定》，这是中华人民共和国成立以来发布的首个全面加强司法人员依法履职保障的纲领性文件，专门对司法人员的职业保障作出了全面规定，充分体现了党中央对司法人员的关怀和厚爱。正是在这样的背景下，此次《法官法》修订在第七部分独立成章，系统规定了法官职业保障的内容，明确不得要求法官从事超出法定职责范围的事务，设立法官权益保障委员会，依法保护法官合理权益，在法官享有的权利中增加规定"非因法定事由、非经法定程序，不被调离、免职、降职、辞退或者处分"。确立了干预法官办案的记录和报告制度，要求及时澄清对法官的不实举报、诬告陷害、侮辱诽谤。还规定人民法院、公安机关必要时应当对法官及其近亲属采取人身保护、禁止特定人员接触等必要保护措施。除此之外，第七章还规定了法官的工资福利、退休养老等生活保障制度。

2019年10月1日，新修订《法官法》已经正式施行，但法官养成机制、法官惩戒机制等还在进一步地改革探索中。今后要继续不断完善法官管理各项制度，努力锻造一支忠诚干净担当的高素质法官队伍，为新时代人民审判事业实现新发展提供更加坚强有力的人才保障。

易延友[*]

纪念陈光中教授九十华诞

一

上本科的时候就认识先生了，只是那时候先生还不认识我。那时先生是校长，我只是个傻乎乎的愣头青。

后来，我考上了硕士研究生，有更多机会见到先生，领略先生的风采，学习先生的思想。只是，先生还是不认识我。好不容易有一次诉讼法专业的研究生在老师们面前宣讲论文的机会，先生参加并点评，我居然没去，让同学代我宣读的。之后听同学说先生批评了我的观点。我还是傻乎乎的，既有点兴奋，又有点失落。兴奋的是先生点名批评我，失落的是先生点名居然是批评我。也许应该庆幸的是，先生批评完就把我忘了。

到硕士研究生二年级快要结束的时候，我下定决心考博。在当年的所有应届生中，我侥幸考了第一，得以顺利成为先生的弟子。此乃人生第一幸事。

当年报考先生的考生很多，承蒙先生不弃，从此感恩于心。后来我自己成为了博导，决不弃录第一名，就是深受先生影响。再后来博士研究生考试制改成了申请审核制，我也坚决秉持择优录取的原则，决无妥协。

二

读博士期间曾经一度迷恋"法律真实论"。我的博士学位论文居然一度想以证明标准为题。经向先生详细汇报一上午，先生不赞成我的观点，我亦不能说服先生。先生虽然不赞成我的观点，却也没有强求我改变自己的观点，只是让我换一个题目。后来，我把题目改成了《陪审团审判与对抗式诉讼》。听人说，先生认为这个题目有点可惜了我的才华。嗯，不知道是夸奖呢，还是批评呢。

现在跟学生们相处，包括跟博士研究生、硕士研究生以及我负责指导论文的本科生相处，感觉自己还不如先生大度。有时候学生说读了某某的论文，我就批评说三流学者的论文你也看！有时候学生不接受自己的观点，我就会让学生回去再好好读书（当然是读我写的书）。不知道是过于自负呢，还是缺乏自信呢。

多年来，我一直念念不忘当年曾经一度要作为博士学位论文的那个题目，也一直在思考法律真实和客观真实的问题。读的书越多，思考得越深入，越倾向于先生主张的客观真实论而不是法律真实论。17 年过去后（2017 年），我在写作《证据法学：原则、规则、案例》这本教材时，毅然选择了以客观真实理论作为自己的学术主张。年龄越大，阅历越

---

[*]　陈光中教授指导的 1999 级博士研究生，清华大学法学院教授，博士研究生导师。

丰富，越觉得先生站得高，看得远，学问更加深邃，思想更加睿智。年轻懵懂的我，怎可能完全领悟到先生神采！

三

2005 年，我写作《证据学是一门法学吗——以研究对象为中心的省察》这篇论文，其中一个重要内容是对证据法学的学术传统和发展作一个梳理。2010 年，我写作《论无罪推定的涵义与刑事诉讼法的完善》一文，对无罪推定方面的学术资料进行整理（以上两篇论文分别发表于 2005 年和 2012 年的《政法论坛》）。我那时知道，先生是中华人民共和国主张无罪推定原则的第一人。

1955 年，先生就在《政法研究》（后更名为《法学研究》）第 2 期的《苏联的辩护制度》一文中首次论述了无罪推定原则主张。先生虽然没有以"无罪推定"为题，但是在这篇介绍前苏联辩护制度的论文中，提出了我国应当借鉴"无罪推定"原则的观点。两年之后（1957 年），黄道先生、杨光龙先生才以"无罪推定"为题，明确主张在中国确立无罪推定原则。但是很快，政治风向发生了转变。1958 年，很多声讨无罪推定原则的论文发表，气势很有点像今天的很多人愤怒声讨方方日记。其中有些论文的标题看了让人有些胆战心惊。什么《驳资产阶级的无罪推定》《彻底批判资产阶级的无罪推定》等。

直到 1980 年，反对无罪推定原则的主张仍然盛行于世。但就在这一年，先生发表了《应当批判地继承无罪推定原则》一文，旗帜鲜明地主张借鉴无罪推定的精神（这一段学术史本来在《论无罪推定原则》一文中有详尽梳理，后应《政法论坛》要求，将论文删掉了五分之二，标题也改成了《论无罪推定原则的涵义》）。

前人栽树，后人乘凉。只愿先生老骥伏枥，在学术与政治的道路上，继续开疆拓土，好让后来人不必为刑事诉讼基本原则的确立和保障殚精竭虑，不必为刑事诉讼基本人权的呐喊心存忌惮。

祝先生福如东海，寿比南山！

易延友

2020 年 4 月 23 日

魏晓娜[*]

从学二三事

2000 年春，我报考先生的博士研究生，各科分数都不低，然手握分数条，心下惴惴。当时先生门下已是群星璀璨，卞建林、宋英辉、马怀德、汤维建、陈桂明等老师自不待言，更年轻的陈瑞华、熊秋红、王万华、张建伟等几位学长也已声名鹊起。报考先生的人虽然谈不上挤破头，但没有十足底气和自信的人，一般也没有胆量去尝试。想我以芥豆之微，一无所长，到底排名几何，能否入得老先生的法眼，统统都是未知数。犹豫再三，终于鼓起勇气，拨通了先生家的电话，报上自己的名字，电话那头传来一个亲切而爽朗的声音："考得不错，你单科和总分都是状元啊……"隔着电话线，我都能感受到先生语气里的开心和欣赏，自知入门已无悬念，不禁雀跃。如今想来，这一幕当是我人生中为数不多的高光时刻之一。

2000 年前后，证据法渐成刑事诉讼法学界关注的热点，有关刑事证明标准的两种不同观点——"客观真实"与"法律真实"学说正处于酝酿和逐步成形的过程中。先生自己思考这些问题，也在课堂上提出开放性问题，让博士生们发表看法。当时同届的刑事诉讼法方向的博士生有先生指导的顾永忠、汪海燕、郭志媛和我，有樊老师指导的史立梅、胡常龙、范培根、马越常，还有先生和刚升任博导的卞建林老师和宋英辉老师联合指导的谭淼、吴卫军，一共 10 人。这 10 个人，有硕士毕业直接读博的，有在法院工作或者做律师后读博的，背景不同，观点各异，唯一的共同点是各不相让，经常在课堂上你来我往，针锋相对，吵得不可开交。先生在边上一边维持秩序，一边认真聆听，有时候几个人实在吵嚷得不像话，先生会示意我们暂停，让跟他观点不同的同学详细陈述理由。先生这种教学法，事后看对我们大有裨益。有时在争论中突然意识到自己论据的短板，然后跑图书馆查文献，订正观点；有时又在辩驳交锋中灵光乍现，思想的火花毫无预兆地在头脑中频频闪现，捕捉到了，随手记下来，就是一篇小文章。现在回想，博士研究生阶段大概是我一生中的学术富矿。毕业之后，因家事牵绊，学术上荒废了差不多 10 年时间，而后竟能重新拾起，唯一的解释是博士研究生阶段打下的扎实基础。而这些，均是受益于先生开放、包容和辩论式的课堂。

博士研究生入学后，一次先生问我："你入学都快半年了，没见你写什么文章啊？"我从先生的话中读出了委婉的批评，忙不迭地拿出一篇没完成的稿子。当年学界普遍认为英美的"排除合理怀疑"是一种比中国的"证据确实、充分"更低的标准，也十分流行用

* 陈光中教授指导的 2000 级博士研究生. 中国人民大学法学院教授、博士研究生导师。

80%或90%这样的数字概率描述"排除合理怀疑"的确信程度。我本科是哲学专业，凭直觉认为这种理解有问题。于是翻箱倒柜找出几本《西方哲学史》，对照着读。然后，大胆猜测排除合理怀疑证明标准的形成与英国18世纪流行的经验主义哲学有着某种关联。经验主义哲学由于受其认识方法局限，不可能得出关于客观世界的确定性认识，只能退而求其次，以"排除合理怀疑"作为定罪的标准。先生问话时，我正在写这样一篇《排除合理怀疑之哲学基础与程序保障》的文章。在此之前，没见过哪位学者从这个角度解读"排除合理怀疑"，就我个人而言，多半也是无根据的臆测。半成品的稿子交给先生后，惶惶不安地等着先生批我胡说八道。大出意外的是，先生竟对这天马行空的想法有几分欣赏，让我多打印几份，发给课堂上的每一位博士生，专门在课堂上讨论这个稿子。

当时先生正与海光师兄合作一篇关于"刑事证据制度与认识论"的文章，本来文章已接近尾声，先生临时让我加入，增加了一部分"排除合理怀疑"与经验主义哲学关联性的内容。先生早年教授过哲学，功底深厚，十分敏锐地意识到"证据确实、充分"的证明标准在保障人权方面的价值，因而在证明标准问题上坚定地主张"客观真实"学说。而"排除合理怀疑"作为经验主义认识论中的最高标准，在价值取向上与"客观真实"学说并无本质的区别。直到今天，我依然坚持这一立场。这篇文章后来发表在2001年第1期《中国法学》上，成为"客观真实"学说的奠基之作，影响十分广泛，我也跟着先生崭露了一下头角。

那是我第一次与先生合作，印象深刻。后来跟着先生做课题，又有过文章上的合作，在这个过程中亲身体会到先生治学的严谨。当时流行的风气是学生写稿当第二作者，导师直接缀上名字当第一作者。然而与先生合作全然不是这么回事。先生年事已高，电脑上码字有诸多不便，篇幅较长的文章通常会与学生合作。说是合作，学生的角色其实主要是助手。整个文章思路、核心观点、大的框架结构，统统都是先生确定，往往是先生口述，学生记录。学生的作用，还在于搜集一些相关的中外文献资料，佐证先生的观点。初稿形成后，先生会打印出来，细细品读，字斟句酌，反复修改。以我个人的经验，与先生合作文章，没有修改过四五稿，通常都不可能罢手。这样一遍遍下来，等定稿的时候你会发现，通篇行文，不仅观点，连语气都是先生自己的了。

一直以来我感到颇为神奇的是，先生自己不大能直接阅读英文文献，然而其理论观点，兼容并蓄，具有国际视野，不仅从不落伍，反而经常走在一些远比他年轻的学者前面。他是改革开放后刑诉法学界率先研究外国司法制度的学者，早在1988年就出版了《外国刑事诉讼程序比较研究》。先生又是务实的，这种务实源于他对中华民族诉讼文化基因的精准把握。从他最近推出的堪称传世之作的《中国古代司法制度》，可以一窥他在这方面的精深造诣。正由于先生学贯中西古今，其学术主张一直站在改革前沿而又绝不脱离中国国情。这其中的"度"如何拿捏，恐怕也是我们这些后生晚辈毕生要修炼的功夫。

2014年底，最高人民法院指令山东省高级人民法院异地复查举世瞩目的"聂树斌案"。次年4月底，山东高院就聂树斌案举行听证会。在听证会之前，社会各界情绪一片乐观。然而，央视《焦点访谈》当晚报道了听证会，有学者代表发表了完全不同的意见，画风急转直下，聂案前景陷入一片黯淡。5月5日，吴宏耀和尚权律师事务所的张青松律师张罗了一场小型讨论会，邀请聂案的辩护律师、一些青年学者和律师参加，原本他们抱着试试看的心态给先生发了邀请，没想到85岁高龄的老先生真的就来了。在会议上，先生就鉴定意见提出了几点疑惑，并表达了希望能就这些问题咨询专业法医的意向。吴宏耀刚好认识天津市公安局主任法医师宋忆光先生，并颇为赞赏宋主任的专业素养，就向先生大力推荐。5 月 21 日，先生特意将宋忆光主任邀请到北邮科技大厦第三会议厅，开展咨询交流，会后形成一问一答式的咨询意见纪要，呈递给最高人民法院有关领导、法官。（顺便说一句，这次咨询交流所产生的所有费用，均由先生自掏腰包。）我虽然没有在那份纪要上签名，但全程在场，算是这一历史事件的见证人。至于这份纪要在聂案平反过程中发挥了什么样的作用，不好妄加揣测，因为聂案之平反，是体制内外的各种力量长期努力、综合发挥作用的结果；然而这份纪要上报后不久，山东高院第一次延长了审查期限，也是事实。

近年来，先生虽年事渐长，仍积极投身公共法律事务，或冲在立法修法之前沿，勇于发声，或推动错案平反，辩冤白谤，仗义执言。先生年届九十，早已抛却名利之羁绊，言语掷地有声，在体制内外都深受尊重，位尊者也颇听得进去。弟子们私下议论，先生之长寿，实乃刑事诉讼法学之幸、中国法治之幸。

今年 4 月 23 日是先生九十华诞，因疫情影响弟子们无法亲往贺寿，特记叙自己从学二三事，以为纪念。先生之博学、课堂之包容、治学之严谨、社会责任之担当，是弟子们终身学习的榜样。惟愿先生耳聪目明，健康长寿！

程　滔*

华枝春满，天心月圆
——恩师陈光中教授九十寿诞贺文

因上赖先父之恩，愧忝先生之门，无绩以耀先生门楣。适逢先生鲐背之寿，思先生多年慈父般的教诲，千言万语难表感激之情。同门对恩师著述、学术皆有深刻的传承，对先生的理念皆有光大。拙笔难生花，识浅不附骥，我略记先生几件小事，以见先生之人格与情怀。

一、与家父的友谊

1947年至1949年，家父程筱鹤在北京大学师从费青先生攻读国际私法与法理专业的研究生，后留北京大学任教。先生1950年转至北京大学（后文简称"北大"），毕业后亦留校，与家父的关系从师生转为同事，先生称家父为"学长"，当时他们都住在位于沙滩的老北大"灰楼"（北大红楼对面），先生告诉我，那原本是女生宿舍，他们单身的男教师都在同一楼层，一人一个小间，家父与先生房间几乎是挨着的，那时他俩经常下象棋以度闲暇。1951年家父与先生共赴广西柳州参加土改工作。1952年院系合并成立北京政法学院，家父是筹备委员会的委员（钱端升任主任委员），与先生随同北大法律系的全体师生被调整到新成立的北京政法学院，他们作为北京政法学院的元老参与了学院的初创工作。"整风反右运动"、文化大革命期间，家父与先生都受到了不同程度的冲击，1970年底双双被下放到安徽濉溪县五铺农场的"五·七干校"。

1978年北京政法学院复办，家父复职回到学校，先生从广西大学调回北京，先在人民教育出版社工作，1982年秋调至中国社科院法学研究所任刑法室主任，1983年中国政法大学成立，先生重返中国政法大学，与家父一起担任研究生院的副院长。当时中国政法大学隶属于司法部，设有本科院、研究生院与干部管理学院，家父与先生再次成为法学教育战线上的并肩战友。在法苑铜驼荆棘，法学残垣断壁之时，他们这代人栉风沐雨以传薪火，筚路蓝缕而成法治。

因家父有严重的哮喘病，身体不好，家父平日多在家办公（那时我们住在西城区我母亲单位的宿舍），只有上课和开会的时候才去学校。一些行政事务可以通过电话交流，记忆中先生为照顾家父，经常不辞辛苦骑着自行车来我家，一来探视家父病情，二来与家父商讨教学以及研究生院行政上的一些工作。有时候也会忙里偷闲与家父下象棋。如果时间晚了，也就在我家一起吃饭，与家父小酌。家父过世后，先生还特地领着我和姐姐去拜见

---

* 陈光中教授指导的2002级博士研究生，中国政法大学教授。

法学界老前辈，北京政法学院的第一任院长钱端升先生。可惜的是，年近 90 的钱老操着浓重的江南口音，我未能完全听懂他老人家说的话。"可以托六尺之孤"，这是先生作为朋友的写照。

　　家父与先生在长期的工作中结下了深厚友谊，原因应该是多方面的，除了有着相同的志趣，对彼此人格的欣赏，还有对法治中国的共同信念，且胸怀坦荡，志怀高远。作为从旧中国走过来的知识分子，他们不是一心只读圣贤书，两耳不闻窗外事，即便历经坎坷，经受磨难，但对法治中国的理想仍"痴心不改"。家父与先生似"伯牙子期"之交，亦师亦友，互相促进，共同为中国的法学事业砥砺前进。惜家父不幸早逝，未能与先生在法治中国的道路上扬鞭驰骋，是为憾事，"遍插茱萸少一人"，我想这是先生每每思及老学长的感慨。

　　虽未求证于先生，似乎我能走上法学研究之路，冥冥之中也与先生有几分关系。据母亲讲，先生曾与家父说，你家两个女儿，应该有一个承你之学。我本想报考英语专业，但高考前家父还是说服我选择了中国政法大学法律系。毕业后留校，使我有机会受教于先生而续家父未竟之业。为此，在先生 90 大寿之际，对先生泽被两代之恩，我要真诚地说一句"谢谢先生"！

　　此照片背景是 1984 年行政法研究班第一期，比利时根特大学的教授来中国政法大学讲授比利时与法国行政法，先生与家父时任研究生院副院长，左三是先生，右五是家父。

二、师从先生

　　我本科毕业留在法律系律师学教研室（现今的法学院法律职业伦理研究所）。1998 年取得硕士研究学位，几年后读博面临专业的选择，因律师学与诉讼法关系更紧密，且我硕士研究生阶段读的是民法，便打算考民事诉讼法专业的博士，买来《诉讼法论丛》前几卷，浏览其中民事诉讼法方面的论文，看得索然无味，不能深读下去，无意中翻阅了其中的几篇刑事诉讼法论文，反倒兴趣盎然，于是决定报考刑事诉讼法专业。当我向先生表达了准备考他的博士研究生的意愿，先生表示欢迎，还送我一本他主编的刑事诉讼法教材。

　　读博 3 年期间，我对先生认真负责的教学态度和严谨的治学精神有了更加直观而深刻的体会。有一次先生外出开会，中午才坐飞机回来，而正好这天下午便是先生给我们讲授刑事诉讼法课程，先生年事已高，不顾舟车劳顿，在办公室稍事休息即按时地给博士研究生们上课。

那时刑事诉讼法博导不多，我们博士研究生的中期考核、论文开题等都是先生亲力亲为。在读博士期间，虽然先生研究项目很多，但因我不但有自己的教学科研任务，同时我需赡老养幼（家母年近80，身体不好，需要我照料，孩子尚小）。蒙先生体谅，学习期间没有给我更多的研究任务。

我的博士学位论文题目是《辩护律师的诉讼权利研究》，之所以选择这个题目，也是因为我一直从事律师学的教学与科研，针对刑辩律师在执业中的多重困境，如"阅卷难""会见难""调查取证难"等问题，这也是当时刑事诉讼中的难点、热点和痛点。对我来说写博士学位论文不难，因为我毕竟已经有了10年教学与科研的铺垫，但是先生提醒我要着重从律师的职业属性和定位着眼，一方面需要有高屋建瓴的理论做指导，要将律师制度的设计与整个司法体制改革联系在一起，是牵一发动全身，不能"头痛医头，脚痛医脚"；另一方面先生让我作实证的数据说话，力戒空谈，立足中国现实；且借鉴西方经验的同时要结合我国的实际情况，先生的这些教导对我以后的研究都产生了深刻影响，后来我出版的博士学位论文也因有大量的调研数据支撑而受到业内的好评。

毕业后，我参加了先生主持的教育部哲学社会科学研究重大课题攻关项目《中国司法制度的基础理论问题研究》的中国律师制度部分的撰写，该书于2012年获"北京市第十二届哲学社会科学优秀成果奖"特等奖，我得以分享殊荣。此后在《中华人民共和国律师法》（以下简称《律师法》）修正过程中，征求专家意见，随先生参与了一些活动。记得在对《律师法》草案征求意见稿提出建议时，先生指导我反复修改，字斟句酌。先生这种精益求精、严谨治学的态度深深影响着他的门下弟子，使我们知道敬畏学术，敬畏教书育人这一神圣职责，且激励着我以及其他学子们在学术上百尺竿头，更进一步。

2017年春节期间拜访先生时，与先生的合照

三、愈老弥新的先生

先生是当之无愧的"刑事诉讼法学的领军人"，先生在中国政法大学刑诉法学的学科的建设上功不可没，先生确立了刑诉法专业在法学学科应有的地位。我国历来"重实体，轻程序"，读诉讼法专业的学生总感觉比读实体法的学生"低人一等"，但是在中国政法大学，形成了以先生为核心，凝聚了老中青三代的学者，有着雄厚的教学与科研梯队。中

国政法大学的一些传统学科，随着老一代学人离开，逐渐走下坡，但是刑诉法学科始终保持着领军的地位，且群英荟萃，人才辈出，校内与校外的学生都以能够考取中国政法大学刑诉法专业的研究生为荣。

我知道先生忙，平常不敢轻易打扰先生，但每年春节我会去看望先生和师母。有一年的春节期间去先生家，先生照例问我最近的科研与工作情况，我说这几年重点研究法律援助制度，一说起学术，先生立马滔滔不绝，兴致勃勃地讲起刑事辩护法律援助的全覆盖，也忘了自己刚刚做了心脏支架手术出院不久，等聊完了，一看时间都接近中午1点了，恰好先生的女儿送来大闸蟹，先生与师母便让我与他们共进午餐，席间我们愉快地聊着家常。

先生处于耄耋之年，思维依然清晰、敏捷，先生弟子有今"陈氏学堂"群，因有先生在，群里异常活跃，当弟子们发表文章，取得一些荣誉和成就时，先生为他们点赞；当社会上出现一些热点案件，先生也会与大家分享自己的观点，与我们一起讨论；先生还会把国内外最前沿的有关诉讼法信息传达给我们，使得我们能够随时聆听先生的高见。

2005 年毕业时与先生合照

先生 90 春秋，可说是少年聪而有志、中年博而蓄势、老而枝叶成冠。先生不仅是公认的刑事诉讼泰斗，是法学家，更是法学教育家。其实大家将目光专注于法学领域时，实在不能概括先生所涉及的领域的成绩。先生是"可寄百里之命"的人，作为法学教育家，先生从前校长江平先生手里"接过"法大，本着"和以处众，宽以待下，恕以待人"的原则，让法大这片孤舟能平稳运行，继往开来，才有今日之辉煌。先生注重对后学的提携，先后培养了 100 多名硕士研究生、博士研究生，诸多弟子现已成为学界和实务界的佼佼者。先生的为人、为学给后辈们树立了榜样，值先生大寿，谨奉七律小诗以贺先生 90 华诞。

> 和风九十润桃李，春满华枝竞百花。
> 法大硕勋归晚露，蓟门霜发焕朝霞。
> 虽看岁月景常易，未叹青春径曾斜。
> 北斗天心指向处，泰山松树笛新芽。

程滔
2020 年 4 月 20 日于蓟门桥

李玉华、田力男[*]

陈光中教授与我国公安法治教育的发展

中国政法大学终身教授陈光中先生是我国著名的法学家、法学教育家、中华人民共和国诉讼法学主要奠基人之一、中华人民共和国刑事诉讼法学的重要奠基人，兼任中国法学会刑事诉讼法学研究会名誉会长等，曾任中国政法大学校长，中国法学会诉讼法学研究会会长等重要职务。先生至今仍工作在法学教学科研的第一线，在诉讼法学特别是刑事诉讼法学领域取得了举世瞩目的卓越成就。陈光中先生不仅为我国刑事诉讼法学、证据法学等学术理论和国家制度建设做出了杰出贡献，同时也长期关心和帮助中国人民公安大学法学院的发展，对我国公安法治教育的发展贡献卓著。

值陈光中先生 90 华诞之际，梳理先生近期的学术贡献，以及先生对中国人民公安大学法学院的发展及对我国公安法治教育的发展所做的重要贡献，表达对先生最崇高的敬意和感谢！

一、陈光中先生近年来重要学术贡献

八旬之后，先生仍孜孜以求，成果丰硕。先生在 80 高龄后、90 高龄前除了推出《司法改革与刑事诉讼法修改》[《陈光中法学文选》（第四卷）]，发表文章 123 篇之外，还新著《中国古代司法制度》，主编教材 4 本，法治杂谈及访谈 94 篇。《中国近代司法制度》也即将付梓。一系列重量级的研究成果为先生"学术生涯再编年"。

先生十年来学术观点思想深邃，既关照本土法治又放眼世界前瞻，对我国司法改革与刑事诉讼法修改皆具很高参考价值。先生近年学术贡献即寓于下列概要观点之中。

1. 刑事诉讼的"动态平衡观"。其包括刑事实体法和刑事程序法相平衡、惩罚犯罪与保障人权相平衡、客观真实与法律真实相结合、控辩对抗和控辩和合相统一、诉讼公正与效率的合理平衡。

2. 对司法改革动向抱有极高的敏锐度。先生在《关于深化司法改革若干问题的思考》一文中便率先提出以审判为中心的主张，后被党的十八届四中全会《中共中央关于全面推进依法治国若干重大问题的决定》所吸收。

3. 证据法学理论与制度改革的独创观点。如对于重复供述的可采性问题，在谨慎考量惩罚犯罪与保障人权之间的平衡后，主张采取"同一主体排除"的观点，并强调讯问时必须有正式告知程序或者侦查阶段得到辩护律师帮助。上述观点一经刊出，便得到学术界

* 李玉华，陈光中教授指导的 2002 级博士研究生，中国人民公安大学法学院院长，教授，博士研究生导师；田力男，陈光中教授指导的 2009 级博士研究生，中国人民公安大学法学院副教授。

的广泛认同，更被 2017 年两高三部《关于办理刑事案件严格排除非法证据若干问题的规定》所吸收。

4. 关于刑事诉讼制度与程序的完善建议。如《推进刑事辩护法律援助全覆盖的建议》入选《教育部简报（高校智库专刊）》，提出的侦查阶段辩护律师的取证权以及辩护律师的人身安全保障等主张，也在后续的辩护制度研究中产生了较大反响；对认罪认罚从宽制度始终主张证明标准不能降低，强调犯罪嫌疑人、被告人认罪认罚的自愿性与辩护权保障，这也是如今学界的主流观点；还对公诉制度、刑事和解制度、强制医疗程序、监察制度等有详细与精到的论述，切中问题要害，观点引人瞩目。

5. 关于冤案预防与纠正的鲜明立场。先生在理论与实务中都力促冤案的严防与纠正，为推动依法改判付诸实际行动。先生在文章中坚决主张树立无罪推定原则意识、杜绝刑讯逼供、保障辩护权的有效行使、正确处理公检法三机关的关系、严格掌握证明标准并贯彻疑罪从无。

二、陈光中先生对我国公安法治教育的贡献

（一）对公安领域法学学科建设的指导、支持和帮助

中国人民公安大学法学院是公安法治教育和中国法学高等教育的重镇，培养具有国际视野的公安法治人才和其他法律人才。法学院的全日制本科教育始于 1984 年的法学专业，1993 年批准设立的诉讼法学硕士点，是我国公安教育领域的第一个硕士点，具有里程碑的意义。2003 年获批诉讼法学博士点和法律硕士专业学位点。2005 年获批一级法学硕士学位授权点，2007 年设立法学博士后流动站，2011 年获批法学一级学科博士学位授权点。这些都离不开先生长期的关心、指导和帮助，如 2003 年获批诉讼法学博士点就是在先生的直接关心、指导和支持下完成的，其后先生还多次参加我校博士生答辩并给予直接指导。另外，公安大学诉讼法学获评北京市重点学科，诉讼法学团队获评北京市优秀教学团队、北京市优秀育人团队，《刑事诉讼法学》课程获评北京市精品课程等都离不开先生多年的关心、指导和鼓励。

（二）对公安法治学术研究和学术活动的指导、支持和帮助

先生亲自参与中国人民公安大学法学院举办的多次学术研讨会，致辞并给予具体指导。如 2013 年 6 月 23 日，中国人民公安大学主办、法学院承办的"公安机关侦查人员合法取证指引研讨会"，先生也欣然应邀出席并在开幕式致辞、在具体研讨环节发表高见。又如 2013 年 10 月 13 日由中国人民公安大学主办，法学院、苏州市公安局、北京市第一中级人民法院共同承办的"警察出庭作证理论与实践研讨会"，汇聚了诉讼法学界、律师界、公安司法机关专家以及一线执法警察，就警察出庭作证进行了当庭展示和深度学术研讨。先生在百忙之中莅临指导，致辞并亲自参与研讨，令与会者深切感受到老一辈法学家的大家风范。

每年的中国刑事诉讼法学研究会年会，中国人民公安大学法学院都有多名刑诉法学教师参加，先生每年都以名誉会长身份出席研究会年会并致辞、发表学术新见。在研究会年会上，中国人民公安大学法学院刑诉法学教师也有了再次和先生近距离接触，聆听先生教导的机会。

（三）提携公大诉讼法学学子、扶持公安法治教育发展

2019 年在"陈光中诉讼法学奖学基金"新一届管理委员会第一次全体委员会议上，

中国人民公安大学法学院当选成为陈光中诉讼法学奖学基金会理事单位。先生提携后辈、激励公安诉讼法学青年学子成长成才，为公安领域诉讼法学优秀学子脱颖而出创造条件，扶持公安法治教育发展。通过该基金会的奖学金助学奖学等制度，以及会议召集研讨、颁奖等形式，中国人民公安大学法学院的硕士、博士、博士后除了有机会接受物质奖励，更将有条件与全国同仁切磋交流，共同提高。

（四）为公安法治领域培养理论和实务人才

陈光中先生为中国法治建设培养了大量的高端人才，其中部分在公安法治领域发挥重要作用。2012年7月2日陈光中先生应邀在中国人民公安大学为全国新任市县公安局局长专题培训班讲授《刑诉法修正案详解》。中国人民公安大学法学与犯罪学学院院长李玉华教授、田力男副教授、唐彬彬讲师均为先生指导的博士研究生；中国人民警察大学（原中国人民武装警察部队学院）的李佑标教授、公安部的徐灿等均师从先生学习。先生的弟子秉承了其严谨治学的态度、为法治建设不懈努力的情怀和精神，在各自岗位努力工作。

总之，先生不仅对中国人民公安大学法学院的发展做出重要贡献，还对我国公安法治教育的发展做出卓著贡献。先生博大精深的学术思想、孜孜以求且精益求精的学术精神、大师级别的学术风范深深影响和激励着我院每一位师生。在法学界庆贺您90华诞之际，请允许我们法学院后辈表达最真诚的感恩之情，感谢您对我院长期的关心和帮助，感恩您对公安法治教育事业做出的巨大贡献！同时献上我们最衷心的祝福，祝愿先生福寿安康、寿辰吉祥！

姚 莉[*]

迈向司法的现代化改革
——陈光中教授司法改革思想的梳理与启示

2020 年 4 月 23 日，是法学泰斗、中国刑事诉讼法学奠基人、中国政法大学终身教授、原校长陈光中先生的 90 寿诞。

陈光中先生长期致力于刑事诉讼法学、证据法学、中国司法制度史和国际刑事人权法的研究，为培养法学高级人才，发展诉讼法学特别是刑事诉讼法学，改革和健全中国刑事司法制度，加强刑事司法人权保障，开展国内外诉讼法学交流做出了卓越贡献。

先生文人慧业，已至鲐背之年；特殊时期，学生不得当面向先生道贺，现不揣简陋，就先生于中国司法改革领域相关重要论述尝试作一小结，求教于先生及诸位同行，难及师恩万中一二。

学生称觞祝嘏，先生南山献颂，日月长明！

随着司法改革的不断深化，中国特色社会主义司法制度日臻完善。在中国迈向司法现代化的进程中，如何准确把握司法规律，逐步推进司法体制和司法权力运行机制改革，从而建立公正、高效、权威的司法制度，是一项具有重大现实意义的理论难题。

中国著名法学家陈光中先生在其持续数十年的理论研究中，对中国司法改革的整体方向与具体路径，均进行了深入的思考与研究，客观上极大地助力了中国司法现代化进程。本文旨在对陈光中先生的司法改革思想进行若干梳理，并揭示其重要启示作用。当然，由于笔者能力所限，文章难免有不深刻、不到位等之处。敬请批评指正。

一、陈光中先生司法改革思想概述

司法改革问题涉及国家政治生活、社会生活的诸多方面，是法治建设中根本性、基础性的改革任务，牵一发而动全身。与此同时，司法改革也是一项综合性的理论课题，涵盖了诸多相关的理论与实践难题，例如司法权威的树立、程序公正的实现等，研究跨度与难度极大。对于如此重大、复杂的理论问题，陈光中先生进行了长期深入的研究与思考，形成了丰富且深刻的理论思想。现择其精要，概述如下。

（一）先生关于司法基本范畴的思想

在深化司法改革的进程中，界定司法的基本范畴是一项具有全局性、基础性、前提性的理论问题。然而，学术界对于何为"司法""司法机关""司法体制"，仍然存在不同观

---

* 陈光中教授指导的 2004 级博士后，中南财经政法大学党委常委、副校长，《法商研究》主编，教授，博士研究生导师，中国刑事诉讼法学研究会副会长。

点，莫衷一是。关于司法基本范畴的不同理解，不可避免地将影响到中国司法改革的顺利推进。有鉴于此，有必要立足于中国国情，并结合世界上已有的理论及制度经验，对这一问题作出清晰、准确的解答。

先生指出，司法是国家的一种职能活动，不应当将司法狭义地理解为审判，而应当广义地界定为诉讼，即国家解决纠纷、惩罚犯罪的诉讼活动。这一阐释更加契合中国司法改革的实际，同时囊括了审前与审判活动。在这一界定的基础之上，中国司法具备以下几个方面的基本特征：以审判为中心；以公正为灵魂；以严格程序为表象；以判断性为基本要求；以权威性为重要标志。中立性、被动性并不是广义司法的特征，仅是审判的典型特征。与广义司法相适应，中国的司法机关应包括法院和检察机关。公安机关是行政机关，但其侦查活动属于行使刑事司法权之活动。司法体制则可理解为，参与司法活动的国家专门机关在机构设置、组织隶属关系和管理权限划分等方面的体系、制度、方法、形式等的总称。上述对于司法基本范畴的解读，为中国司法改革提供了基础性的概念依据。

（二）先生关于法检公关系的梳理与评价

分工负责、互相配合、互相制约，是中国处理法检公三机关的一项宪法性基本原则，体现了国家机关分工制衡的原理。这一原则是在反思中国刑事案件办理的经验教训之上形成的，并确立于 1979 年《中华人民共和国刑事诉讼法》（以下简称《刑事诉讼法》）之中，对于保障刑事案件办案质量具有重要意义。但在长期的司法实践中，这一原则暴露了许多现实问题，三机关配合有余、制约不足，甚至异化为无原则的配合，因而需要在司法改革中予以进一步完善。

对于法检公关系，先生提出，首先，应当明确"分工负责"是配合、制约的前提基础，坚持三机关实行实质性的分工负责。这要求我们摒弃在党政机关领导协调下的"联合办案"现象，避免法检公三机关职能的混同与相互取代。其次，应当坚决纠正重配合、轻制约的非法治倾向，实质性地坚持法定程序。再次，必须树立以审判为中心的司法理念，使审判机关在事实认定和法律适用上起到决定性作用，这是进一步完善三机关关系的关键所在。最后，应当进一步加强对于辩护权的保障。只有将保障辩护权与法检公三机关的关系结合到一起，坚持打击犯罪与保障人权并重，才能避免庭审中出现控审结合、压制辩护的局面。

（三）先生关于司法独立的思想

司法独立的理念源于权力分立与制衡的思想。法国启蒙思想家孟德斯鸠曾指出："如果司法权不同立法权和行政权分立，自由也就不存在了。如果司法权同立法权合二为一，则将对公民的生命和自由施行专断的权力，因为法官就是立法者。如果司法权同行政权合二为一，法官便将握有压迫者的力量。"随着现代法治理念的发展，司法独立业已为西方法治发达国家所普遍确立，成为一项重要的宪法性原则。中国宪法也确立了依法独立行使审判权、检察权原则，人民法院、人民检察院依照法律独立行使审判权、检察权，不受行政机关、社会团体和个人的干涉。

先生指出，司法独立原则是司法规律的必然要求，是实现司法公正的首要保障，是树立司法权威的必要条件，也是法官职业化的题中之义。与此同时，中国所确立的司法独立原则既要借鉴西方法治国家的经验，又不能照搬西方，而是应当立足本土资源，与中国政治体制相适应。依法独立行使审判权、检察权原则是中国特色社会主义的司法独立原则，这与西方司法独立原则有诸多不同，表现在司法独立的主体、司法机关的上下级关系、司法独立的程度等方面，更加契合中国国情与现实需要。虽然如此，在司法实践中，这一原则的贯彻仍然未能尽如人意，存在着司法受外部干涉以及司法地方化的现象。对此，先生认为，应当通过司法改革进一步理顺以下几重关系：一是司法机关与党的领导的关系；二是司法机关与权力机关的关系；三是司法机关与行政机关的关系；四是上下级法院之间的关系；五是法院内部合议庭与院长、庭长的关系；六是司法独立与法官职业稳定性的关系。

（四）先生关于司法权威的思想

如何确立司法在现代社会中的权威地位，使司法为社会公民所普遍尊崇，是司法改革的关键内容之一。司法权威作为一种特殊的权威类型，是指司法在社会生活中所处的令人信从的地位。在现代法治社会，一方面，司法是一种特殊的公权力，是具有权威性的公权力；另一方面，司法除了有权力威严之品质外，其本身还应当具有社会公信力。中国当下正面临着司法权威式微、司法公信力低下等问题，申诉、上访不断，这严重影响着司法有效运行以及社会秩序稳定。有鉴于此，如何采取有效措施树立和加强司法权威，是当前司法改革亟待解决的问题。

先生对司法权威进行了专门研究。他指出，司法权威具有以下构成要件，包括司法主体的专业性、司法的高度法定程序性、司法活动的强制性、司法的判断性、司法裁判的有效执行性等。这一权威的形成，大致来源于三个方面：其一，司法权威来源于法律权威，要求制定法得到普遍的遵循，任何违反法律的行为将引起消极的法律后果；其二，司法权威来源于司法公正，只有坚持实体公正与程序公正并重，才能较好地解决纠纷，实现法律效果与社会效果的统一；其三，司法权威来源于司法是解决社会纠纷的最后一道防线，司法裁判的终局性也是司法权威的重要来源。在中国今后的司法改革进程中，应当采取保证司法独立、防止司法腐败以及防止冤案错案发生等有效措施，以树立和加强司法权威。

（五）先生关于司法责任的思想

建立和完善司法责任制是司法改革的关键环节。尤其是在党的十八届三中全会后，新一轮司法改革启动，司法责任制作为改革的"牛鼻子"，处于司法改革的基础性地位。司法责任是指司法责任主体基于其所承担的司法职责，因在履行职责时存在违法违纪的行为而应承担的法律上的不利后果。构建和完善司法责任制，能够在司法活动过程中倒逼法官、检察官正确行使手中权力，从而保障司法公正，促进权责统一。

对于如何构建科学、完备的司法责任制度，先生指出，在中国，必须遵循司法规律，结合中国实际，既防止怠于惩戒，又防止惩戒过严，正确把握司法责任制的基本原则、适用范围以及时效。达到独立与责任的适当平衡。就司法责任制的基本原则而言，应当重点把握两条基本原则，一是遵循司法权运行规律原则，二是坚持主观过错和客观行为相一致原则。就适用范围而言，司法责任应当限定于故意违法行为，以及造成严重后果的重大过失行为，而不应当过分苛责司法人员的一般过失与工作瑕疵，也不应当仅以事实与法律认识上的差异追究司法责任。此外，实行案件的终身负责制具有合理性与必要性，可以倒逼法官、检察官在司法活动中严格遵守法律规定进行诉讼活动。但是，这一"终身"是相对意义上的，仍然必须受到法律中关于时效规定的限制，防止司法责任制适用的扩大化和任意化。

二、陈光中先生司法改革思想的方法论

作为法学研究的泰斗，先生在长期论证并阐述其司法改革思想的过程中，更体现出了鲜明的研究风格与特色。结合先生司法改革思想的方法论基础作进一步分析，有益于深入把握其思想的整体脉络。

（一）鉴古观今：古代司法文明的深入考察

对中国古代司法文明的深入考察，是贯彻陈光中先生司法改革研究的重要方法论基础之一。中国古代司法制度源远流长，内容丰富，是法制史的重要组成部分，也是中国珍贵的法律文化遗产。"以史为鉴，可以知兴替"。吸取历史经验，鉴古观今，对古代司法文明进行恰当的扬弃，能够为当今的法治中国建设和深化司法改革发挥积极作用。陈光中先生是中国系统整理与研究古代司法文明的先驱，长期致力于借鉴古代司法制度经验，以服务于当代司法改革事业。早在20世纪80年代初。先生即撰写出版了《中国古代司法制度》一书，在法律界产生了广泛的影响力，此后数十年始终致力于挖掘古代司法文明，形成了其司法改革思想的鲜明风格。

先生曾提纲挈领地指出，中国古代的司法制度，以审判制度为核心，兼涉司法行政、监察、监狱等制度，是古代国家政治制度的重要组成部分。这一制度绵延约4000年，根植于古代社会的经济基础，具有君主专制司法、贵贱尊卑不平等司法、仁政德治司法、治吏监察发达、公正司法、和谐息讼司法，重刑轻民等鲜明特点。因此，需要辩证地研究古代司法制度，传承和发扬优良的司法文明传统，批判和摒弃不文明的司法糟粕，为今天的中国特色社会主义司法制度建设提供镜鉴。以古代诉讼证明为例，在古代侦、控、审职能不分的体制下，证明主要是审判机关的职责，被告人更承担着证明自己有罪的责任。在诉讼证明标准方面，中国古代司法始终注重追求客观真相及其具体的制度表述，则从概括性逐步走向具体、明确，同时越来越强调依据口供定罪。对于疑罪的处理，中国古代虽有过疑罪从无的思想，但在法律规定上采取疑罪从轻、从赎的原则。这些古代司法制度经验警示我们，在未来的司法改革进程中，只有深刻批判、彻底肃清口供主义的流毒，贯彻执行证据裁判原则、无罪推定原则，才能最大限度地避免冤案错案的发生。

（二）兼容并蓄：国际司法经验的比较借鉴

陈光中先生的司法改革思想，不仅充分吸纳了中国古代司法制度的盛衰历史，同时对于世界范围内的司法制度经验进行了广泛的考察与借鉴。从中国法治发展的历史进程来看，法治中国的实现必然将面临种种复杂的现实障碍，亟需在建设中国特色社会主义法治国家的进程中，不断学习并借鉴西方法治发达国家已有的先进经验。陈光中先生是结合比较法研究方法系统反思司法改革路径的先行者，对于刑事司法国际准则、西方各国刑事司法改革的最新成果等，始终保持着高度的学术热情，并力图借鉴吸收先进的理论与制度经验，从而推动中国司法制度改革。

以刑事司法国际准则为例，随着20世纪末中国签署加入两权公约等国际公约，如何将国际公约所确立的一系列国际司法准则与国内立法、司法相协调，并推动中国司法制度的进一步完善，成为人们所关注的焦点问题。先生是中国系统阐释刑事司法国际准则的产生、发展与内容的先驱，研究范围涵盖了禁止酷刑、公正审判、未成年人保护、死刑、监狱囚犯待遇等各个领域，并竭力推动"尊重和保障人权"这一公约所普遍确认的国际法原则在中国法律体系中落地生根。先生毫不避讳地指出，中国现行的法律规定与刑事司法国

际准则相比，还存在一定的不协调性，为此，应当进一步采取加强司法独立的制度保障、认同无罪推定原则、确立有中国特色的人身保护令制度、认真推行刑事法律援助制度、赋予禁止强迫自诬其罪的权利、禁止双重危险等一系列司法改革举措。此外，先生尤其注重考察世界各国司法改革的最新成果，并予以比较借鉴。例如，先生曾经对英国及俄罗斯数十年来的司法改革经验进行了系统性研究，并总结刑事诉讼司法改革和程序设计的指导思想应当是努力维持控制犯罪和保护人权的平衡、程序正义和实体正义的平衡。

（三）立足实践：以中国问题为导向

在对司法改革的系列研究中，先生始终保持着对司法实践的深切关怀，致力于解决中国问题，构建中国特色社会主义的法治道路。在他看来，中国司法制度的建设既要借鉴吸收西方法治国家的经验，又不能照搬西方，而应当立足中国实际，形成与中国政治体制相适应的司法制度，致力于解决中国所面临的现实问题。这一以中国问题为导向的学术情怀，处处体现于先生的司法改革思想之中。

例如，在其司法独立思想之中，先生结合中国国情与制度现实，着力论证了中国特色社会主义的司法独立原则，即依法独立行使审判权、检察权原则，并与西方国家司法独立原则进行了准确的界分。与此同时，针对依法独立行使审判权、检察权原则在实践中面临的现实问题与阻碍，尤其是党政领导、行政机关干预司法现象，下级法院请示汇报现象，院长、庭长审批案件现象等，先生均进行了专门的讨论与研究。他提出，司法独立的有效运作必须符合司法规律，无论是党政机关，抑或行政机关，都不得凌驾于司法之上，代替司法机关履行职能。在体制机制上，中国应当改革法院现有人财物管理体制，制定科学、合理的业绩考核办法，进一步推进法院内设机构改革，强化法官的身份保障与薪酬待遇水平。这些立足于本土现实问题、结合现实国情与制度资源的改革思想，均深刻地影响着中国司法的改革方案与整体进程。

三、陈光中先生司法改革思想的路径启示

党的十八大以来，中国开启了新一轮全面深化司法改革的伟大进程，内容涵盖了司法责任制、员额制、省以下人财物统管、以审判为中心的诉讼制度改革等多项重点改革事项。陈光中先生司法改革思想为司法改革的整体方向与具体路径均提供了重要的理论指引，对于本轮乃至今后司法制度的改革，均具有充分的启示意义。

（一）尊重司法规律，深化司法改革

遵循司法规律是司法改革取得成功的关键。司法规律是相互联系的有机整体，体现在司法活动的各个方面。在陈光中先生的司法改革思想之中，无论是在司法权威的研究，亦或是在司法责任的研究等，对于司法规律的尊重与遵循是一以贯之的。先生提出，只有在司法改革中充分遵循司法规律，才能有效发挥司法功能，以保障实现社会公正、法治进步、及时化解社会矛盾。有鉴于此，在司法体制和权力运行机制的改革和完善之中，以下基本的司法规律应当得到遵循：

一是尊重和维护法治的权威。严格适用法律，坚持宪法、法律至上的法治原则，是司法的神圣使命。中国应当为司法机关严格依法办案创造保障条件，任何组织或者个人都不得有超越宪法和法律的特权。二是坚决贯彻无罪推定原则。习近平总书记曾提出，"努力让人民群众在每一个司法案件中感受到公平正义"。在司法实践中，中国长期对疑案采取留有余地的判决，疑罪从轻、疑罪从挂，造成了大量的冤假错案，对公众的朴素正义观造成了严重的负面冲击。因此，司法改革应当坚决贯彻无罪推定原则，为公正司法提供有力的制度保障。三是严格遵守正当程序。中国长期存在重实体、轻程序的传统思想，对此必须予以纠正。司法公正的实现必须严格遵循法定的司法程序，做到实体公正与程序公正并重，因此，司法活动必须严格遵守司法独立、司法公开、充分参与、控辩平等、法官居中裁判等基本要求。四是尊重司法的亲历性。司法有别于行政，不以科层制及官僚系统为依托，不通过听取汇报、集体商议的方式做出决策。个案审理必须通过法官直接审查证据和事实，形成对案件事实的内心确信。目前中国司法活动的行政化色彩较为浓厚，这有违司法规律。五是维护司法的终局性。树立司法的权威性与公信力，必须及时发挥司法定分止争的功能。为此，应当正确处理司法既判力与信访制度的关系，将对生效裁判的信访纳入法律轨道，同时，借鉴吸收国际刑事司法准则中的"一事不再理"原则，严格限制刑事再审程序的启动。

（二）从"侦查中心"转向"审判中心"

如前所述，中国法检公三机关之间以分工负责、互相配合、互相制约为原则，这对于确保案件质量起到了积极作用，但是，在长期的司法实践中也产生了各种现实问题。这主要表现在两个方面：其一，公安机关在三机关之间实际处于强势地位，公安局局长兼任政法委书记等现象仍屡见不鲜，形成了"侦查中心主义"的诉讼模式。其二，三机关之间配合有余，制约不足。法、检、公三机关虽然在法律规定上存在一定的制约机制，但是在实际办案过程中并未充分发挥彼此的制约功能，检察机关未能在批准逮捕和审查起诉中对公安机关侦查的案件进行严格把关，审判机关亦未能充分发挥庭审的实质作用，庭审沦为了"走过场"和对侦查阶段的简单确认。

上述现实困境要求中国刑事司法必须由"侦查中心"转向"审判中心"，使庭审真正成为公正裁判的决定性环节。为此，党的十八届四中全会提出"推进以审判为中心的诉讼制度改革"的改革举措，进一步完善法检公三机关的关系。然而，如何推动"审判中心"的真正实现，是一个亟待厘清的重大理论与制度问题。对此，先生的阐述具有深刻的路径启示意义。他提出，如何以审判为中心进行诉讼制度改革，涉及两个无法绕开的改革内容：一是辩护制度的完善。目前中国刑事庭审中律师辩护率仍然比较低，仅在30%左右。对于被告人而言，在刑事诉讼中，由于欠缺有效的律师帮助，其辩护权难以获得充分保障，难以与公诉方进行平等对抗。为此，应当进一步扩大法律援助范围，提高法律援助质量。例如，将法律援助的辩护范围扩展至被告人可能被判处3年以上有期徒刑的情形，或者将指定辩护延伸至死刑复核程序之中。二是探索实行直接言词原则，完善证人出庭作证制度。中国目前证人出庭率非常低，证人不出庭是常态，庭审主要围绕着案卷笔录进行，被告人的质证权根本无从保障。这是没有正确处理法检公关系、过度依赖侦查结论所造成的后果。只有对侦查案卷进入法庭加以必要限制，强制要求关键证人出庭，使证人在法庭上接受当面对质，才能保障庭审的事实真相查明功能，恢复审判在法检公关系中的核心地位。

（三）遏制司法行政化，保障司法官独立办案

司法权力的有效运行，不仅要排除司法机关的外部干扰，同时也要理顺司法机关的内部关系，提高司法人员的办案主体地位。这涉及如何实现司法去行政化的课题。先生曾撰文指出，司法的去行政化，不仅关乎法院、检察院内部的去行政化，即逐步实现法官、检

察官的独立办案；也关乎法院上下级之间的去行政化。当然，中国检察机关内部实行一体化体制，检察官接受检察长的直接领导，检察官的独立办案权有限，因此，检察官与法官在独立程度与责任承担方面均有所不同，去行政化的程度亦存在差异。

先生的司法改革思想为司法的去行政化指明了改革路径。先生指出，遏制司法行政化倾向，保障司法官独立办案，应当从以下三个方面着手：其一，理顺合议庭与审判委员会的关系。虽然审判委员会在中国现实背景下发挥着一定的积极功能，但是审委会审理案件并不符合司法规律，制度弊端较为明显，因而应逐步缩小其适用范围和数量，并最终予以废除。其二，调整合议庭与院长、庭长的关系。法院内部院长、庭长动用行政管理权限对司法个案进行直接或间接干预，是司法行政化的突出表现之一。这种做法不符合司法规律，既损害了合议庭裁判的独立性，亦推卸了合议庭裁判的责任。其三，规范上下级法院关系。法院上下级之间是监督关系，而不是领导关系，各级法院应当依法独立行使审判权。目前中国上下级法院普遍实行疑难案件内部请示的做法，这种方式以行政答复代替司法裁判，破坏了审级独立与审判监督，使审判救济程序名存实亡。在今后司法改革的进程中，一方面，应当进一步对其明令禁止，另一方面，应当改革审判绩效考核制度，改革人、财、物管理体制等，从而消减下级法院内部请示屡禁不止的制约因素。

（四）改革司法管理体制，强化司法职业保障

司法官是一个对于经验、理性及道德水准要求极高的职业。社会对于司法官的期待，既要求其富有知识和经验，又要求其廉洁清明，彰显司法权威。在世界各国司法体制现代化进程中，塑造高素质、有权威的司法官，均是司法改革的关键任务之一。因此，有必要完善司法管理体制，以保障司法官办理案件的积极性、责任感与荣誉感。

司法机关有别于行政机关，对于司法人员的管理体制，亦应当与公务员队伍的管理体制有所区别。先生指出，目前中国司法管理体制面临着两项挑战。一是司法人员的分类管理制度。此前，中国法检队伍内部区分程度较低，且业务职称与行政级别相挂钩，这导致大量具备法官、检察官资格的工作人员实际并不办理案件，一线法官、检察官更倾向于到行政管理部门任职。有鉴于此，中国应当推行司法人员分类管理制度，对法官、检察官与司法辅助人员、司法行政人员，按照各自的属性，实行分类管理。二是司法人员的行政管理模式。法官、检察官从事法律职业，其职业素质要求较高，任职条件也更为严格，然而在中国当前司法管理体制中，法官、检察官的入职门槛、工资福利及职务保障，基本与公务员统一标准相差无几，形成了鲜明的反差。在这一管理体制下，法官、检察官缺少从事法律职业的荣誉感，难以吸引和留住优秀司法人才。因此，在司法改革中，应当充分尊重司法工作规律和法律职业特点，对司法人员应当实行不同于公务员的职业准入、考核和晋升制度，同时对司法人员的身份、薪酬、职业行为豁免予以专门规定，强化其职业保障。

邱庭彪[*]

祝贺恩师九十华诞

陈光中先生，是公认的当代中国法学泰斗。对于恩师，外界可能更多地是从他的著述与荣衔中，感受到他精深的学问，了解到他是中华人民共和国刑事诉讼法学的开拓者和重要奠基人，是中国政法大学的终身教授；而作为他的弟子，我们有幸能够近距离地领略师父一丝不苟的治学精神、倾尽所有的师者情怀以及知行合一的做人原则，感受他身上所散发出的热度与光亮。

先生治学几近疯狂地投入与严谨，让我们真正体会到了大学问究竟是怎么做出来的。本人是在 2006 年成为了恩师的博士生。从那时起，在我的记忆里，先生的主要精力就都是在学术研究之中，天天都在高强度地忘我工作。他的许多论著，在我看来已非常完美，但他依然坚持一字一句地细细斟酌，哪怕是一个脚注、一个标点符号，他都不会有丝毫的懈怠。这种精益求精的治学态度，令先生在八旬高龄之后，依然能够不断产出丰硕的学术成果，始终站在学术研究的前沿。时至今日，每每碰到学术上的一些困惑，我都会去请教先生，而他对问题深邃与独到的见解，总能让我有醍醐灌顶、豁然开朗的深切感触。

先生执掌法学教鞭至今已 69 年，他那种呕心沥血为学生的信念，也让我触动颇深，受益匪浅。记得我的博士学位论文，从开题到写作，从论文结构设计，到观点的修改以及文字上的修改，甚至资料的收集，可以说每个环节都倾注了先生的心血。这份师恩，我无以为报，唯有将先生的师德在自己工作中继续传承下去。先生从教以来，一直秉承着教书育人、以身立教的使命感，培养了一代又一代的法律人才，这些年，虽已近九旬高龄，但仍在坚持上课、出席演讲。

其中，最让我感动的是，他对培养澳门法律人才的无私奉献，多年来始终不辞辛劳，千里迢迢来澳门大学授课、讲学，在澳门各所大学、司法单位做演讲，为澳门哺育出了大批优秀的法律工作者，当中有著名的刑诉法学教授、大律师。

先生从不满足于单纯的学问，有着一种誓要用毕生所学推动我国司法体制不断进步的强烈使命感。1993 年，先生受托于全国人大常委会法工委，组织师生成立了有关修正《中华人民共和国刑事诉讼法》的研究小组。在他不遗余力地推动下，他们的建议稿中有65%的内容均被《中华人民共和国刑事诉讼法》吸纳，其中就包括大家所熟知的"疑罪从无"原则。15 年后，我国又开展了针对《中华人民共和国刑事诉讼法》的第二次大规模

---

[*] 陈光中教授指导的 2005 级博士研究生，澳门特别行政区第五届政府行政会委员、兼任第六届立法会议员，大律师，澳门大学法学院助理院长。

修正。这时先生已年过八旬，但他毫不犹豫地勇立潮头，带头呼吁程序正当对于实现司法实体正义的意义。最终，在他的努力下，"尊重和保障人权"也被写进了《中华人民共和国刑事诉讼法》总则。

这就是我的恩师陈光中，一个拥有纯洁心灵的法学家，一个既可亲可敬又可爱的老师，一个为中华人民共和国法治建设事业奉献了一生的推手。今年是先生九十华诞，本应为师父办一场体面的庆祝会，但很遗憾，因为这场突如其来的疫情，只能以撰写小文的形式向恩师致贺。在此衷心祝愿恩师健康长寿，也期待在您百岁寿辰的时候，我等"陈氏学堂"能为您办一场盛大的庆祝会。

张国轩[*]

量刑规范化对量刑的动态平衡

陈光中先生倡导动态平衡的诉讼观，认为刑事诉讼法学上的动态平衡至少包括刑事实体法和刑事程序法相平衡、惩治犯罪与保障人权相平衡、客观真实与法律真实相结合、抗辩对抗和抗辩和合相统一、诉讼公正与诉讼效率相平衡等方面，这些关系在平衡与不平衡之间循环往复，推动刑事诉讼制度的发展。

在动态平衡诉讼观的指引下，我认为，在量刑规范化中，坚持诉罪和求刑的平衡，坚持量刑建议职能与量刑辩护职能的平衡，坚持量刑实体公正与量刑程序公正的平衡，这也进一步体现了先生所倡导的动态平衡诉讼观，其核心是追求量刑的动态平衡，最终目的是实现量刑的公正。下面我想从量刑规范化上对量刑的动态平衡谈谈自己的一些看法。

一、量刑动态平衡的前提：刑罚标准的权威性、合理性和公开性

量刑规范化的前提应当是量刑标准的权威性、合理性和公开性。如果量刑标准不具有权威性，那裁判出来的刑罚就难以被公认；如果量刑标准不合理，就失去了相互可以质证、反驳、辩论、修正的可能性，也失去了动态平衡所需的可辩性；如果量刑标准不公开，就难以在阳光下操作，也不符合公开审判的法治原则。

1. 关于权威性。由于刑事案件的定罪与量刑标准涉及公检法司数家机关，但是目前（行文时）施行的《最高人民法院关于实施修订后的〈关于常见犯罪的量刑指导意见〉的通知》（法发〔2017〕7号）（现已失效）却是最高人民法院2017年3月9日单独制定的，其他几家特别是作为控方和履行诉讼监督职责的检察机关都未参与，因而其权威性和公认度必然会受一定的影响，也致使检察机关在开展量刑建议时显得有些尴尬，并为不提出量刑建议寻找到了"合理"的借口。当然，我始终认为，作为检察官，特别是基层检察院的检察官只有严格适用法律和司法解释的职责，包括必须严格适用最高人民法院的司法解释及其具有司法解释性质的文件，而没有权力对最高人民法院出台的量刑规范化的相关司法解释性文件"说三道四"。但是，从量刑标准的权威性上讲，目前的解释性文件仍然是不够的。

2. 关于合理性。目前《最高人民法院关于实施修订后的〈关于常见犯罪的量刑指导

---

* 陈光中教授指导的2006级博士研究生，江西省人民检察院副检察长。本文系笔者2018年5月23日在国家检察官学院联合中国犯罪学学会主办、《中国检察官》杂志社承办的陈光中先生"动态平衡诉讼观——理论与实践"专题研讨会上的发言稿——《量刑规范化对量刑的动态平衡——学习陈光中"动态平衡诉讼观"的体会》，发表于《中国检察官》2018年第13期。本次提交时，作者进行了部分修改和完善。

意见〉的通知》明显存在两个突出问题：一是罪名范围极其有限。先定 15 个，后又增加了 8 个，总共 23 个罪名。23 个罪名以外的其他罪名没有明确的量刑规范化标准，特别是原来属于检察机关查办的职务犯罪的相关罪名，没有明确的量刑规范化标准。二是刑罚种类限于有期徒刑和拘役。对于无期徒刑、死刑、管制、附加刑等，也没有明确的指导性标准。由于罪名和刑罚的范围极其有限，超出范围的只能参照执行，为选择性司法开了口子，所以这个标准也就不是很全面、很合理的了。

3. 关于公开性。司法公开包括审判公开是原则，不公开是例外。但《最高人民法院关于实施修订后的〈关于常见犯罪的量刑指导意见〉的通知》在 2017 年 11 月 10 日出版的《中华人民共和国最高人民法院公报》（2017 年第 11 期）上才全文刊登和正式对外发布，这期间就相隔了大半年。而第二次增加 8 个罪名的文件，由于本人获得信息的途径有限，至今未看见官方正式的公开文本。

二、量刑动态平衡参与的主体：控辩审多元

从自己近年对量刑规范化实践的观察看，量刑规范化主要是法院独家主导、规范量刑的"量刑规范化"。也就是，控方不提出明确具体的量刑建议，也就不存在参与对量刑建议的法庭调查和法庭辩论，控方只诉罪不求刑"顺理成章"，慢慢地"习惯成自然"；辩方在法庭上不直接或者不独立涉及量刑标准的质证和辩护，对如何量刑也就"无话可说"，只得"悉听尊便"；受害方在法庭上不直接参与量刑标准的调查与辩论，对量刑也就"难以启齿"，更"无从知晓"；最后"无论如何"还得是法院自己按照其量刑规范化的文件作出"照本宣科"式"精确"裁决。因此，法官所谓的规范量刑不是量刑规范化，至少不是实质意义的量刑规范化。这种庭审的规范化量刑，实则由法院一家唱戏，形成"一言堂"，其他几方没有机会参与，庭审中量刑标准也就很难有辩论，有共鸣，也体现不出量刑的动态平衡。

实质意义上的量刑规范化，应当是多元主体即控辩审主体共同参与的量刑规范化，由法院一家"独唱"，变成控辩审多方的"合唱"，由审判方的"一言堂"变成控辩审多方的"七嘴八舌""各说各话"。在诉讼过程中，特别是在法庭审理中，控方按照诉罪与求刑相统一的起诉标准，积极主动地提出量刑建议，法官直接指挥有关量刑建议的法庭调查和法庭辩论，辩方包括受害方参与有关量刑建议的法庭调查和法庭辩论。这样法庭审理中的量刑过程就变成了控辩审三方积极参与的动态过程，变成了量刑结果都与各方直接相关的量刑规范化过程。

三、量刑裁判的形成和确立：由动态到平衡

1. 一审程序中量刑的动态平衡。我认为，量刑规范化的核心实际上就是一个"动"字，最为根本强调量刑过程的动态，并通过"动"，达到量刑平衡，实现量刑公正。实际上规范化是量刑的手段，公正是量刑目的，开展量刑规范化的目的，就是从动态平衡上实现量刑公正。一般而言的量刑规范化，主要是针对一审普通程序的量刑规范化，它在法庭上由法官主持庭审，控方提出量刑建议，辩方对量刑建议予以辩论，被害方对量刑建议发表看法，在法庭调查和法庭辩论中，真正实现控辩审三方的"互动"，也就是凸显量刑规范化的"动态平衡"，充分体现量刑规范化在庭审实质化上的重要作用。

法庭在审理中，应当将量刑建议的事实、证据予以调查和辩论，保证量刑程序的相对独立。特别需要强调的是，控方提出量刑建议，既是启动量刑调查和辩论程序的前提条件，也是控方诉罪与求刑相统一的必然要求。所以在庭审实质化改革中，检察机关提出量刑建议既是挑战，更是机遇，应当准确定位，不脱位也不越位，坚持履行量刑建议职责、保障诉讼当事人权益和尊重法庭量刑裁判三位一体的原则和价值追求。在对量刑的法庭调查和辩论中，应当对是否量刑以及如何量刑和执行予以举证、质证、辩论，所以，控方提出的刑种、刑期、刑罚执行方式、附加刑等建议应当尽可能明确、具体、可操作，不宜采取概括式、跨刑种式、宽幅度式的建议，因为这样会直接影响量刑调查的程度、量刑辩论的效果。如果在庭审时没有量刑建议，不对量刑标准进行法庭调查和法庭辩论，而是在庭审结束后合议庭秘密评议时，合议庭或者独任法官根据相关法律和司法解释的规定，"照本宣科"式地裁决或者计算出刑种、刑期和执行方式。这种裁量刑罚的方式，最多是法庭依据量刑规范化的文件对量刑标准的细化、精准化，而不是量刑产生过程的动态化、具体化；最多是法庭和法官单方在量刑裁量上由被动变主动，而不是控辩审三方的立体性、能动性。这就是"静态式"的"规范化量刑"，而不属于"动态式"的"量刑规范化"。

前几年全国试行量刑规范化试点，有相当多的检察院和法院积极参与试点探索，但是在2013年修正后的《中华人民共和国刑事诉讼法》施行以来，量刑规范化的开展和效果并不理想。如全国检察机关2013年共起诉1 324 404人，提出量刑建议665 445人，占起诉人数的50.24%，法院采纳率为89%；2014年共起诉1 391 225人，提出量刑建议674 606人，占起诉人数的48.49%，法院采纳率为92.5%；2015年共起诉1 434 714人，提出量刑建议548 794人，占起诉人数的38.25%，法院采纳人数526 903人，采纳率为96.01%；2016年共起诉1 440 535人，提出量刑建议504 844人，占起诉人数的35.04%，法院采纳人数469 326人，采纳率为92.96%；2017年共起诉1 705 772人，提出量刑建议551 848人，占起诉人数的32.35%，法院采纳人数385 953人，采纳率为69.93%；2018年共起诉1 692 846人，提出量刑建议640 500人，占起诉人数的37.84%，法院采纳人数435 722人，采纳率为68.03%；2019年共起诉1 818 808人，提出量刑建议1 141 808人，占起诉人数的62.78%，法院采纳人数901 212人，采纳率为78.93%。从江西检察机关来看，2013年提出量刑建议10 305人，占起诉总人数的34.89%，法院采纳率85.51%；2014年提出量刑建议7745人，占起诉总人数的24.73%，采纳率84.3%；2015年提出量刑建议7404人，提出率为20.68%，法院采纳率为87.76%；2016年提出量刑建议7889人，提出率为22.13%，法院采纳率85.3%；2017年提出量刑建议2019人，占起诉总人数的4.9%，法院采纳率48.2%；2018年提出量刑建议5428人，占起诉总人数的12.26%，法院采纳率45.71%；2019年提出量刑建议23 626人，占起诉总人数的44.02%，法院采纳率73.40%。

在量刑规范化已经明确写入《中华人民共和国刑事诉讼法》后，检察机关作为控方仍然不提出或者选择性地提出量刑建议，法院在庭审实质化改革后还如此"名正言顺"地不开展或者选择性开展量刑规范化，这是不是选择性司法的典型表现呢？

2. 其他程序中量刑的动态平衡。目前开展的量刑规范化更多是强调一审程序的量刑规范化，对于二审程序、再审程序、死刑复核程序等是否开展量刑规范化和如何开展量刑规范化呢？目前的法律规定并不十分明确。但是我认为，量刑规范化应该是包括所有程序而不能是有所选择。具体而言，一审程序是量刑规范化的基础，二审程序是量刑规范化的保障，再审程序和死刑复核程序等是量刑规范化的补充。所以一审以外的其他程序的量刑规范化也是不可或缺的。

3. 认罪认罚从宽中量刑动态平衡之特殊性。需要说明的是，刑事速裁程序和认罪认罚从宽制度的试点，已经将量刑规范化的"动"提前到了庭前的审查起诉阶段。也就是说，在进入法庭之前，只要被告人认罪认罚，检察院就要提出具体或者相对特定的量刑建议，如果被告人认可该量刑建议，并且签署具结书予以认可和保证，其量刑规范化在庭审中的"动态"过程也就可以适当简化，最后法庭对被告人直接作出从宽处理。在认罪认罚从宽制度已经正式进入刑事诉讼法以后，在庭审之前已经要求检察官主导认罪认罚从宽的进程，实现量刑规范化的动态调整及其进程；即使案件进入法庭后，其量刑建议和认罪认罚具结书也当充分被法庭认可，量刑规范化的"动"在法庭审理中也可能直接表现为相对的"静"。

结语　量刑动态平衡的目的：量刑公正

我认为，量刑规范化的目的是实现量刑公正，而量刑是否公正可以从三个方面来检验：一是刑罚裁判的权威性是否充分体现？二是法律效果和社会效果是否相统一？三是诉讼效率是否明显提高？三者的关系是：刑罚裁判的权威性是主要的检验标准，而刑罚裁判的权威性又是通过效果统一和诉讼效率来体现的。

李宜光[*]

祝贺老师九十华诞

　　我与陈光中老师的结缘，是当时尚未年满 40 岁的我想要再继续进修，因此通过友人苏律师寻得中国刑事诉讼法权威陈光中老师，经我毛遂自荐征得陈光中老师应允，同意担任我的指导教授，自此开启我追随陈光中老师学习中国刑事诉讼法学之路。

　　在 2006 年 6 月 26 日生日当天，我在北京拜访陈光中老师，陈光中老师非常热情地接待我，并且指导我应该研修哪一些刑事诉讼法的课程，并特别介绍我应该研读《21 世纪域外刑事诉讼立法最新发展》等有关国外各国刑事诉讼制度的书籍，以便进一步了解世界各国刑事诉讼制度。在陈光中老师详细的指导下，我的眼界豁然大开，对于刑事诉讼制度的了解，不再是仅限于传统的中国台湾地区的有关规定，或是日本、德国的刑事诉讼法，而是包含美国、加拿大、法国、意大利等世界各国多样的刑事诉讼制度，让我在比较各国刑事诉讼制度后，能够对于刑事诉讼制度的精神有更深入的了解。

　　在陈光中老师门下，每当我由中国台湾飞往北京修课时，经常前往老师家中请益，老师与师母都对我热情招待，不仅邀请我在住家附近的餐厅用餐，更时时关心我的住宿与饮食是否习惯。用餐时，陈光中老师也会询问我的学习状况，并一再提及希望建立良善的刑事诉讼制度，大量减少刑事的冤、错、假案，以保障人权。在陈光中老师的循循善诱与细心指导下，我才能够真正地学习了解国际上最新的刑事诉讼法观念，而得以顺利完成博士学位论文、在 2009 年 6 月 26 日参加毕业典礼、取得博士学位。

　　在陈光中老师指导下，我的博士学位论文中仔细比较及参考羁押的相关制度，发现某些地区的侦查中羁押制度，辩护人在侦查中羁押审查程序并没有阅卷权，过去德国的制度也是如此，但经过欧洲人权法院作出判决，认为不允许辩护人在侦查中羁押审查程序享有阅卷权，是违反欧洲人权公约。因此我在博士学位论文中仔细研析评论这个制度，认为未来某些地区羁押制度的改革，应该要给予侦查中羁押审查程序辩护人阅卷的权利。完成博士论文后，我对于羁押制度有了更深刻的了解。

　　此外，在 2010 年陈光中老师 80 大寿时，陈光中老师邀请我前往北京友谊宾馆，参加由中国政法大学刑事法律研究中心与最高人民法院刑事审判第三庭主办、中国政法大学诉讼法学研究院协办，以及美国福特基金会赞助的"中国刑事二审程序的改革与完善国际研讨会"，一方面为陈光中老师祝寿，另一方面也让我有机会与来自世界各地的法律专家共同讨论刑事二审的制度，使我对于中国及世界各地的刑事二审诉讼制度有更进一步的

＊　陈光中教授指导的 2006 级博士研究生。

了解。

2019 年 6 月 26 日，是我 2009 年博士班同学毕业 10 周年的聚会，我从中国台湾飞往北京参加，在与同学们热情互动之后，我也专程拜访陈光中老师及师母，老师热情地邀请我聚餐，并请师姐作陪，席间陈光中老师仍一心挂念刑事诉讼制度的改革与完善，因为陈光中老师认为辩护制度是否发达是衡量一个国家民主法治、人权保障程度的重要标志，因此期待我为促进刑事诉讼制度更加公正与保障人权继续努力，令我对于陈光中老师终身奉献刑事诉讼制度，以及保障人权的贡献，深感敬佩与感动，更以身为陈光中老师门下为荣，并不敢辜负老师殷殷的期盼！

对于陈光中老师的教导，无论是学问或者是待人接物方面，我均获益良多，今年正值陈光中老师 90 大寿，并预定于 6 月 26 日召开寿宴只因疫情阻挠下，祝寿行程无法成行，我谨以此祝寿序文，祝福老师身体健康、福如东海深、寿比南山高！期待在 2030 年，能够再次前往北京为陈光中老师百岁寿诞祝贺。

2020 年 6 月 18 日学生　李宜光谨志于中国台北

田力男*

贡献法治功深，惠泽桃李恩重
—— 贺先生鲐背之寿

　　先生是我国杰出资深法学家、我国法学教育与理论研究的开拓者、法学泰斗、中国刑事诉讼法学奠基人、中国政法大学终身教授。先生还兼任诸多重要的社会职务。"云山苍苍，江水泱泱；先生之风，山高水长。"先生德高望重，当年我这个刚应届硕士毕业而又才疏学浅的年轻人，在硕导刘玫教授的推荐下，能够考入先生门下而忝列先生门墙，真是三生有幸！现在回想起来，跟随先生求学所获是我人生最大的财富！书香路径恩泽久，职业生涯指迷津。恩师于我恩泽之重，感激不尽；教导之深，终生难忘！在法学界庆贺先生九十华诞之际，请允许我献上内心最诚挚的祝福和感恩之情，祝愿先生福寿安康，生辰快乐！衷心感谢先生为培养学生所付出的辛劳和心血！先生身上所体现的学为人师、行为世范的高尚品格以及大师级别的风范是学生应当以毕生精力去仰望和学习的。

　　蜚声中外仍未闲，胸怀天下勤立言。在先生七旬之际，美国耶鲁大学中国问题研究中心主任葛维宝教授称赞先生"是一位有国际影响的中国法学家"。在国内，先生的成就世所公认。我入师门后不久，恰逢法学界庆贺先生八十华诞，同时召开研讨先生法学思想的国际会议。当时我有幸协助汇编先生代表作即参加《陈光中法学文选》的基础编辑工作。当时，已为先生等身著作所深深折服。八旬过后，先生的成就更是不胜枚举，如2010年被日本立命馆大学《立命馆法学评论》杂志续聘担任学术顾问；2012年荣获全国杰出资深法学家称号等。先生虽已蜚声中外，但八旬后仍罕有闲暇之时。科研上通过口述并亲自反复修改学生记录的论著，笔耕不辍、学术长青。我入先生师门后即有幸被选为学术秘书，协助先生将口述论文付诸笔端。但印象里每次打印稿都被先生逐字逐句修改得"面目全非"。一方面，先生高瞻远瞩、大气立言，正如法学家严端教授所言，先生"大气，看问题站得比别人高，看得比别人远，这个特点几乎无人能敌。他在诉讼法学界获得权威地位是实至名归"；另一方面，先生不仅境界高，更是严手出"谨文"，对待学术精益求精。先生生活中对学生和蔼可亲，而对学术、文章的态度却近乎"苛刻"。早已蜚声中外却仍对每次出手的文章都字斟句酌，甚至包括注释、标点。先生也曾说，好文章是改出来的！记得在先生家辅助科研工作时最常见的场景就是先生废寝忘食，构思、写作、修改文章。先生写起文章从不知疲倦、工作忘我，有时还会伏案"夜战"到凌晨一两点，他自己还笑称"全天的休息全靠下半夜的睡眠"。常年坚持下，先生的论著高质且高产。先生在"八

---

　　* 陈光中教授指导的2009级博士研究生，中国人民公安大学法学院副教授。

零后"、年近九旬时还曾摘得我们母校年度高质高产的学术桂冠，这令晚辈后学实在汗颜。如今，先生鲐背之年又推出《司法改革与刑事诉讼法修改》[《陈光中法学文选》（第四卷）]，新著《中国古代司法制度》，且《中国近代司法制度》也即将付梓。这一系列重量级的成果为先生"学术生涯再编年"，也为国家法治的构建和发展提供巨大的理论支撑。

先生除了忙碌于科研工作和教学一线（学术讲座之外还亲自给博士生授课），同时兼任一定的社会职务并积极参加社会活动，推动国家法治进步，这同样是胸怀天下的大师风范的体现。师从先生期间，陪同先生参加的各种学术性社会活动举不胜举。记得从法学名家论坛到最高或省级司法实务机关或知名科研院所举办的专家峰会，再到官方各种修法或司法改革咨询性活动等，先生应邀后总是以高度负责的态度准备参会，甚至在飞机或高铁途中仍全程修改讲稿。先生在各种场合的"立言"既体现放眼天下的高度，又立足本土实践。而且先生对待学术活动和社会活动同样兢兢业业，秉持"责之所在""道义在肩"的精神，以道德文章的最高境界完美地诠释了知识分子的人格和担当。印象最深的还是先生情系中国澳门修法，为国家法治所做的杰出贡献。在 2008 年先生受中国澳门特别行政区政府、中国澳门科技大学等委托，组织内地刑事诉讼法学专家开展中国澳门地区刑事诉讼法修改的研究项目。我当时有幸作为项目组的执行秘书，全程见证了先生从组织、调研、论证、修改到完成专家建议初稿，再到赴中国澳门地区司法机关、政府、高校科研院所等实地考察、参会、发表专家建议的全过程。还记得当时日程安排紧凑、"高密度"会议研讨和一系列调研访问让我这个小年轻都有点"吃不消"，而先生却没有放过任何一个细节。先生工作起来超高强度，恨不得一天当两天用。若不是亲眼所见，真难想象先生比年轻人精力更好也更投入。戴着助听器、大脑不停地飞转，时而提笔疾书，时而与讲着葡语、英语的专家论辩。每天的会议研讨过后，我们都劝先生多休息，先生却很坚定地说为中国澳门修法建言，这是尽一个学者的责任。先生领衔的专家团队所提修法建议对中国澳门解决当地追诉惩罚犯罪与保障人权之间失衡问题提供了颇具价值的参考答案，也受到媒体的高度关注与赞誉。人们普遍熟知先生为中华人民共和国刑事诉讼法的进步与法治发展起到厥功至伟的关键作用。其实，在"一国两制"下，由中国专家组为中国特别行政区法律修改提供专家建议书尚属首次，先生对中国特别行政区法治建设同样贡献卓著。

惠泽桃李、提携后学。先生在法学界、尤其是诉讼法学界可谓一代宗师，桃李遍天下。如今学界的领军学者、中流砥柱很多源自先生门下。而年轻门生也很多，每个人可能都有感激、崇敬先生的不同方面，但相同的是都受先生惠泽深重却报效万一。先生对我同样恩重如山。从 2008 年开始有幸追随先生学习，加入中国澳门修法项目组作秘书，先生对我这个徒孙辈的小学生一点没有大师的架子。在做学问间隙还对我在校生活特别关心；在去先生家辅助项目工作期间先生还经常留我在家吃饭。时至今日仍能回忆起当时的丝丝温情。而 2009 年考博复试面试时我却遭遇了先生铁面无私的连环追问，即一旦遇到学术相关问题先生"只求真理"、毫无偏私。待到最终勉强过关，我才松了口气。但先生却教导我学术问题容不得半点马虎。正式考入先生门下攻读博士学位，我愈发感受到先生的种种言传身教，先生身体力行生动诠释着学术研究贵在求真、求新、求深。我也深深体悟到先生所言的学术研究之艰辛，所幸总能在困难时得到先生的指点和鼓励。记得当时我在写一篇"能动司法"的小论文，无法突破传统理论的束缚；先生在亲自主持筹备国际会议期间仍不忘我的小论文写作，在理论思路上不断点拨后，先生还特意为我留心从《人民法院报》收集典型案例，教导我结合司法实践论证，直到我成功发表了第一篇独立作者的CSSCI 期刊论文。2010 年前后，博士求教职开始逐渐"拼"起境外学习研究经历。在先生推荐下我有了第一次出国短期研习的机会。当时因首次准备出国，经验不足而错过及时签证申请。先生为使我能顺利取得签证赶上交流时间，亲自为我联系预约紧急签证，最终帮我抓住宝贵机会，让我在学生时代有了出国作研究和交流的开端。随后，为使我能有更长的留学深造时间，先生不顾当时门下缺少在校的学生秘书辅助工作的不利情况，积极帮我联系联合培养的国外学校和导师。还记得先生语重心长地激励我学术研究一定要有国际视野，要将"他山之石"为我国攻玉。经先生推荐我才获得对方学校和导师的接纳，也才能获得国家留学基金委的全额资助，赴美国加州大学作联合培养博士生暨访问学者一年。其后 2011 年回国在先生指导下完成博士学位论文。现在已经记不清先生让我推倒重改了几次论文提纲，也记不清先生在我回国前后总共指导了我多少回。仍然清晰记得的是先生在春节及寒假期间放弃了与家人团聚及全年仅有的休息时间继续审读指导我的第 N 稿学位论文。也正是因为先生不厌其烦、不辞辛苦地一字一句悉心指导，后来才有了拙文被评为母校十篇优秀博士学位论文之一、陈光中诉讼法学奖学金基金会优秀博士学位论文奖、当年唯一的刑诉方向专著获得董必武青年法学成果奖提名、全国青年刑诉法学优秀成果著作类二等奖等荣誉。这些都是在先生逐字逐句、哪怕一个标点符号都不会遗漏地指导后我才能取得的。到 2012 年毕业季我本已经在先生大力引荐下，基本被北京一所市属重点高校教研岗录用，这在当年一般只有自带北京户口（如博士后）才有可能留京的情况下对应届博士已经属于比较理想的工作岗位。然而，先生仍是一心为学生前途和发展着想。为了使我拥有更好的平台，先生得知具备法学一级学科博士学位授权点的在京其他高校有就业机会后，毫不犹豫地为我书面推荐。于是我才能最终被中国人民公安大学接收并在法学院任教。工作后不同场合和机会下我仍有幸继续聆听和接受先生的教诲，如在中国人民公安大学举办大型学术活动邀请先生后得到先生指导、继续近距离感受先生的鼓励；在一年一度的全国刑诉法学年会上继续学习先生的学术思想并当面请教先生；先生对学生不仅"扶上马"还"送一程"，在百忙之中还亲自指导我工作后的学术论文写作，帮我提高论文质量和学术水平……每每想起恩师饱含深情的殷殷期盼和关怀备至的栽培指点，学生的感激之情油然而生；与此同时有幸见证先生为国家法治和诉讼法学发展所做的杰出贡献，学生的崇敬之情无以言表。

在诉讼法学界，不加"姓"或"名"，而被单称为"先生"者，唯恩师一人。初入师门时我其实也不甚明了，为什么不称"陈先生"却直呼"先生"。后来才知道，"先生"之称是胜于加了"姓"或"名"的，单称"先生"更加体现出特别的尊崇。正所谓"先生之风，山高水长"，古之圣贤何指今终有所悟！尤其是在跟随先生学习以及其后通过不同途径接受先生教诲的时光中更加体悟到"先生"之称的伟大和名副其实。镌刻心灵深处的是对恩师无比的崇敬和深切的祝福，祝愿先生健康长寿！再次恭祝先生寿诞快乐！

姜爱东*

深情回忆陈光中教授与我所从事的
社区矫正工作

我自司法部成立社区矫正管理局以来，一直担任该局局长，长期从事社区矫正指导管理工作。我本人对社区矫正理论的积累和理念的提升，多方面得益于陈先生对社区矫正工作的关注和重视。在我攻读博士期间，先生不顾年迈，亲自深入北京、江西、浙江等基层社区矫正机构调研，指导我立足中国实际，并放眼世界广泛学习借鉴国外先进经验，亲自为我选定博士学位论文题目《我国社区矫正制度研究》。陈先生老骥伏枥、志在千里，作为司法部首批聘任的社区矫正专家顾问，积极为中国社区矫正制度顶层设计献智献策，曾与司法部原部长张军就社区矫正立法促膝详谈，在《中国法学》《法制日报》发文畅谈立法设想，参加浙江台州首届社区矫正论坛发表演讲，勉励基层社区矫正工作者积极探索实践……回想起来，我国社区矫正工作的发展与法律制度的建立完善凝结着先生的诸多心血。2019 年 12 月 28 日，第十三届全国人民代表大会常务委员会第十五次会议全票通过《中华人民共和国社区矫正法》（以下简称《社区矫正法》），国家主席习近平签署第四十号中华人民共和国主席令予以公布，自 2020 年 7 月 1 日起施行。制定出台《社区矫正法》是社区矫正工作发展史上具有里程碑意义的一件大事，是贯彻落实党的十九届四中全会提出的系统治理、依法治理、综合治理、源头治理，不断完善中国特色社会主义法治体系要求的重要体现。借此为陈光中先生 90 华诞贺岁之际，就即将施行的《社区矫正法》谈以下几点。

一、《社区矫正法》的立法背景

社区矫正是在中央正确领导下，立足我国基本国情发展起来的具有中国特色的非监禁刑事执行制度，是推进国家治理体系和治理能力现代化的一项重要制度。2002 年，为全面贯彻宽严相济的刑事政策，司法部在深入调研基础上形成《关于改革和完善我国社区矫正制度的报告》，提出建立和完善我国社区矫正制度的初步构想。2003 年 7 月，经中央批准，司法部联合最高人民法院、最高人民检察院、公安部（以下简称"两院两部"）印发了《最高人民法院、最高人民检察院、公安部、司法部关于开展社区矫正试点工作的通知》（已失效），开始社区矫正试点工作。16 年来，社区矫正工作从无到有、经过试点试行、由点到面、从小到大，直至在全国全面推进。目前，全国累计接收社区矫正对象 495 万人，累计解除 431 万人，每年列管 120 多万人，为维护社会和谐稳定，推进平安中国、

---

* 陈光中教授指导的 2009 级博士研究生，现任司法部社区矫正管理局局长。

法治中国建设，促进司法文明进步发挥了重要作用。

党中央、全国人大、国务院高度重视社区矫正工作，不断推动社区矫正工作的制度化、规范化、法治化和专业化建设。2011年《中华人民共和国刑法修正案（八）》［以下简称《刑法修正案（八）》］和2012年新修正的《中华人民共和国刑事诉讼法》，首次对社区矫正制度做了明确规定，标志着我国社区矫正法律制度的初步确立。2012年3月，"两院两部"《社区矫正实施办法》（已失效）颁布施行，为开展社区矫正工作提供了操作规范和基本依据。党的十八届三中、四中全会明确提出要"健全社区矫正制度""制定社区矫正法"。2014年4月习近平总书记对社区矫正工作作出重要指示，明确指出："社区矫正已在试点的基础上全面推开，新情况新问题会不断出现。要持续跟踪完善社区矫正制度，加快推进相关立法，理顺工作体制机制，加强矫正机构和队伍建设，切实提高社区矫正工作水平。"司法部和各级司法行政机关深入贯彻落实党中央决策部署和习近平总书记重要指示精神。先后出台了《最高人民法院、最高人民检察院、公安部、司法部关于全面推进社区矫正工作的意见》《最高人民法院、最高人民检察院、公安部、司法部关于进一步加强社区矫正工作衔接配合管理的意见》等政策文件。特别是2018年司法部重新组建以来，新一届部领导班子认真贯彻落实习近平总书记重要指示精神和党中央、国务院决策部署，采取有力措施，制定出台《司法部关于推进刑罚执行一体化建设工作的意见》《司法部办公厅关于加快推进全国"智慧矫正"建设的实施意见》等，全面推进社区矫正工作，为社区矫正立法工作。奠定了坚实的基础。

随着社区矫正工作的发展，社区矫正立法工作提上重要议事日程。"制定社区矫正法"连续多年列入中央政治局常委会工作要点，并连年列入全国人大常委会立法工作计划和国务院立法工作计划。司法部认真贯彻落实中央部署，积极推进社区矫正立法。在认真调研论证基础上，2013年2月，司法部将《中华人民共和国社区矫正法（草案送审稿）》报送国务院。原国务院法制办会同有关单位成立社区矫正立法工作协调小组及审查工作专班，集中研究修改，并于2016年12月向社会公开征求意见。2018年司法部在新一届部党组的高度重视和正确领导下，配合推进《社区矫正法》立法工作，多次召开社区矫正立法研讨会，加强《社区矫正法》立法调研，研究修改《中华人民共和国社区矫正法（草案送审稿）》，积极协调社区矫正立法中的关键问题，进一步明确解决社区矫正的一些重大问题，立法工作不断向前推进。全国人大高度重视社区矫正立法工作。全国人大常委会法工委领导先后赴贵州、云南、浙江、安徽等地调研社区矫正工作。2019年6月25日，第十三届全国人大常委会第十一次会议决定，将《中华人民共和国社区矫正法（草案）》交付全国人大常委会会议审议。第十三届全国人大常委会先后于6月、10月和12月3次召开会议，审议《中华人民共和国社区矫正法（草案）》。2019年12月28日，第十三届全国人大常委会第十五次会议通过了《社区矫正法》，国家主席习近平签署第四十号主席令公布，《社区矫正法》正式出台，自2020年7月1日起施行。

二、《社区矫正法》颁布实施的意义

我国自2003年开始社区矫正试点工作，经过十多年的探索实践，特别是社区矫正工作的全面发展，社区矫正立法工作提上重要议事日程。党的十八届三中、四中全会明确提出要"健全社区矫正制度""制定社区矫正法"。《社区矫正法》的颁布实施为依法开展社区矫正工作提供了坚实的法治保障。

1. 《社区矫正法》的颁布实施，对于进一步完善社区矫正制度、推进社区矫正工作高质量发展具有重要意义。我国社区矫正工作从 2003 年开始试点，2009 年在全国全面试行，直至在全国全面推开，经过多年的探索实践，社区矫正工作规模不断扩大，体制机制不断完善，方法手段不断创新，但还存在发展不平衡、规范性不够等问题。《中华人民共和国刑法修正案（八）》、修正后的《中华人民共和国刑事诉讼法》对社区矫正的适用范围、执行机构等作了原则性规定。"两院两部"《社区矫正实施办法》（已失效）对社区矫正的管理体制、矫正措施和执行程序虽然作了进一步明确，但法律位阶较低。《社区矫正法》的颁布实施，为进一步完善中国特色社会主义社区矫正制度，健全社区矫正领导体制和工作机制，加强高素质队伍建设，规范社区矫正工作程序，提高矫治能力和水平，提供了根本保障，标志着社区矫正工作迈出了跨越性的步伐。《社区矫正法》聚焦社区矫正工作的管理体制和工作机制问题，规定地方各级人民政府根据需要设立社区矫正委员会，统筹协调和指导本区域内的社区矫正工作，保证了党的基本路线和基本方针政策在社区矫正工作中贯彻实施，保证了党始终发挥总揽全局、协调各方的领导核心作用。《社区矫正法》坚持问题导向，明确规定了社区矫正的原则目标、适用范围、执法主体、机构人员和职责、部门分工、基础保障等，填补了我国非监禁刑事执行制度的空白。《社区矫正法》明确规定了社区矫正的监督管理和教育帮扶措施，强调既要依法监督管理，也要充分发挥教育矫正功能，做到因人施矫、分级处遇、个别化矫正，凸显了对每个矫正对象的信息研判、考核评估、预警预测、风险防控、预防犯罪能力，为依法开展社区矫正工作提供了法律依据和制度保障。《社区矫正法》明确规定了社区矫正工作的社会性、系统性，强调社区矫正工作要坚持专门机关与社会力量相结合，并明确了动员组织社会力量参与的方法途径，明确规定了各有关部门衔接配合程序，对推进社区矫正工作高质量发展具有重要意义。

2. 《社区矫正法》的颁布实施，对于健全我国刑事执行制度、推动国家治理体系和治理能力现代化具有重要意义。十九届四中全会审议通过的《中共中央关于坚持和完善中国特色社会主义制度、推进国家治理体系和治理能力现代化若干重大问题的决定》，明确提出要完善党委领导、政府负责、民主协商、社会协同、公众参与、法治保障、科技支撑的社会治理体系，进一步加强和创新社会治理，坚持和完善共建共治共享的社会治理制度。社区矫正是创新社会治理的重要方面。《社区矫正法》全面总结提炼了社区矫正多年来的实践经验，坚持科学的社会治理理念、以人民为中心的根本立场、联动融合的根本取向，贯彻了共建共治共享社会治理制度的基本要求。明确地方人民政府设立社区矫正委员会，把党的领导作为根本保证；明确在坚持党委领导、政府负责的同时，鼓励支持社会力量依法参与社区矫正，通过政府购买服务等方式鼓励和引导社会力量积极参与，建立政府和社会专群结合、社会力量积极参与的互动机制，实现了人民在社会治理中的主体地位；《社区矫正法》明确支持社区矫正机构提高信息化水平，运用现代信息技术加强对社区矫正对象的监督管理和教育帮扶，建立智能高效、全面覆盖、协同共享、安全可控的信息化管理系统，实现智慧化管理和应用。《社区矫正法》的颁布实施，将促使社区矫正工作和基层社会治理其他各项工作深度融合，纳入到网格化管理和社会治安防控体系建设中，形成问题联治、工作联动、平安联创的工作机制，构建基层社会治理新格局，进一步推动国家治理体系和治理能力的现代化。

3. 《社区矫正法》的颁布实施，对于深入贯彻落实全面依法治国基本方略、保障公正司法具有重要意义。依法治国是党领导人民治理国家的基本方略，是国家民主法治进步的重要标志，是国家长治久安的重要保障。党的十八大以来，以习近平同志为核心的党中央提出了一系列全面依法治国新理念、新思想、新战略，为社区矫正工作发展指明了方向。《社区矫正法》制定过程中遵循党委领导、人大主导、政府依托、各方参与的原则，坚持科学立法、民主立法、依法立法，全面贯彻落实了中国特色社会主义法治理念，其颁布实施是我国刑事法治建设的一个重要成就，进一步丰富完善了中国特色社会主义法治体系，为推进国家治理体系和治理能力的现代化提供了坚实的制度保障。《社区矫正法》顺应人民群众对社会安全、司法公正和权益保障的新期待，把坚持打击犯罪与加强人权法治保障相结合，既强调加强对社区矫正对象的依法监管教育，又鲜明提出尊重和保障人权，体现了国家治理的重要价值追求。《社区矫正法》要求社区矫正机构工作人员严格遵守宪法和法律，明确其执法权限和法律责任，坚持司法为民，坚决反对滥用权力，为严格规范公正文明执法提供了保障。《社区矫正法》实施后，我们将围绕健全社会公平正义法治人权保障制度，着力构建科学高效的执法实施体系，加快建设依法行政和公正司法等方面的体制机制，建立开放、透明、阳光的司法机制，不断提高司法公信力，努力让人民群众在每一个司法案件中都能感受到公平正义，对推进全面依法治国，保障司法公正，维护社会公平正义将起到积极作用。

三、《社区矫正法》的主要立法精神

制定《社区矫正法》是落实中央部署的一项重要改革任务，是以立法的形式巩固社区矫正改革成果，将改革发展的成果固定化、制度化，确保社区矫正工作行稳致远。

1. 《社区矫正法》的立法思路。《社区矫正法》注意处理好确立社区矫正基本法律制度与为今后发展创新留有余地的关系。由于社区矫正在我国开展的时间不长，立法对社区矫正机构设置、监督管理和教育帮扶的方式方法等作了原则性、基础性规定，为社区矫正制度今后的发展留下了空间；注意处理好社区矫正法与刑事基本法律之间的关系。对于应当由刑法、刑事诉讼法规定的实体性内容，包括管制、缓刑、假释、暂予监外执行四类人员应当遵守的会客、报告等规定，减刑、撤销缓刑、撤销假释、收监执行的条件等，立法不再重复规定，只做衔接性处理；坚持问题导向，注重解决社区矫正工作中的突出问题。社区矫正是对社区矫正对象进行监督管理和教育帮扶的有机统一，立法针对实践中反映突出的问题尽量予以回应，针对社会力量参与不充分问题做出了新颖的制度设计，针对有关机关在社区矫正中的衔接配合程序，尽可能予以细化规定，增强可操作性。

2. 《社区矫正法》确立的原则目标。社区矫正工作原则和目标为社区矫正工作提供了基本准则，指明了努力方向，是社区矫正工作的行动指南。《社区矫正法》明确规定了社区矫正工作的原则目标。一是坚持监督管理与教育帮扶相结合原则。所谓监督管理是指要严格依法执行对社区矫正对象的报到、会客、请销假、迁居等各项监管措施，创新监督管理方式方法，依法运用通讯联络、信息化核查、电子定位等现代科技手段加强监督管理，避免发生脱管、漏管，防止重新违法犯罪。教育帮扶是指要不断完善教育帮扶的措施方法，加强思想教育、法治教育、社会道德教育，组织参加公益活动，加强就业技能培训和就业指导，开展丰富多样的帮扶活动，促使其顺利回归社会，成为守法公民。在社区矫正工作中，监督管理和教育帮扶是一个整体，监督管理是教育帮扶的前提和保障，只有加强教育帮扶工作，社区矫正对象才会真心悔过自新，成为守法公民，取得真正实效。二是坚

持专门机关与社会力量相结合的原则。社区矫正是在开放的社会环境下，在不影响矫正对象正常工作、生活的前提下开展的监督管理和教育帮扶活动，仅靠专门机关的力量很难实现社区矫正的目的，必须充分利用社会力量，整合社会资源，动员社会方方面面的资源和力量参与到社区矫正工作中来。只有将专门机关与社会力量有机结合起来，发挥各自的特长和优势，相互补充，形成整体合力，才能将社区矫正工作搞好，实现社区矫正工作的目标。三是坚持依法管理与尊重和保障人权相统一的原则。社区矫正机构依照法律法规规章等的规定，对社区矫正对象进行管理。社区矫正机构及其工作人员依法对社区矫正对象监督管理的行为受法律保护，社区矫正对象应当依法接受社区矫正、服从监督管理。同时，社区矫正机构及其工作人员在监督管理过程中，应当依法保障社区矫正对象的合法权益。社区矫正对象的人格尊严应当受到尊重，其依法享有的人身权利、财产权利和其他权利应当得到保障，不受侵犯。依法管理与保障社区矫正合法权益是相互联系、互相促进的。没有无义务的权利，也没有无权利的义务。此外，《社区矫正法》明确社区矫正的工作目标就是消除社区矫正对象可能重新犯罪的因素，帮助社区矫正对象成为守法公民。

3. 《社区矫正法》的基本内容。该法共 9 章 63 条。立法明确了社区矫正的适用范围，规定对被判处管制、宣告缓刑、假释和暂予监外执行的罪犯，依法实行社区矫正，与刑法、刑事诉讼法关于社区矫正的适用范围规定保持一致；明确了社区矫正的原则目标，规定社区矫正工作监督管理与教育帮扶相结合，专门机关与社会力量相结合，依法管理与尊重和保障人权相统一的原则，采取分类管理、个别化矫正，有针对性地消除社区矫正对象可能重新犯罪的因素，实现帮助其成为守法公民的最终目的；明确社区矫正的管理体制和工作机制，规定司法行政部门主管社区矫正工作，人民法院、人民检察院、公安机关和其他有关部门依照各自职责，依法做好社区矫正工作；明确了社区矫正机构，规定县级以上地方人民政府根据需要设置社区矫正机构，负责社区矫正工作的具体实施，地方人民政府根据需要设立社区矫正委员会，负责统筹协调和指导本行政区域内的社区矫正工作，司法所依据社区矫正机构的委托，承担社区矫正相关工作；明确了社区矫正机构工作人员，规定社区矫正机构应当配备具有法律等专业知识的专门国家工作人员，履行监督管理、教育帮扶等执法职责。国家推动高素质的社区矫正工作队伍建设，依法加强对社区矫正工作人员的管理监督培训和职业保障，不断提高社区矫正工作规范化专业化水平。对在社区矫正工作中做出突出贡献的组织、个人给予表彰、奖励；明确了社会参与，规定国家鼓励、支持企事业单位、社会组织、志愿者等社会力量依法参与社区矫正工作，社会工作者、居民委员会、村民委员会、社区矫正对象的监护人、家庭成员、所在单位或者就读学校协助开展社区矫正工作；明确了社区矫正实施程序、监督管理和教育帮扶措施，规定社区矫正执行地为社区矫正对象的居住地，在多个地方居住的可确定经常居住地为执行地，在无法确定执行地时，根据有利于接受矫正、更好地融入社会的原则确定执行地。社区矫正对象应当接受社区矫正、服从监督管理。社区矫正机构应当制定有针对性的矫正方案，确定矫正小组，通过通信联络、信息化核查、实地察访等方式了解活动情况和行为表现，特定情形下经审批可以使用电子定位装置加强监督管理，创设了先行逮捕制度。社区矫正机构的教育帮扶措施要因人施教，可以通过公开择优购买社区矫正社会工作服务，为社区矫正对象提供教育帮扶；明确了未成年人社区矫正特别规定，强调对未成年人的社区矫正，应当与成年人分别进行，应当根据未成年社区矫正对象的年龄、心理特点、发育需要、成长经历、犯罪原因、家庭监护教育条件等情况，采取有针对性的矫正措施。突出对未成年社区矫正对象合法权益保护，明确政府、社会、家庭在未成年社区矫正工作中相关责任。此外，对法律责任予以专章规定，明确社区矫正对象违反监督管理规定的法律责任和社区矫正机构工作人员及其他国家工作人员违纪违法的法律责任规定，强化人民法院、人民检察院、公安机关、司法行政机关、所有社区矫正相关单位及其工作人员的法律责任。

四、《社区矫正法》是对实践经验的总结提炼

《社区矫正法》是我国第一部全面规范社区矫正工作的法律，在完善中国特色社会主义刑事执行制度，推进国家治理体系和治理能力现代化水平方面发挥着重要作用。颁布施行《社区矫正法》充分肯定了社区矫正工作开展16年来取得的成绩，总结吸收了16年中社区矫正工作改革、发展、创新所取得的成果和积累的经验，进一步确立了社区矫正制度的法律地位和基本框架，对于推动社区矫正工作的法治化、制度化、规范化具有十分重要的意义。《社区矫正法》尊重基层首创精神，注重将社区矫正工作实践中一些成功有效的做法固定下来，上升为法律制度。一是在总结各地普遍建立党委政府统一领导、司法行政部门组织实施、相关部门协调配合、社会力量广泛参与的领导体制和工作机制的实践经验基础上，《社区矫正法》明确规定：地方人民政府设立社区矫正委员会，负责统筹协调和指导本行政区域内的社区矫正工作，把坚持党的领导作为社区矫正工作顺利开展的根本保证。二是在总结吸收各地充分利用现代科技手段，提高社区矫正信息化水平的成功经验基础上，《社区矫正法》将"国家支持社区矫正机构提高信息化水平"写入总则，还就信息化核查、使用电子定位装置等作出专门规定，为运用现代信息技术加强对社区矫正对象的监督管理和教育帮扶提供了法律依据。根据《社区矫正法》第26条第1款规定，社区矫正机构应当了解掌握社区矫正对象的活动情况和行为表现。社区矫正机构可以通过通信联络、信息化核查、实地查访等方式核实有关情况，有关单位和个人应当予以配合。根据第29条第1款规定，对不服从管理的五类特定情形的社区矫正对象，经县级司法行政部门负责人批准，可以使用电子定位装置，加强监督管理。三是在总结吸收各地社区矫正工作充分依靠基层组织和社会力量开展社区矫正工作的经验，《社区矫正法》第25条明确规定：社区矫正机构应当根据社区矫正对象的情况，为其确定矫正小组，负责落实相应的矫正方案。根据需要，矫正小组可以由司法所、居民委员会、村民委员会的人员，社区矫正对象的监护人、家庭成员，所在单位或者就读学校的人员以及社会工作者、志愿者等组成……把矫正小组作为组织动员社会力量参与社区矫正工作的重要抓手，以矫正小组为依托，坚持专群结合，充分利用各种社会资源、动员各种社会力量积极参与到社区矫正工作中来，这既是中国特色社会主义社区矫正制度的显著特色，也是新形势下打造共建共治共享社会治理格局的客观需要。下一步，各级司法行政机关要依法履行社区矫正主管部门职责，以学习宣传贯彻《社区矫正法》为契机，深化认识，提升理念，依法办事，努力推动社区矫正工作高质量发展。

彭新林 *

崇法弘道垂青史，德艺双馨耀神州
——记著名法学家、法学教育家陈光中教授

著名教育家梅贻琦先生曾言："所谓大学者，非谓有大楼之谓也，有大师之谓也！"这里的大师，主要是指在学术领域有突出成就并且德高望重的名师。大师是一所大学的脊梁、砥柱，只有大师才能彰显大学的精神和品格。在北京美丽的昆玉河西侧的春荫园生活区里，常能见到一位满头银发、面容慈祥、气定神闲、精神矍铄的大师，他就是我国著名法学家、法学教育家，中华人民共和国刑事诉讼法学的主要奠基人和开拓者，在海内外享有盛誉的法学泰斗——陈光中先生。

岁月悠悠，从 1952 年北京大学法律系毕业留校任教至今，陈光中先生在教坛辛勤耕耘并在法治道路上不懈求索已近 70 个春秋。在长达近 70 年的教学科研生涯中，先生始终孜孜以求，奉献卓识才智，为祖国的法治建设和法学教育事业殚精竭虑、鞠躬尽瘁，倾注了毕生的心血。他严谨沉稳、笃实求新的治学态度，博而后精、学以致用的学术风格，虚怀若谷、温文尔雅的精神风貌，学为人师、行为世范的师者风范，在法学界有口皆碑。透过先生在治学、育人和服务社会过程中的若干生活片段，我们可以从多角度、更充实地品味和体悟到一代法学大师的心路历程。

一

回首先生走过的风雨人生路，求索法治始终是其人生事业的主题。他时刻关心着国家法治的发展，为法治的昌明鼓与呼，思考、探索，发表研究成果，积极献计献策，做出了卓越的贡献。先生在接受记者采访时曾言，"坚持改革，坚持民主法治，需要毅力，更需要勇气，我愿我的晚年能为我国的民主法治继续努力，鞠躬尽瘁，死而后已"。他的这段剖白，透出一种热切、一种渴望，其求索法治的赤子之心，不经意间已流露无遗。

通观先生多年来学术研究的领域和方向，可以发现，在研究选题和研究内容上，基本上均是以服务国家法治建设为导向，以当代中国刑事法治面临的重大理论和现实问题为研究重心，其学术成果都直接或间接地服务于中国特色社会主义法治建设的伟大事业。在他看来，法学尤其是刑事诉讼法学是一门实践性很强的学科，如果不从实际出发，没有真正参与到法治实践中去，没有一定的实践雄心，而搞成一种纯粹的智慧演习，将难以获得自身应有的价值。他在一篇谈治学感悟的访谈录中曾向记者坦露心迹："我平生治学，力求学以致用，将我所学直接或间接服务于我国的民主法治建设，以有利于推进依法治国、建

---

* 陈光中教授指导的 2010 级博士后，北京师范大学国际反腐败教育与研究中心主任、研究员、博士研究生导师。

设社会主义法治国家。"

立法是法治的基础，为了相关立法的民主化和科学化，先生鼓噪呼吁于前，献计献策于中，研讨实施于后。全国人大常委会原委员长李鹏同志所著的《立法与监督——李鹏人大日记》在谈到宪法修改时写道："中国政法大学教授陈光中认为要写入'国家尊重和保障人权'"。2004 年修正后的《中华人民共和国宪法》第 33 条第 3 款就明确规定："国家尊重和保障人权"。除了《中华人民共和国宪法》之外，对于《中华人民共和国刑事诉讼法》《中华人民共和国民事诉讼法》《中华人民共和国国家赔偿法》《中华人民共和国律师法》等重要法律的修改完善以及有关司法解释的制定出台，先生也十分关心并积极参与，他在多个场合力陈改革建议，对于上述立法以及司法解释的修改、完善和出台，他也尽了自己的一份心力。其中，特别值得一提的是，1993 年 10 月，先生受全国人大常委会法工委的委托，牵头组织了刑事诉讼法修改研究小组。该小组于 1994 年 7 月拟出了《中华人民共和国刑事诉讼法〈修改建议稿〉》，报送全国人大常委会法工委参考。全国人大常委会法工委在征求政法实践部门意见并参考该《修改建议稿》的基础上，提出了《中华人民共和国刑事诉讼法修正案（草案）》，后于 1996 年 3 月被第八届全国人大第四次会议顺利通过。据统计，先生牵头提出的《修改建议稿》中约有 65% 的修改建议被新修正的《中华人民共和国刑事诉讼法》采纳。可以说，心系国家立法是先生"学以致用"治学方针的集中表现。他始终认为法学学科的应用性很强，对基础理论和实务的研究，应当直接或间接地服务于立法和司法，推进中国特色社会主义法治国家建设。鉴于先生对中国刑事诉讼法修改做出的重要贡献，中央电视台《东方之子》栏目在 1996 年对其作了上、下集的报道，首开该栏目对法学家进行报道的先河，先生也被外界评誉为"中国刑事诉讼法之父"。但先生在接受媒体采访时却一再谦虚地表示："就我个人来说，适遇此次修改刑事诉讼法盛事，并能尽绵薄之力，实为荣幸之至。"此后，在 2012 年《中华人民共和国刑事诉讼法》第二次大修正和 2018 年再修正时，先生也全程参与了人大常委会法工委召开的关于刑事诉讼法修改的专家研讨会，为《中华人民共和国刑事诉讼法》的修改完善积极建言献策。比如，他提出的在《中华人民共和国刑事诉讼法》中规定"尊重和保障人权"原则、将值班律师职责由提供"辩护"修改为提供"法律帮助"等建议，均被新修正的《中华人民共和国刑事诉讼法》吸纳。

正是因为先生为我国法治建设做出了卓越贡献，1998 年 6 月 27 日，时任国家主席江泽民在人民大会堂举行国宴欢迎时任美国总统克林顿访华，先生作为法学界的著名专家被邀请赴宴，并与两国首脑夫妇一一握手。2010 年 12 月，在由司法部、全国普法办、中央电视台联合主办的"法治的力量 2010——年度十大法治人物颁奖盛典"上，先生作为法学大师接受学子们的致敬，以此表达对立法的敬畏，对法律知识的敬重，对先生等法学大师为建立健全中国法律体系、推动法治建设所做贡献的感谢。2012 年 9 月，先生被中国法学会授予"全国杰出资深法学家"称号；之后，2018 年 10 月，先生又被中国刑事诉讼法学研究会授予"中国刑事诉讼法学终身成就奖"，以此表彰先生在创建中国特色社会主义诉讼法学理论体系和繁荣民主法治理论方面作出的巨大贡献。美国耶鲁大学中国问题研究中心主任葛维宝教授曾评价先生是"世界级的法学家"，认为他"作为一位学者，作为一位老师，也作为一个改革家，他坚持自己的观点，并卓有成效地找到改革的机会，极富巧妙地将这些机会一步步变为现实，并且平衡着秩序和自由的价值，以及中国社会方方面面的利益"。美国西北大学法学院艾伦教授认为先生应被视为引领中国"走上成功之路的国家英雄"。美国加州大学戴维斯分校菲尼教授也评价先生"是一位学者、一位改革家、一位为中国乃至全人类带来深远影响的人"。应当说，葛维宝教授、艾伦教授、菲尼教授对先生的评价是恰如其分的。

二

"经师易得，人师难求。"在学生心目中，先生是一位集"经师"和"人师"于一身的好老师，他不仅仅是一位授业解惑的"经师"，更是一位明德传道的"人师"。与学生在一起，先生不仅言传身教，动之以情，晓之以理，诲之以道，给学生参与科研和实践活动提供宽松的氛围与有利的条件，而且多年来一直无私地帮助学生审改论著、推荐研修乃至协调工作等，可以说尽心尽责、无怨无悔。在他的大力提携下，很多学生迅速成长并在法学界崭露头角甚至独当一面。先生近 70 年的教书育人生涯中，教过的学生不计其数。他呕心沥血，言传身教，芳菲满园，桃李天下，为国家培养了一大批优秀人才。他指导的学生很多走向了法学教学科研岗位，目前有 40 余人成为教授、博士生导师或者知名中青年学者，其中还有多位被中国法学会评为"中国十大杰出青年法学家"、教育部"长江学者"特聘教授等。在政界与法律实务界，先生的弟子也不乏闪亮人物，其中有些现在是中央政法机关、地方省委的重要领导或高等院校的主要负责人，担任司局级领导职务的达 20 余人之多，他们在相关领导岗位上发挥着重要作用。这种人才培养结果的出现，是与先生的辛勤教诲和学术有序传承的指导思想分不开的。

在科研和教学中，先生倡导"业精于勤""博而后精"等治学箴言，注重培养学生独立思考、开拓创新的能力，对学术研究秉持开放包容的态度。他常对学生说："你写学术论文，有些观点如果与我的观点相左，但只要言之成理，论之有据，我并不要求按我的观点修改，我鼓励你们拥有自己的观点。"对于学生提交修改的论文，陈先生极为认真负责，大到观点、结构，小到论据、资料，乃至语言用词、标点符号，往往都会认真修改，一篇论文往往是改了又改。经他审改过的文稿，常常被改得像"披头散发"一样。还记得在 2011 年仲夏时节，先生指导我撰写一篇我国公诉制度改革的会议论文，他在认真审阅文稿初稿后，提出了详细而中肯的修改意见。文稿修改稿出来后，他又亲自修改不下 5 次，到定稿时，文稿已"脱胎换骨"，最后该文在权威期刊《法学研究》上发表。他严谨认真的治学精神，让我受益匪浅，也让我深深感受到学习先生的法学思想和业务水平，最好的途径是多学多看、多琢磨他亲手改过的文稿。他改每个字、每个标点都用心良苦，甚至可以说都体现着对法治的热爱和对学生负责的高度责任感。他改过的文稿上不会有什么过头话、大话、空话、套话。"桃李不言，下自成蹊"，正是通过看似平凡的修改文稿这样的一件件小事，先生实现了对学生的精心培养，赢得了学生们一致爱戴。

其实，不只是对自己的学生，对于其他从事法学研究的青年学人，先生也总是怀揣满腔热情，竭尽所能给予关怀和帮助。如为了奖励全国优秀的诉讼法学青年博士、硕士以及家乡优秀师生，先生在有关单位的支持下，先后成立了"陈光中诉讼法学奖学基金""陈光中教育基金会"等公益性质的基金和基金会。其中，"陈光中诉讼法学奖学基金"面向全国，两年一次评选学业优秀、科研突出的优秀硕士生、博士生，目前已连续举办了 5 届评选颁奖活动，上百名全国优秀的诉讼法学博士、硕士获得了基金的资助奖励，这为他们今后潜心学问、投身法治打下了良好基础。"陈光中教育基金会"是先生设立在家乡浙江永嘉的公益性基金会，其奖教奖学范围辐射永嘉全县，仅2018年度受奖人数就达127人、奖金247 500元，为促进基层中小学教育事业的发展做出了重要贡献。此举充分表达了先生的桑梓深情。

子曰："志于道，据于德，依于仁，游于艺"。万世师表孔夫子的寥寥数语，既是自己勾勒的自画像，又何尝不是后世师者应有的修为呢！先生以自己的言传身教，为我们展现和诠释了当代师者的风范和师道的力量。"高山仰止，景行行止。虽不能至，然心向往之。"先生的学术成就、思想境界、道德情操和人格风范正是广大法律学人、青年学子的榜样！

三

近70年来，无论是顺境还是逆境，先生始终关心着国家和民族的未来，对国家政治大事和改革方向有着自己的思考，精神世界里有着林则徐"苟利国家生死以，岂因祸福避趋之"一样的深情。他曾经慨言："做学问，无论理论多深，最后的目标都应当造福人类、服务社会。"在这里，他深刻揭示了学者的主要使命；而要实现造福人类和服务社会的使命，就应当为实现法治、推动改革和促进发展呐喊、思考、探索。他认为政治与法治密不可分，政治决定法治，法治体现政治。回顾我国40多年的改革开放，政治改革虽有所进步，但又明显滞后于经济改革，并成为制约法治改革的瓶颈。作为国内权威的法学家、法学教育家，先生对于今后我国政治文明如何进步、法治建设如何推进，始终牵挂于心。先生在其出版的法学文集自序中，曾表达了这样的期许："倘若垂暮之年，能再为国为民尽最后一份责任，做最后一点贡献，则此生我愿足矣！"2019年，先生在接受《新京报》"致敬大家"栏目采访时再次表示："人生难百岁，法治千秋业。我希望有生之年，为国家法治建设事业再做出微薄的贡献。"朴实的话语、真挚的情感，折射出了一代法学泰斗谦逊有道、老当益壮的赤子之心，正可谓"老骥伏枥，志在千里；烈士暮年，壮心不已。"

除了在著书立说、教书育人上怀有高度的社会责任感和使命感之外，在法治实践中，先生更是尽自己最大的努力为正义鼓呼、为苍生呐喊。尤为值得一提的是，近20年来，先生在法治公益领域投入了大量时间和精力，为推动冤错案件纠正积极奔走，为维护社会公平正义挺身而出。先生曾对指导的学生坦言："遇到冤案错案，应该义不容辞表达声音。因为个案不仅仅是个案，个案会折射出一定程度上的社会普遍效应，从而由个案的正义发展到普遍的正义。"例如，近年来，先生通过组织专家论证、参与案件研讨、媒体发声、转递案件材料、协调法律援助部门、向有关部门反映等多种方式，积极推动聂树斌案、缪新华案、于欢辱母杀人案、张志超案、温州"父顶子罪"命案等一大批影响性冤错案件的纠正；先生推动纠正的这些冤错案件，大都是历时久远、疑难复杂、涉及面广、影响广泛的"老大难"申诉案件。这些冤错案件绝大部分已经得到纠正，先生在其中发挥了不可替代的重要作用，可谓功不可没，但先生却是十分的低调谦逊、甘当人梯、不事张扬，令包括当事人家属、申诉代理律师在内的社会公众无不敬佩和感动。此外，在多个场合，先生还多次呼吁司法机关认真贯彻疑罪从无原则，采取更加坚决的措施，主动、全面地清理申诉不止的冤案错案，切实防范冤错案件发生。其实，这些年来，积极投身公益事业，包括免费为弱势群体提供法律援助，为冤错案件当事人及家属申诉提供友情帮助，无数次给灾区、贫困地区捐款捐物等，早成为先生日常生活的一部分了。可以说，自觉地关心国家的命运、民间的疾苦，倾听人民群众的呼声，全心全意为人民服务，是先生毕生的追求，也是先生不懈奋斗的动力所在、源泉所在、使命所在。2018 年 12 月,《中国新闻周刊》在北京主办了"'影响中国'2018 年度人物荣誉盛典",先生荣获"见证 40 年·法治人物"殊荣。这是社会各界对他数十年如一日地付出、献身法治、倾心奉国的高度认可,是用特别致敬的方式表达对他最崇高的敬意!

四

2010 年 7 月~2013 年 6 月,我曾在中国政法大学跟随先生做博士后 3 年。这 3 年时间是我人生中最为宝贵的一段经历,最为幸福的一段时光。在此期间,我亲眼目睹了先生为了国家法治事业和人民的利益,夜以继日地全身心投入工作的忘我情景;亲身感受着先生为正义鼓呼、为苍生呐喊的高尚品格。在博士后出站后,我仍然与先生保持着密切的交往联系,结下了深厚的师生情谊。先生敏锐的学术洞察力、温文尔雅的举止、举重若轻的大家风范,以及那种"每临大事有静气"从容自若的处世气度,给我留下了深刻印象。

作为法学界的后生晚辈和青年学者,我有幸忝列门墙,得到先生颇多教诲。从先生身上,我学到的不仅仅是专业知识,更为重要的是学到了宽容、担当、责任、奉献等诸多优秀的品质。每每聆听先生春风化雨般的教诲、凝视先生慈祥和善的面容,我总是倍感亲切和温暖,内心也总会萌生无限敬意。先生坚定的目光、坚毅的神情带给我力量,使我更加勤奋学习,更加努力工作,更好地投身法治事业。当年他的谆谆教诲我铭记在心,他的言传身教使我不敢稍有懈怠,他的行事风格对我后来的学习、工作和生活都带来很大影响。

先生将全部的心血和情感奉献给了他深爱的国家、深爱的法治事业。虽年逾耄耋、满头白发、步履蹒跚,但依然精神矍铄、神采奕奕、思维敏捷,充满着长者的亲切、谦逊、睿智、和蔼,处处流露着大家的风范。先生的学品、人格和功业,犹如灿烂的阳光沐浴着我的身心,如纯洁的甘露滋润着我的灵魂,是我应当以毕生精力去追求的一种境界。今天,我怀着这种感恩的心情写下这篇文章,祝贺恩师 90 华诞,以表达我对他的深深敬意。

庚子四月廿一,是先生九十华诞。有感先生献身法治、倾心奉国的赤子丹心,情系民生、心忧社稷的家国情怀,温文尔雅、举重若轻的大师风范,淡泊名利、宁静致远的豁达心境,特书七绝《贺恩师九十华诞》一首以记之。衷心祝愿先生学术之树常青、生命之水长流!也殷切期盼先生深情系之的中国法治事业枝繁叶茂、繁荣昌盛!

> 静水流深怀若谷;
> 德艺双馨耀神州。
> 崇法弘道垂青史;
> 吾侪追随愧望尘。

庚子四月二十一于北京

王迎龙*

心怀家国天下的长者
—— 我所认识的陈光中教授

我在 2011 年拜入陈光中先生门下，忝列门墙，跟随先生学习了 3 年的刑事诉讼法专业知识。回想最初，每当面对同我爷爷一般高龄的先生，又兼学界泰斗，交流时难免因心生敬畏而惴惴然。一转眼，已是近十年的光景了，如今先生已迈入"90 后"，当年先生口中的"小年轻"也不再年轻，与先生之间增加了几分家人般的亲切感，交流时不再那么拘谨，心中对于先生的敬仰却也与日俱增。在先生门下学习的 3 年博士时光，包括工作以后继续接受先生的教诲，使我成长了许多。对陈先生的印象与认识，也从最开始遥不可及的学界泰斗，变得更加饱满与形象。陈先生有许多名誉称号和头衔，如中华人民共和国诉讼法学的奠基人、法学泰斗、中国刑事诉讼法学会名誉会长、原中国政法大学校长、原中国法学会副会长、"2011 计划"司法文明协同创新中心首席科学家、中国政法大学诉讼法学研究院名誉院长，如此等等。但我所认识的，是在这些名号之下，一位平凡但又心怀家国天下的宽厚长者。

伟大的事业源于不畏强权与同情弱者的悲悯之心。在跟随陈先生学习期间，正值 2012 年《中华人民共和国刑事诉讼法》修正，很多法律问题都受到热烈讨论。陈先生笔耕不辍，针对许多关键问题发声。如证据裁判原则、公诉制度改革、二审改革、再审改革、辩护制度、司法解释等。（其中，我、肖沛权同陈先生合作完成了《我国刑事审判制度改革若干问题之探讨——以〈刑事诉讼法〉再修改为视角》，载于《法学杂志》2011 年第 9 期）这些著述里，无一不体现了陈先生对于公权力滥用、冤假错案、侵犯人权的忧虑。如我和先生合作的文章中，先生就着重强调了严格贯彻非法证据排除规则，防范侵犯公民权利的现象，同时解决律师"三难"，保障被追诉人的辩护权利，等等。这只是陈先生的学术理念的一个小的缩影。在日常，陈先生也对遭受不公者抱有一颗同情之心，古道热肠，乐于助人。我印象较为深刻的一件事情是，先生老家的一个邻居来到北京请求先生帮助，起因是他的家人涉嫌诈骗罪而面临审判。陈先生在看完案件材料后认为这个案件只是一起民事纠纷，不应该通过刑事途径解决，于是帮助邻居拟了一份材料意见，提交给了当地法院。事后我得知，这个案件检察院撤回了起诉。这仅仅是一个小的案件，在社会上也没有影响。后来，陈先生在聂树斌、张志超等具有社会影响力的案件中都有发声，积极推动了这些冤假错案的平反。我想说的是，作为一位法学大家，陈先生如此并不是为了博取眼

---

* 陈光中教授指导的 2011 级博士研究生，北京工商大学副教授。

球，他对于司法公正的追求、对于弱者的帮助、对于受到不公者的同情，是一以贯之的。我想，当年陈先生历次大力推动刑事诉讼法修改，呼吁无罪推定原则、尊重和保障人权等入法，也一定是先生的悲悯之心在驱动着他。

不平凡是经努力细致的工作一步步铸就。陈先生所取得的不平凡，取决于他持久地努力而细致的工作。陈先生对于所从事的法学教育、研究工作，始终保持着热忱。八九十岁的高龄，陈先生坚持每年指导 1~2 名全日制博士研究生，加上博士研究生的论文可能更多，我现在每年指导硕士研究生，毕业季看硕士论文都觉得很费劲，可以想象先生在指导学生上所付出的精力。陈先生还坚持学术研究。先生有看报的习惯，法律圈的报纸，如《法制日报》《检察日报》等，先生每天都坚持看，所以对于法律热点问题把握非常精准。这几年，陈先生还保持每年几篇 CSSCI 期刊的发表量，2017 年先生还以 6 篇 CLSCI 文章成为高产作者。陈先生还集结完成了《中国古代司法制度》一书，这是其主持的项目成果《中国司法制度史》（三卷本）中的一本，接下来先生还要出版《中国近代司法制度（清末至民国）》。著作等身对于陈先生而言已经不是比喻而是描述了。在先生身边求学期间，我深刻感受到了其治学的严谨细致。以我和先生共同完成的文章为例，先生数易其稿，不厌其烦地进行细致修改。不夸张地说，先生是逐字逐句地研读修改，甚至包括标点符号的运用。陈先生不仅一次告诫我们弟子，好文章不是写出来的，而是改出来的，并身体力行地为我们做了示范。当时的情景至今难忘：我坐在办公桌前敲打着文字，老先生戴着老花镜双手伏在办公桌上，对着电脑一句一句地读着文章，由于年纪大了身体佝偻着，脑袋伸向电脑屏幕，看累了就靠在椅子上眯会眼睛。当时修改的文字内容我已记不清楚，只有先生那略显佝偻，在我心中却十分伟岸的身躯，还有满头的白发，令人记忆深刻。陈先生对于学术持之以恒的态度，令我心生敬仰，同时也很惭愧。在学术的道路上，陈先生始终是我前方的灯塔，引领着我前行。

人文主义精神的熠熠生辉。在陈先生身上，我们可以看到许多光辉的人文主义性格特点，如追求自由、公正、开明、理性等。作为学子感受最为直接的，是陈先生不求回报地给予我们长辈般的关爱与照顾。读书期间，国家每月会为博士研究生提供一定的补贴，但考虑到该补贴较少，陈先生从自己的项目基金里面拿出一部分经费，作为其指导学生的助研经费，我也曾接受过先生的资助。此外，陈先生还以自己的名义设立了诉讼法学基金，在全国范围内资助优秀的诉讼法学年轻学子，我也曾是陈先生基金奖励的获得者，一直心怀感恩。中国政法大学博士生毕业有发表两篇文章的要求，级别要求还很高。为帮助学生毕业，不顾身体年迈，陈先生会和每一名博士一起合作一篇高质量论文，在高级别刊物发表。与陈先生接触越久，就越能感受到先生对于学生的关怀。记得有一次陪同陈先生去武汉开会，一天的会议结束后主办方宴请先生，包厢内不大的圆桌坐满了司法机关的领导和学界的大咖。当时，我觉得这么多大腕坐着都挤，心里头有点发怵，于是与先生说要不我去外面吃自助餐，先生拉住我说："一桌子好吃的你不吃啊，就在这里吃！"还有一次，陈先生召集所有在校的博士生一起去 KTV，先生心情很好，主动唱了一首《小城故事》，笑得很开心。还有一次，陈先生带着师母和我们一起去北海公园踏青，在湖心泛舟。还有一次……与陈先生点点滴滴的记忆与瞬间都融入进先生的具体形象，形塑了他更为饱满的伟大人格。

也是去年这个时候，我和我爱人还有马泽波院长夫妇、范巧玲院长一同，宴请了先生与师母，为先生庆生。今年很是不巧，疫情肆虐华夏大地。但是，我们坚信，没有一个冬天不会过去，没有一个春天不会到来。春暖花开神州无恙时，我们会再欢聚一堂共贺先生九十华诞。在此，衷心祝愿陈光中先生学术之树长青，生命之水长流，待百年华诞，再谱新篇章。

朱　卿[*]

耄耋之年著经典
——记陈光中教授与《中国古代司法制度》

　　陈光中先生是我国刑事诉讼法学的泰斗，一直致力于刑事诉讼法和司法制度的研究；同时先生对中国司法制度史也是情有独钟。20世纪80年代初，先生受命给诉讼法学研究生讲授中国古代诉讼制度，为授课之需，先生编写了若干专题讲义。此后先生将讲义扩充为6章，并邀请沈国峰教授增写3章，共计15万字，定名为《中国古代司法制度》，由群众出版社于1984年出版。30年后，正值国家司法文明协同创新中心成立，作为中心学术委员会主席的先生便想趁此良机梳理中国司法的发展脉络，因此拟定了撰写《中国司法制度史》（三卷本）的规划，其中第一卷就是《中国古代司法制度》，先生决定在1984年版本的基础上进行大幅度的增写、重写和修改。这时先生已经年逾八旬，仅靠一个人要完成史料的补充、搜集和整理确实力有不逮，所以先生决定招收几名中国法制史专业毕业的学生协助写作。我就是因为这个机缘有幸成为了先生的博士生。

　　按照先生的安排，我和几位同门分别负责一部分史料的搜集整理工作。由于先生不善使用电脑，我们都是把搜集整理好的史料打印出来送给先生，先生亲自进行选取和进一步整理后在空白处写下分析和观点。我们将这些手稿整理成电子版之后，再交给先生进行补充和修改。如此反复，数易其稿，历时3年有余。治史不易，为了写好这部著作，那段时间先生时常工作到深夜。我和几位同门都曾在夜里12点后收到先生关于补充史料的信息，私底下我们对先生有这样好的精力都表示特别佩服，而心底里更多的其实是一份感动。

　　2017年初，《中国古代司法制度》的初稿完成。5月，全书的修改开始。从春末到初冬，半年的时间里，我记不清有多少次，先生带领我们几个学生在工作室里一干就是一整天。书中的每一则史料都进行了核对，每一句表述先生都仔细斟酌，遇到疑难或有争议的问题，先生更是要经过反复考虑才下结论。有几次，修改工作一直进行到将近凌晨，我们几个年轻人都已是哈欠连天，先生依然在坚持。师母不忍他如此辛苦，打来电话，先生这才回家休息。11月，全书定稿，篇幅较1984年版本扩充近3倍。我清楚地记得，书稿付梓后，先生曾经感慨地对我说："这本书是我的呕心沥血之作！"于耄耋之年，著传世经典，先生用这部厚重的作品，为"学者"二字作了最生动、最准确的诠释。

　　《中国古代司法制度》一书一经出版，就立刻引起了轰动，在诉讼法学界和法制史学界，都有顶尖学者为这本书撰写了书评。出版两年多以来，这本书的价值得到了学术界的

＊　陈光中教授指导的2014级博士研究生、2017级博士后。

公认，被奉为研究古代司法制度的传世之作。2019年底，《中国古代司法制度》一书又成功入选国家社科基金中华学术外译项目，将会以英、法两种文字在境外出版，这无疑又为本书的价值增添了一个亮眼的注脚。

3年前协助先生改稿的那段时光，如今依然历历在目。先生不辞辛劳地写作，让我看到了老一辈法学家对学术执着不懈的追求。先生严谨的治学态度，让我看到了一个纯粹的学人的品格。作为导师，先生教给我的，不仅仅是知识和学问，更是进行学术研究所应有的态度和精神。先生的言传身教，对刚刚开始学术生涯的我产生了深刻的影响，也必将成为我在日后的学术道路上取之不尽的一笔财富。

正值先生九十华诞之际，作为学生，作为《中国古代司法制度》一书从写作到出版的见证者，我觉得有责任将这段历程记录下来。因此仅具小章，为先生寿！

唐彬彬*

我眼中的陈先生
——谨以此文贺先生九十寿诞

2009 年 9 月，我进入四川大学法学院学习法学。在最初，陈先生对我来说，是红皮书的作者，是诉讼法的奠基人，是法律人心中的超级巨星，是那个手持的剑最利、武功最高的人。那时的我，从未想过有一天能成为先生的学生。甚至觉得有幸能见上一面就知足了。

2013 年 7 月，我从四川大学转移到中国政法大学。没想到数日后，我就能在校园内偶遇先生。某天下午，我看着先生独自背着包出现在学校，于是赶紧冲过去，噼里啪啦说了一堆："先生好，我叫唐彬彬，是 13 级的硕士，专业是刑事诉讼法。我是看您的书长大的，能不能和您合一张影。"先生说："好啊。"还叮嘱我要好好学习。于是，就有了这张照片。后来，我将这张照片发给先生，给先生讲了这个追星成功的小故事。

2014 年 10 月，在硕导吴宏耀教授的引荐下，我准备提前毕业考取先生的博士研究生。给先生发送简历、发表论文、成绩单之后，我一直忐忑不安，不知是否符合先生的入门条件。直到有一天收到先生短信，让我去家中聊聊。我第一次来到先生家，师母替我开门，一时紧张，我竟脱口而出"奶奶"，事后每每想起都会发笑。当天下午，我给先生说了我的理想——做一个"学者型的法官"，可惜这个理想很快过气了。不知先生是否记得。

2015 年 9 月，我硕士毕业，正式拜入先生门下。从先生身上，我切身感受到了一位法治建设者的气魄。不论是极力推动人权保障，还是为冤错案件发声，先生都表现出法律人应有的侠肝义胆。

2015 年 12 月，我协助沛权师兄举办了"首届司法改革研讨会"。其中，先生以司法

* 陈光中教授指导的 2015 级博士研究生，中国人民公安大学法学院讲师。

改革的八大发展趋势为题，做了主旨发言。会后，先生认为发言稿可以扩充，作为正式论文发表。我毛遂自荐，领下了这个任务。于是有了《比较法研究》2016 年第 6 期刊发的《深化司法改革与刑事诉讼法修改的若干重点问题探讨》一文。在修改期间，先生不厌其烦地和我讨论文章的内容，字斟句酌，让我感佩。

先生是一个永远都在学习的人。先生家的茶几上、沙发边摆满了各种书籍、期刊。刑诉法最新发表的文章、讨论的议题，先生也是信手拈来。茶几左侧的灰白单人沙发，应该陪伴先生阅读了数以亿计的铅字。

先生是一个浪漫的人。某次我和同门到先生家，先生带我们参观了卧室墙上悬挂的一幅字，是他写给师母的。用的粉色纸张，书写"执子之手，与子偕老"。在场的人无不露出羡慕的神色。

先生还是一个热爱生活的人。每学期都会组织在校生郊游、唱 K、吃饭。情之所至，还会为我们高唱一曲《敖包相会》《康定情歌》。

先生鼓励每一个学生出国，希望我们都能出去开拓视野。2016 年 5 月底，我陪先生、师母在广西出差。其中一晚正好留基委公布公派名单，同行的师兄已经收到贺信，我在一边焦急等待时，先生发来短信：你的情况怎样。我回复：由于网上拥堵，还未查到结果。快到凌晨，终于刷出大红色贺信，赶紧截图发给先生。不料先生立刻回复：恭喜。我才知道，先生一直没有休息，还在等着我的回信。本想着这只是先生茫茫教学生涯中一件不起眼的小事，可是第二天和接待方吃饭的时候，先生专门向他们介绍我和师兄出国的事情，还特别自豪地说今年 3 个学生，都拿到了公派的资格。当时，我心中一喜，原来先生会为我们的一点小成绩感到高兴。于是，我心中暗下决心，希望能多取得一些成绩，让先生多高兴几次。

2018 年 6 月，我顺利毕业，来到了中国人民公安大学法学院工作。开学前去看望先生，我向先生保证一定不辱使命，不给他丢人。上课后，我却找先生诉苦，说备课很难，完全让我无暇顾及其他事情。先生非常严肃地告诉我：你要当好老师，必须要站稳讲台。要不然，其他什么都别想。那一刹那，我想起博一的第一学期，已经 85 岁的先生，还在为我们上课的画面，而且一讲就是 3 个小时。我又如何能说出"辛苦"这个词呢？

2018 年 10 月，诉讼法学年会，先生获终身成就奖。先生在会上发表感言："……我已年届耄耋，虽壮心犹在，但已力不从心。推进国家民主法治事业，历史地落在了中青年法学专家的身上。让我们为了中国特色社会主义法治和刑事诉讼法法治建设事业而共同努力奋斗！"很遗憾，当时我正在入职培训，无法亲身聆听先生的教诲。后来从"陈氏学堂"微信群中看到这段话时，我的眼泪喷涌而出。作为先生的学生，我觉得自己身上带着光。

从工作至今，许多的同门，比如李玉华教授、熊秋红教授、魏晓娜教授、赵琳琳教授、田力男副教授等，给予了我无私的帮助与支持。我想，这大概是因为我们都是在先生关爱下成长的缘由吧。

先生对法治的追求是一种大爱，他爱着这个国家，爱着这里所有的人。我们都是先生这棵大树边上的小树苗。在先生之下我们尽情生长，希望有一天也能成为别人的大树。

2020 年 4 月，先生 90 岁了。只愿先生和师母身体康泰，福寿绵延。

谨以这一段记忆贺先生寿。

虞惠静[*]

德为世重，寿以人尊
——贺陈光中教授九十大寿

2016 年的夏天，烈日升腾，暑气逼人，我站在中国政法大学的新一楼宿舍大楼前，列队等待着开学典礼。即使在若干年后的今日，我仍能记起当时中国政法大学的校园里，那炎热的气流中夹杂着的点点玉兰花香，人群中偶有稀碎的短促的谈话声，细细去看，能望到站在树荫边缘的学生，悄悄地往阴凉之地挪动了一小步。

忽然从前排传来一阵轻呼，一位老人缓步走上演讲台，只见他头发一丝不苟地整齐地向后梳着，没有一丝凌乱，一根根银丝一般的白发在黑发中清晰可见。他着一身干练的白色短袖衬衫，卡其色的长裤，脚上一双油亮亮的平底皮鞋，走起路来脚步稳健，说起话来气如洪钟，抑扬顿挫，丝毫看不出已经是八十余岁的高龄老人。

这便是我初见陈光中先生时的场景。

当时，先生作为中国政法大学（以下简称"法大"）的终身教授，为新生们送上新学期的冀望。他一上台，便先嘱咐学生不必拘泥于队形，可去阴凉处休息，言语之中尽显长者体贴后辈，关心备至之意。

然后，先生又叮嘱大家要珍惜学习的时光，并希望同学们在学习过程中，能做到以下四点：一是要立志，有正确的价值追求，有伟大的理想，为了理想不断学习和进步；二是要勤勉，业精于勤荒于嬉，唯有勤学苦练，方能有收获；三是要诚信，学法者自身道德品质要够硬，要老老实实做人，踏踏实实做事；四是要创新，创新是社会进步的根本动力。最后先生还提到当时刚刚出赛果的中国女排，号召大家学习中国女排永不言弃、奋力拼搏的精神。

整场演讲持续接近一个小时，演讲台上方没有遮挡，正是接近中午最热的时候，先生全程脱稿，站姿抖擞，给所有法大学生带来了开学第一课。

当时正在台下的我，默默将这些话存进了手机备忘录。

有幸得入师门之后，我给先生发送了近期要读的书单，本来并未抱先生会回复的期待，只是单纯作为近期动态的报告，未曾想先生很快回复了邮件，并且告知我电话沟通学习计划。在电话中，先生指出了我的计划的不足，对书单中所涉及的书籍进行了简单的评价，调整了部分书籍的阅读顺序，又谈起学习要逐步渐进，尤其对于我这些非法本的学生，应当以夯实专业基础，通过资格考试为重，唯有稳扎稳打求进步，才能踏踏实实开好

---

[*] 陈光中教授指导的 2016 级硕士研究生，北京元品律师事务所律师。

头，言之谆谆，意之殷殷，令人印象深刻。

读研期间，因为一些学院的文件需要签字，我便去先生家拜访。到了之后，阿姨嘱咐我等一等，先生还未起床，我便坐在客厅里等待。先生家并不大，但是收拾得很整洁，在灰尘漫天的北京，竟也能做到一尘不染。客厅里入目可见一张大茶几，茶几上堆满了报纸和书籍，一沓挨着一沓，一摞叠着一摞，仅留下一块小小的空处放茶水，茶几旁边也整整齐齐码着一堆一堆的期刊，乍眼一看，社会的、经济的、文化的、中外专业类的书籍都有，琳琅满目。我只等待了一会儿，先生就从卧室里出来，这次见到先生，倒是和平日里公众场合下见到的先生大有不同。平日里出席学术会议的先生总是着一身西装，穿一双擦拭得锃光瓦亮的皮鞋，在家中的先生，着舒适轻便的薄毛衣，穿一双柔软的毛拖鞋，头发也只松松地向后一梳，看起来倒像是个公园里遛鸟的老爷爷一样和蔼。他见到我，先是简单地向我解释："昨日我刚从外地开完研讨会，到北京已经是凌晨了，所以早上睡得多了些。若是平时，我一大早就醒了。"我这才想起，师兄师姐们说起先生，总说他夜以继日地工作，几十年如一日，忙起来有时也顾不上自己的身体。匆匆签完字，走时先生又塞给我几个瓯柑，说这是我家乡的水果，让我带走一些。

在这之后，再去见先生，常常能看见师兄或者师姐坐在侧边沙发上，抱着笔记本电脑码字，根据先生的指示一个字一个字地改论文，一篇数千字的论文，有时候要改上好几天，就连细小的注脚，都要反复查证，来回推敲，力求严谨。有时还能听师母说起："我总让他休息休息，工作也可适当缓一缓再做，可是他不听我的，这么大年纪了，工作起来还是风风火火的，一天都等不得。"

先生工作起来甚是严谨，谈起法治改革，虽已两鬓斑白，但总是精神矍铄。私下里，先生又是亲切、平和和慈祥的。

毕业那年，我生了一场病，本想拖到毕业后再医，没想到提前数月就发作，我非常不好意思地给先生发消息，说可能毕业论文要迟一些再交，甚至有可能要申请延毕，先生很快回了消息，嘱咐我身体要紧，万事都等病好后再议。待身体好一些后，我紧赶慢赶交上了论文，上交系统的时候已经是凌晨一点，我想着第二天能审核就好，没想到先生很快就在系统里审核完成。第二天，我问师兄师姐后，才知道先生当日工作到凌晨两点才睡。先生治学之道，可称得上是兢兢业业，废寝忘食，令人动容。

2020年4月，先生已经满90岁，耄耋之年的他，仍然为我国的法治事业奋斗着，不辞辛苦，孜孜不倦，就像他80岁寿辰之时所吟的那首诗一样："风雨阳光八十秋，未敢辜负少年头。伏生九旬传经学，法治前行终生求。"

邵 俊[*]

贺恩师陈光中教授九十华诞

蓟门烟树、小月河畔，时光恍如流水，不留片刻停歇，不觉在先生门下博士受业已有3年。先生年高德劭，始终心系家国。他高屋建瓴的学术眼光、谨严人理的处世态度，充沛旺盛的求知欲，时刻激励晚辈，不敢懈怠。毕业之际恰逢先生鲐背之庆，师恩之情，借文聊表。

一、法学家的法治情怀

念及先生，"法治"可以说是首要的关键词。想起2012年，我还在中国政法大学昌平校区念本科，时值中国政法大学校庆60周年，先生作为终身教授出席文艺晚会，当晚为终身教授设置访谈节目《一生法大人》。直到今天我仍能清晰记得先生上台时满场经久不息雷鸣般的掌声，先生提到"人权进步日，民族复兴时"的坚毅之声依然萦绕耳尖。心怀法治天下的信念，为人权事业奋斗的决心，为法治强国建言的坚持深深震撼了一个法学学子的心。

2015年我在中国政法大学学院路校区攻读硕士，正逢先生开设《中国司法制度基础理论》课程，对硕士研究生开放选课。我有缘第一次近距离聆听先生的专业课程。课程深入浅出，虽然只有短短3周，但内容大开大合：从司法的基本概念，到以审判为中心的诉讼制度改革；从联合国两权公约，到中国刑事司法制度发展；从认识论，到非法证据排除规则的实施。先生的课程不仅为我拓宽了学术研究的深度和广度，更向我展现了法治不是"空中楼阁"，而是有其深厚的学术机理。

后来我有幸跟着先生读博研学，更是直接、深刻地体会到先生对于中国法治建设做出的不懈努力和卓越贡献。1993年，先生受全国人大常委会法工委的委托，牵头组织了刑事诉讼法修改研究小组，拟出了《中华人民共和国刑事诉讼法〈修改建议稿〉》。该《修改建议稿》切中要害，接近三分之二的内容为1996年《中华人民共和国刑事诉讼法修正案》所吸收。这部《中华人民共和国刑事诉讼法》在当时的立法背景下尽可能地吸收了当事人主义的经验，超职权主义得到极大修正。先生谈起此次人生高光时刻，总是怡然自乐，对于修法诸多变化，如数家珍。一想到1996年，我还是6岁孩童，而今能够直接聆听中华人民共和国刑事诉讼法学的开拓者和重要的奠基者讲述这段历史，不禁感叹在历史长河中个体的渺小和伟大。"横渠四句"有云："为天地立心，为生民立命，为往圣继绝学，为万世开太平。"我想先生的一生为了中国法治进步而奋斗，当对得起这样的评价。

---

[*] 陈光中教授指导的2017级博士研究生。

文以载道，推动法治，先生从未止步。他始终关注司法改革的前沿问题，"求真务实"和"高瞻远瞩"是他一以贯之的学术标签。他著作等身，笔耕不辍。法学文选已出版至第四卷，内容基本涵盖每个时期的司法改革热点问题。每每拜读先生作品，我总为先生的学术热情所折服，不免有"羞于称博士"之感。先生在理论上不懈探索，系统提出惩治犯罪和人权保障并重的刑事诉讼目的观、动态平衡诉讼观。这些都是中国刑事诉讼理论的瑰宝，对法治研究和实践具有重要价值。

先生极负法学家的社会责任感。法治以公正为灵魂，每一个司法案件都承载着公平正义的价值。对于聂树斌案、张志超案的平反纠正，他观点鲜明、掷地有声。2017年山东于欢案引发广泛关注，我曾陪同先生参加了最高检组织的专家论证会。他仔细翻阅了证据材料，认真准备发言。在此期间，他教育我法律人任何时候应当坚定自己公平正义的信念，否则就无法真正理解法律的内涵。我想法学家的法治情怀就是如此温暖有力！

二、法学教育家的春风化雨

先生作为法学家，有傲然屹立，正色直言的一面；作为法学教育家，也有和蔼可亲，温文尔雅的一面。

在博士生指导上，先生身体力行诠释着对于教育事业的热爱。虽已步入高龄，他仍然保持年轻人一般的作息状态，让我自叹不如。他每年坚持给博士生上课，每次都会认真备课，反复琢磨修改，讲课更是一口气讲3小时不停歇。他带领我畅游于知识海洋的同时，更让我刷新对于年轻的认知。《中国司法制度史》三卷本是他新的学术目标，为此他工作再忙也要分出精力专心耕耘。他家中客厅总是持续更新专业书籍，摞得满满当当。我读完《中国古代司法制度》，作为读者对于续作翘首以盼，巴不得先睹为快；作为学生又担心他过度操劳，甚是矛盾。

先生博闻强识，讲课闲聊娓娓不倦。内容涉猎广泛，上下五千年，纵横两万里，从学术理论到司法实务，从女排夺冠到国内外时政。先生也乐于从自身经历出发，鼓励学生开拓视野，再逐步深入，找到自己的研究方向。与先生的交流，总能让人如沐春风，豁然开朗。曾记得博一我获得美国哥伦比亚大学法学院访学机会，正在犹豫之际，先生第一时间给予了极大的支持和鼓励。于我而言，先生不仅是学术导师，更是人生前行的明灯。

先生洞中肯綮、词严义密的文风也是我一生学习的典范。他反复和我强调文章力求练达、逻辑严谨、言之有物。大小文章，无论是学术论文，还是媒体短评，他都是亲力亲为，反复打磨。"文章不是写出来的，而是改出来的"，是他工作时的常用语。早在2016年，先生关注到中国反腐败体制改革将迎来重大改变，着手开展了一系列的研究。我有幸一同参与，协助先生为监察体制改革建言献策。在先生指导下，我们共同在《中国法学》发表论文《我国监察体制改革若干问题思考》。这篇文章前后大小修改不下20余次，大到行文框架，小到标点符号，先生反复研读思考，追求至臻。这是一次弥足珍贵的历练，是我一生的财富。

先生关心刑事诉讼法学科的发展。他秉持着高标准、高效率、严要求的精神，认真组织基础教材的修订工作。先生主编的《刑事诉讼法》目前已再版至第6版，依然是法学学习必买的"红皮书"，引领无数法学学子进入刑事诉讼法学学习的大门。他还设立了"陈光中诉讼法学奖学基金"，鼓励学子投身刑事诉讼法学的研究。我有幸获得了第四届优秀研究生学位论文奖和第八届诉讼法学奖学金，对我来说这既是鼓励，更是鞭策。

　　先生还始终心系家乡教育事业。在温州永嘉设立了陈光中教育基金会。楠溪江边，白泉故居，此去经年，仍能听到琅琅书声。我想站在三尺讲台上的先生，赤子之心从未改变。

　　再次感谢恩师陈光中先生，教会我站在更高的地方触摸更广阔的天，用更长远的眼光看待人生百态，脚踏实地为学为人。他曾说"人生难百岁，法治千秋业"，作为学生真心希望时光走得再慢、再慢、再慢一些。最后以一首诗来诚挚地祝愿先生身体健康、日月昌明、松鹤长春！

陈言务去文含光
中流砥柱敢为先
生平斐绩极于九
十尺讲台奉年华
诞辰同庆学子贺
鲐背眉寿寿长春

亲属贺词

陈谦、陈卫携全家

钟鸣之音，警世醒心。
云山风度，鹤寿绵延。
祝贺敬爱的伯父九十华诞！

陈谦、陈卫携家人敬上

胡晓女全家

图书在版编目（ＣＩＰ）数据

大师风范　法治情怀/卞建林主编. —北京：中国政法大学出版社，2024.4
ISBN 978-7-5764-1461-5

Ⅰ.①大…　Ⅱ.①卞…　Ⅲ.①陈光中—纪念文集　Ⅳ.①K825.19-53

中国国家版本馆CIP数据核字(2024)第083987号

出　版　者	中国政法大学出版社
地　　　址	北京市海淀区西土城路 25 号
邮　　　箱	fadapress@163.com
网　　　址	http://www.cuplpress.com (网络实名：中国政法大学出版社)
电　　　话	010-58908435(第一编辑部) 58908334(邮购部)
承　　　印	固安华明印业有限公司
开　　　本	787mm×1092mm　1/16
印　　　张	18.75
字　　　数	456 千字
版　　　次	2024 年 4 月第 1 版
印　　　次	2024 年 4 月第 1 次印刷
定　　　价	76.00 元